GABRIELE RODRÍGUEZ

NAMEN MACHEN LEUTE

GABRIELE RODRÍGUEZ

NAMEN MACHEN LEUTE

WIE VORNAMEN UNSER LEBEN BEEINFLUSSEN

KOMPLETTMEDIA

Abbildungsverzeichnis:
S. 17: © Joanel
S. 29, S. 45, S. 94, S. 102, S. 105: © Anna-Maria Müller
S. 36, S. 202, S. 230-246: © Thomas Liebecke, www.onomastik.com
S. 247: © Swen Reichhold / Universität Leipzig

Originalausgabe
1. Auflage 2017
Verlag Komplett-Media GmbH
2017, München/Grünwald
www.komplett-media.de
ISBN: 978-3-8312-0444-1
Auch als E-Book erhältlich

Konzept und Realisation: Detlef Dreßlein
Lektorat: Redaktionsbüro Julia Feldbaum, Augsburg
Korrektorat: Redaktionsbüro Diana Napolitano, Augsburg
Umschlaggestaltung: X-Design, München
Satz: Daniel Förster, Belgern
Druck & Bindung: CPI books GmbH, Leck
Printed in Germany

INHALT

EINFÜHRUNG

Ich begann meine Arbeit im Jahr 1994 in einem riesigen Büro in der neunten Etage des ehemaligen Universitätshochhauses. Mit einer Schreibmaschine, einem Telefon, einigen Namenbüchern, Akten mit Gutachten und einer Datenbank, die aus losen Karteikarten mit Vornamen bestand. Im ersten Jahr bekam ich rund 100 Anfragen zu Vornamen und etwa 50 Anfragen zu Familiennamen.

Die Namenforschung oder auch »Onomastik« hat eine lange Tradition an der Universität Leipzig. Seit etwa 100 Jahren wird auf diesem Gebiet geforscht, und seit 1991 ist es möglich, das Fach an der Universität Leipzig zu studieren. Im Jahr 1990 wurde darüber hinaus die »Deutsche Gesellschaft für Namenforschung e.V.« gegründet.

Aber schon seit den 1960er-Jahren existiert eine Namenberatungsstelle, die Auskunft zu allen Fragen rund um das Thema »Namen« gibt. Lediglich zwischen 1990 und 1994 musste sich unsere Universität neu sortieren und orientieren.

Da sich jedoch ein großer Bedarf an Beratung vor allem zu Personennamen zeigte, wurde die Stelle im Jahr 1994 neu eingerichtet – anfänglich als ABM-Maßnahme. Mehr oder weniger zufällig bekam ich diesen Posten, nachdem mein Universitätsvertrag ausgelaufen war und ich zwei Jahre in einem Projekt der Zentralstelle für Genealogie gearbeitet hatte. Zuvor hatte ich nie etwas von Namenberatung gehört.

Im Jahr 1995 berichtete eine Journalistin der Deutschen Presse-Agentur (dpa) über meine Arbeit und über die ersten kuriosen Namenwünsche wie Crazy Horse und Borussia, die ich bearbeitete. Danach wurden die Anfragen immer mehr. Sie kamen aus ganz Deutschland und dem Ausland (vor allem aus Österreich und aus der Schweiz).

Um die Stelle langfristig zu finanzieren, haben wir im Jahr 1999 Gebühren für schriftliche Auskünfte und Gutachten eingeführt. 2001 kam ein gebührenpflichtiges Telefon dazu. Und das kam so: Am 26. Oktober 2001 stand mein Telefon nicht still. Alle wollten Auskünfte zu den männlichen Vornamen Jaden und Gil haben. Reporter von Fernsehen und Radio standen Schlange für ein Interview. Ich dachte damals, wir müssten einen dieser Automaten haben, an dem sich jeder eine Nummer ziehen kann. Grund war die Geburt des Sohnes von Steffi Graf und Andre Agassi – und seine Vornamen, eben Jaden und Gil, denn die kannte hierzulande niemand.

Dabei gab es den alten friesischen Namen Jaden, sowie die Kurzform Gil von Gilbert oder Gilian schon viel früher. An diesem Tag im Oktober habe ich kein einziges Gutachten schreiben können. Ich gab nur mündliche Auskünfte. Kostenfrei. Am Abend sagte ich, schon leicht ermattet, zu meinem damaligen Chef, Professor Jürgen Udolph: »Wenn wir jetzt Geld für jede Auskunft bekommen hätten, dann hätte sich das gelohnt.« Er kam dann auf die Idee, ein kostenpflichtiges Beratungstelefon für mündliche Auskünfte einrichten zu lassen, um unsere Arbeit zu finanzieren.

Der Alltag einer »Namenberaterin«

Auch nach über 20 Jahren, die ich nun mit dem Thema »Namen« verbringe, wird es mir nicht langweilig. Ich lerne immer neue Namen und Aspekte der Namengebung kennen. In der ersten Zeit meiner Tätigkeit musste ich noch viel über fremde Namensysteme dazulernen. Zwar wurde ich in meinem Studium der Sprachwissenschaft mit vielen Sprachen konfrontiert, aber mit Namen eher weniger. Zugutekamen mir mein Studium der Slawischen Philologie (mit Spezialfächern wie etwa »Tatarisch«) in der damaligen Sowjetunion und ein Erweiterungsstudium der Romanistik.

Es ist schon ziemlich hilfreich, mehrere Sprachen zu sprechen.

In den ersten Jahren konnte ich mir noch nicht vorstellen, dass Eltern ihren Kindern einmal Namen aus den entlegendsten Gegenden der Welt geben würden. Ich bekam viele Anfragen zu Vornamenlisten. Die einen wollten französische Vornamen, die anderen japanische Vornamen, wieder andere hawaiische Vornamen. Manche suchten Vornamen aus der schöngeistigen Literatur. In den 1990er-Jahren gab es noch nicht so viele Vornamenbücher wie heute. Die Eltern waren auf der Suche nach einem besonderen Namen, den sie aber in diesen Büchern nicht fanden. Auch war damals die Suche im Internet noch nicht möglich oder unüblich.

Man findet ja heute im Internet Namen aus der ganzen Welt. Es gibt zahlreiche Vornamenseiten und Foren. In den 90er-Jahren hatte ich noch mehr Zeit und habe vielen Eltern mit ganz speziellen Namenlisten geholfen. Die Wartezeit beim Arzt habe ich zum Beispiel genutzt, um Namenbücher nach bestimmten Vornamen bzw. nach verschiedenen Aspekten zu durchsuchen. In unserer Beratungsstelle haben wir unter anderem Listen mit Vornamen aus der schöngeistigen Literatur, romanische und griechische Vornamen, asiatische Vornamen, friesische Vornamen, »intelligente« Namen, Namen von Göttern, indianische Namen, englische und angloamerikanische Vornamen, Namen, die mit Y- und J- beginnen, männliche Vornamen, die mit D- beginnen sowie Vornamen in der Bedeutung »Gottesgeschenk« oder mit den Bedeutungselementen »Bär« und »Stärke«. Ich war schon oft sehr gefordert, da die Wünsche teilweise äußerst speziell waren. Zum Beispiel der hawaiische Name Keanu, der in den 1990er-Jahren durch Keanu Reeves, den kanadischen Schauspieler mit hawaiischen Wurzeln, nach Deutschland gekommen war. Ungewöhnlich für das Deutsche war die Endung des Namens. Ich bekam 1995 die Anfrage – und hatte keine Ahnung.

Zuerst dachte ich an die englisch-irischen Namen Kean oder Keane. Allerdings werden die ganz anders ausgesprochen. Internet hatte ich damals noch nicht, also ging ich in die Universitätsbibliothek und wälzte Bücher. In der Zwischenzeit hatte sich die Mutter eine Bestätigung des Namens aus Honolulu besorgt und legte sie mir vor. Damit war klar: Es handelt sich um einen hawaiischen Namen. Ich arbeitete mich in die Sprache und das dortige Namensystem ein, auch nachdem die Anfrage bearbeitet war. Dies hilft mir heute noch. Wenn Eltern mir erzählen, dass Tane ein hawaiischer Name sei, kann ich dies verneinen, da die hawaiische Sprache kein T kennt. Die entsprechende hawaiische Form lautet Kane. Allerdings kommt Tane im polynesischen Raum vor, nur eben nicht auf Hawaii.

Einmal suchte ein Vater für seine Tochter einen biblischen Namen mit einer besonderen Bedeutung. Ich musste passen. Solche Listen hatte ich nicht. Er erzählte mir, dass sich er und seine Frau bis zur Geburt keinen Namen für das Kind ausgesucht hätten. Sie wollten sich das Kind anschauen und dann erst nach einem Vornamen mit den Eigenschaften des Kindes suchen. Zudem sollte es ein Name aus der Bibel sein. Was tun? Ich gab ihm das Büchlein »Die Namen der Bibel« und schlug ihm vor, dieses durchzuarbeiten. Er verbrachte einen ganzen Tag in der Beratungsstelle, schrieb sich einige Namen heraus und wollte sie dann seiner Frau präsentieren. Leider habe ich nie erfahren, welchen Vornamen die Tochter bekommen hat.

Seit dieser Zeit schaue ich mir die Babys, mit denen Eltern zu mir kommen, genau an und finde, dass die meisten Eltern doch den richtigen Namen gewählt haben – er passt. Einmal kam ein deutsch-russisches Elternpaar zu mir, die ihren Sohn Dimir nennen wollten. Die Mutter hatte einen tatarischen Migrationshintergrund und wählte diesen Namen, der übrigens auch in den Schreibformen Demir, Temur, Timur und Timor vorkommt und auf das turksprachige »temir« in der Bedeutung »Eisen, der Eiserne« bzw. auch »stark, standhaft« zurückgeht. Der kleine Junge hatte ein schönes Gesicht mit großen Pausbacken. Er war groß und kräftig. Die Bedeutung des Namens passt, dachte ich mir. Ähnlich war es bei den Eltern, die ihre Tochter Naima nennen wollten. Naima ist eine weibliche Bildung zum arabischen männlichen Namen Naim in der Bedeutung »weich, zart, zärtlich, fein; sorglos; Glück, Annehmlichkeit, glücklich im Leben«. Naima kann dann mit »die Zarte, Feine, Glückliche« übertragen werden. Im Kinderwagen lag ein kleines, sehr zartes Mädchen.

Ab und zu erhalte ich auch Anfragen von Autoren, die ein Buch schreiben. Sie suchen nach Vornamen für ihre Figuren. So spielte eine Geschichte zum Beispiel nach dem Zweiten Weltkrieg, und die Autorin fragte nach den häufigsten Vornamen 1947 und 1948 in Berlin. Auch bei solchen Anfragen versuche ich zu helfen.

Heute erkundigen sich viele Eltern bei mir, viel öfter als noch vor zehn Jahren, ob der gewählte Vorname zum Familiennamen passt, ob er vielleicht zu den sogenannten »Unterschichten-Namen« gehört oder einfach, wie ich die gewählte Namenkombination finde.

Eine Mutter rief mich beispielsweise aus dem Raum München an und erkundigte sich nach dem männlichen Vornamen Gustav. Auch dieser Name erlebt heute eine Renaissance. Das Problem der Mutter lag darin, dass die Verwandtschaft meinte, Gustav hätte in Bayern keine Tradition. Sie brauchte Gegenargumente. Gustav wurde sehr wohl auch in Bayern häufig vergeben. Belege gibt es schon seit dem 18. Jahrhundert für Süddeutschland. In München gehörte Gustav um 1900 sogar zu den zwanzig häufigsten männlichen Vornamen. Eine bekannte bayrische

Koseform dieses Namens lautet Gustl, bekannt auch durch den bayrischen Schauspieler Adolf Gustav Rupprecht Maximilian Bayrhammer, genannt Gustl Bayrhammer (geboren 1922). Und mein Lieblingsmaler Gustav Klimt (geboren 1862 in Wien) trägt auch diesen Namen.

Die Eltern sind immer wieder erstaunt, was in Namen steckt bzw. wie viele Informationen ein Name enthalten kann. Ein Zeichen dafür, dass Eltern in Deutschland die Namen in der Regel nicht nach ihrer Bedeutung wählen. In den meisten Fällen sind es der Wohlklang und die positiven Assoziationen zum Namen. In bestimmten Zeiten werden ähnliche Klangmuster bevorzugt. Man nehme nur die heute beliebten männlichen Vornamen Christian, Sebastian, Florian, Julian, Fabian und Maximilian, die alle auf »-ian« enden. Mädchen werden oft auch mit dem Namen »geschmückt«. Man denke nur an die vielen weiblichen Vornamen, die auf Blumenbezeichnungen oder Edelsteinnamen zurückgehen.

DA KOMMT WAS ZUSAMMEN

Eine halbe Million Vornamen haben wir mittlerweile in unserer Datenbank. Und jedes Jahr kommen gut 1000 dazu. Heute verfügt das »Namenkundliche Zentrum« der Universität Leipzig über eine moderne Ausstattung, eine eigene Bibliothek sowie über eine digitale Datenbank, ohne die die bis zu 3000 Anfragen im Jahr nicht zu bewältigen wären. Ich habe mich mittlerweile vor allem auf Vornamen spezialisiert, gebe aber auch telefonische Auskünfte zu Familiennamen und anderen Namenarten.

Seit über zehn Jahren ist die Namenberatung der Universität nun auch auf Messen wie »Baby & Kids« sowie auf Genelogentagen präsent. Neben dieser Arbeit halte ich Vorträge und Workshops auf Messen, in

Schulen, in der Universität, in Bildungseinrichtungen, bei Vereinen, Behörden und Standesämtern. Die wissenschaftliche Arbeit darf dabei nicht zu kurz kommen. Es werden Statistiken erstellt und die gesammelten Daten zur Verwendung in der Namenberatung ausgewertet. Am interessantesten sind die Tagungen, Konferenzen und Kongresse, an denen ich teilnehme und bei denen ich Vorträge halte. Man tauscht sich mit Kollegen aus der ganzen Welt aus. Mittlerweile habe ich zahlreiche Kollegen nicht nur aus Deutschland, sondern auch aus Österreich, Russland, aus der Ukraine, aus Spanien, Frankreich, Mexiko oder Kuba, mit denen mich eine enge Freundschaft verbindet. Die Teilnahme an Tagungen und Kongressen dient der Weiterbildung, dem Austausch und der Präsentation der Arbeit der Namenberatungsstelle.

Auf Reisen bin ich immer auch auf der Suche nach neuen Namen sowie nach neuen Namenbüchern. Ein Namenforscher kann wohl nie abschalten, was Namen angeht. Jedes Namensschild, jeder gehörte oder gelesene Name wird sofort analysiert. Jedenfalls geht es mir so, und ich habe mein privates Umfeld schon angesteckt. Da kommen schon mal Fragen: Was ist denn »Tipporn« für eine Name, oder ist das überhaupt ein Name? Hast du schon den weiblichen Vornamen »Rahaf« in deiner Datenbank? Ich war letztens in »Geilenkirchen«, merkwürdiger Ortsname, oder? Wie kommen denn solche Doppelfamiliennamen wie »Peter-Silie« oder »Lange-Poppen« zustande? Und, und, und … Das Thema betrifft ja auch jeden persönlich. Ich erzähle gern über Namen. In mehr als zwanzig Jahren hat sich eine Menge Wissen zu diesem Thema angesammelt. Einmal sagte man mir, ich wäre diesbezüglich ein wandelndes Lexikon. Aber es kommt schon vor, dass ich doch mal vom Thema Namen abschalten möchte und keine Lust auf das Erklären derselben habe. Dann antworte ich, auf die Frage, was ich beruflich mache, einfach nur mit: »Ich arbeite an der Uni!«

Meine Arbeit ist interessant, abwechslungsreich und voller Überraschungen. Wenn ich früh zur Arbeit gehe, weiß ich nie, was mich an diesem Tag erwartet. Welche E-Mail-Anfragen kommen, wer anruft und warum, welche Eltern mit ihren Babys vorbeischauen.

Viele Leute finden meine Arbeit toll. Es gibt aber auch traurige Momente: wenn ich zum Beispiel einen Vornamen für ein tot geborenes Kind bestätigen soll. Da bin ich immer froh, wenn die Standesbeamten mich anrufen und nicht die betroffenen Eltern. Aber einmal meldete sich auch ein Vater und wollte den Namen für sein Kind bestätigen lassen. Am Ende sagte er: Es ist leider bei der Geburt gestorben. Für mich ist das immer ein Schock. Wenn ich ihm mein Beileid ausdrücke, hilft ihm das wohl wenig. Wenigstens dürfen diese Sternenkinder auch ihren eigenen Vornamen bekommen.

Es gab auch einen Fall, da wurde ich um geschlechtsneutrale Vornamen gebeten, die man gleichermaßen Jungen und Mädchen geben kann. Der Standesbeamte wollte sogar auf einen eindeutigen Zweitnamen verzichten.

Der Vater erzählte mir, dass sein Kind mit beiden Geschlechtsmerkmalen auf die Welt gekommen sei. Man könne noch nicht sagen, in welche Richtung sich das Kind entwickeln würde. Die Ärzte legten den Eltern nahe, sie sollen sich schon einmal in eine Richtung orientieren. Für die Eltern eine schlimme Situation. Der Vater konnte sein Herz bei mir ausschütten. Und ich erstellte ihm eine Liste geschlechtsneutraler Namen. Leider bekomme ich nie eine Rückmeldung. Die Lebensgeschichten bleiben für mich ohne Ausgang.

Manchmal jedoch werde ich auf Baby-Messen, auf denen ich oft die Namenberatung präsentiere und Vorträge zur Vornamengebung gehalten habe, auch überrascht. Eltern präsentieren mir ihre Klein- oder Schulkinder, denen ich vor Jahren den Vornamen bestätigt habe. Einmal bekam ich auch einen Brief von Jonael, der sich dafür bedankte, dass ich 2001 den Vornamen Jonael bestätigt habe.

Liebe Frau Rodriguez 13.1.2008
vielen lieben Dank, das Sie mier
2001 meinen Schönen Namen
Jonael zu gelassen haben.
Ich mag ihn Sehr, natürlich auch
meine Eltern. Ich habe auch schon
mal das Mädchen Jonaela getroffen.
Ich bin Jetzt schon fast 5 Monate
in der Schule.
von Jonael

Schatzkarte

Als Namenberaterin muss man eigentlich immer im Dienst sein. Ich bekomme oft Anfragen von Journalisten, die ganz schnell Informationen zu einem aktuellen Thema brauchen. Letztes Jahr kamen Leute vom Fernsehen sogar am Wochenende zu mir in den Garten, um ein Interview aufzunehmen, das noch am gleichen Tag gesendet werden sollte. Und auch im Urlaub hat man nicht immer Ruhe vor den Radio- und Fernsehleuten. 2008 rief mich ein Radiosender an, ich machte gerade einen Spaziergang durch Madrid. Oder im Juni 2015, als die Namen Sturmhart Siegbald Torsten, zuvor fälschlicherweise Sturmhorst, durch die Medien gingen, musste ich einige Anfragen zu diesen Namen beantworten. Es war der letzte Arbeitstag vor meinem Urlaub. Am nächsten Tag auf der Fahrt zum 200. Jubiläum der Schlacht von Waterloo in Belgien wollte ein privater Fernsehsender unbedingt noch eine Stellungnahme zu diesen Namen vor der Kamera. Ich sagte, dass dies leider nicht möglich ist, da ich mich auf dem Weg nach Belgien befinde. Sofort kam die Rückfrage: Wo sind Sie gerade? Ich antwortete: Auf der Autobahn kurz vor Kassel. Zu meinem Erstaunen kam sofort die Antwort: Da haben wir auch ein Studio und können ihnen ein Team schicken. Also gab ich ein Interview auf einem Rastplatz Nähe Autobahn bei Kassel. Was tut man nicht alles für die Journalisten, die nie Zeit haben und immer aktuell sein müssen. Zum Glück sind das aber Ausnahmen.

Entscheidungskriterien zur Namenswahl

Interessant ist, dass sich Kinder und Eltern bei der Auswahl des Vornamens schon von Geburt an in einem Konflikt befinden. Die Eltern, das ist die Tendenz der letzten Jahre, wollen etwas Einzigartiges und Außergewöhnliches finden. Sie möchten, dass sich ihr Kind von anderen abhebt – mit einem besonderen, symbolischen, individuellen Vornamen.

Die Kinder aber, und das bedenken leider viele Eltern nicht, empfinden anders. Sie wollen sowohl im Kindergarten als auch in der Schule eigentlich so sein wie die anderen. Eben gerade nichts Besonderes. Für Kinder und Heranwachsende ist es wichtig, dazuzugehören und sich nicht von den Altersgenossen abzuheben. Und viele der ach so originellen und einzigartigen Vornamen stellen diese Verbindung zu anderen nicht her und sorgen im schlimmsten Fall sogar dafür, dass das Kind gehänselt oder ausgeschlossen wird. Auch daran sollten Eltern denken, bevor sie mit Vorschlägen kommen, wie sie beispielsweise im Anhang dieses Buches (siehe Seite 206 ff.) aufgelistet sind.

Ich mache meinen Beruf mittlerweile so lange, dass mich viele Standesämter kennen und sagen: »Wenn Leipzig das genehmigt, dann tragen wir das ein.« Entsprechend groß ist auch die Verantwortung, die ich habe. Letztendlich aber kann auch ich immer nur eine Einschätzung abgeben – und eine Empfehlung an das Standesamt. Entscheiden wird jedoch immer das Amt selbst. Oder wenn die Eltern so weit gehen wollen: das Gericht.

Wie sieht nun die Praxis bei den Standesämtern aus, wonach richten sie sich? Grundsätzlich gibt es in Deutschland eine freie Vornamenwahl. Diese wird von den Standesämtern kontrolliert, die allerdings angehalten sind, die gewünschten Vornamen nach drei Kriterien zu überprüfen:

1. **Vornamencharakter:** Der Name muss ein Vorname sein oder als solcher erkennbar sein. Dabei sind Neubildungen allerdings möglich.

2. **Geschlechtseindeutigkeit:** Bei nicht eindeutigen Vornamen muss ein weiterer eindeutiger Vorname dazugegeben werden. In den letzten Jahren weicht dieses Kriterium aber mehr und mehr auf. Geschlechtsneutrale Vornamen werden mittlerweile auch ohne Zweitnamen eingetragen.

3. **Wohl des Kindes:** Der Vorname darf das Kind nicht lächerlich machen. Weder jetzt noch in dessen weiterem Leben. Auch auf die Kombinationen muss dabei geachtet werden. Es können Vor-

namen abgelehnt werden, wenn diese im Zusammenspiel mit dem Familiennamen nicht passen. Zum Beispiel »Rosa Schlipfer/ Schlüpfer« (und diesen Fall hatte ich tatsächlich schon), »Claire Grube« oder »Axel Schweiss«. Auch bei der Kombination zweier Vornamen weisen wir zumindest darauf hin, dass es problematisch werden könnte: Marie-Johanna klingt eben schnell gesprochen wie »Marihuana«.

Das Klingelschild sollte niemand an seiner Tür haben müssen.

Das wichtigste Kriterium bei der Genehmigung von Vornamen ist mit Sicherheit das Kindeswohl. Denn das kann nachhaltig verletzt sein, wenn die gewählte Bezeichnung als Vorname sprachlich untauglich ist oder inhaltlich als Personenname ungeeignet erscheint. Dass als Vornamen benutzte Wörter über die Bezeichnung eines bestimmten Individuums hinaus einen allgemeinen Aussagegehalt haben, ist nicht nur üblich, sondern seit jeher geradezu Zweck der Namengebung (zum Beispiel bei Assoziationen zu Heiligen oder geschichtlichen Vorbildfiguren).

Die Ausstrahlungswirkung des Namens auf die Person kann sich je nach inhaltlicher Bedeutung und Durchschaubarkeit jedoch auch in ihr Gegenteil verkehren. Der Schutz des Kindes, das sich gegen belastende Namen nicht wehren kann, muss deshalb ein besonderes Anliegen des Rechts sein.

Es gibt aber kein festes Gesetz, sondern nur die oben genannten Regelungen, die allerdings auch interpretierbar und auslegbar sind. Und solche Auslegungen ändern sich im Laufe der Zeit. Früher einmal wurden Namen wie zum Beispiel Summer, Sunshine, Sky, Moon, Sonne, Brooklyn, Madison, Mackenzie, Tiger, Alaska, Woodstock, Junior, King, Prinz, Chelsea oder Emily-Extra abgelehnt. Mittlerweile werden sie aber als Vornamen eingetragen, dank entsprechender Gerichtsurteile. Oder dank unserer Gutachten.

Ebenfalls von Eltern schon gewünschte Vornamen wie Crazy Horse, Porsche, Rumpelstilzchen, Schnuckel, Kirsche, Schröder, Pfefferminze, Joghurt, Whisky, Borussia, Kaiserschmarrn, Superman, Keks oder Flauschi wurden aber abgelehnt.

Und das ist auch gut so.

EIN PHÄNOMEN – DER »KEVINISMUS«

Am 17. Januar 1991 lief der Film »Kevin allein zu Haus« in Deutschland an. Darin spielt ein zugegeben außerordentlich hübscher, niedlicher, smarter und extrem gewitzter Junge namens Kevin (dargestellt von Macaulay Culkin) die Hauptrolle. Vier Wochen später kam dann noch »Der mit dem Wolf tanzt« nach Deutschland – Regie und Hauptrolle: Kevin Costner. Ein Zufall, aber einer mit Folgen. Denn diese beiden Filme setzten etwas in Gang, das bis heute anhält. Und dessen Auswirkungen und Nachwehen gigantisch sind in der Welt der Vornamen.

Es begann ganz harmlos und langsam. Nach Ende des Zweiten Weltkriegs gelangten immer mehr Namen aus dem englischen Sprachraum zu uns: anfangs durch die britischen und amerikanischen Besatzer, dann auch durch die Medien sowie durch die Verbreitung des Fernsehens und der Ausstrahlung vieler Spielfilme (und den darin auftretenden Schauspielern) – und natürlich durch populäre Musiker. Kevin ist im Ursprung ein irischer Name, der so viel bedeutet wie »schön von Geburt, hübsches Kind«. Die Schreibweise »Caoimhín« lautete in der anglisierten Fassung dann Kevin.

In Deutschland wurde der Vorname Kevin wohl zum ersten Mal im Jahr 1969 in Bökingharde in Schleswig-Holstein vergeben. In der DDR gab es 1966 die erste Anfrage zum Namen Kevin. In den folgenden Jahren blieb er zunächst noch extrem selten und war eher ein Name, den sehr gebildete Eltern ihren Kindern gaben. Menschen, die Freunde der keltischen Kultur waren oder im Urlaub nach Irland fuhren – was damals ein außergewöhnliches Reiseziel war –, brachten diesen damals noch sehr exotischen Namen mit. Meistens Akademiker. Vor 1975 wurde der Name in Berlin zum Beispiel nur neunmal vergeben, in den drei Jahren danach zehnmal.

Erst als der damals extrem bekannte und populäre englische Fußballer Kevin Keegan 1977 in die Bundesliga zum Hamburger SV wechselte, wurde Kevin in Deutschland geläufig, und immer mehr Eltern wählten diesen Vornamen. Ende der 1980er-Jahre wurde dann der Schauspieler Kevin Costner auch in Deutschland immer bekannter und beliebter. Er brachte den »Kevin« 1989 erstmals unter die Top 20 der beliebtesten Vornamen in Deutschland. Und dann noch weiter nach oben, als im Herbst 1990 sein Blockbuster »Der mit dem Wolf tanzt« in den USA ins Kino kam. Schon hier wurde der Name Kevin immer häufiger in den Medien genannt: ein wichtiger Grund für die Entstehung von Modenamen.

Aber so richtig verrückt wurde es dann mit »Kevin allein zu Haus«. Quasi aus dem Nichts wurde Kevin 1991 (und auch nur in diesem Jahr) mit Abstand zum beliebtesten Vornamen in Deutschland (vor den Dauersiegern Jan, Patrick, Philipp und Marcel).

Der Erfolg erklärt sich leicht. Neben der sympathischen Filmfigur, weshalb viele Eltern mit dem Namen Kevin ein Kind assoziierten, das man selbst gern hätte, hat Kevin alles, was ein schöner männlicher Vorname braucht. Da ist der Klang, der in Deutschland extrem wichtig ist. Die Deutschen vergeben Vornamen ja schon lange nicht mehr nach der Bedeutung oder der Tradition, sondern vor allem wegen der Lautstruktur. Ein Name muss angenehm klingen, griffig und stimmig sein. Es werden heute in Deutschland vor allem Vornamen mit den Anlauten M-, L- und J- gewählt. Die häufigsten männlichen Endungen sind -n (-ian, -in, -an, -on), -s (-ias, -as, -us, -ius, -es, -is) und -(e) l, -(e)r. Die weiblichen Vornamen sind vor allem durch die Endungen -a, -ia, -e und -i, -ie, -y gekennzeichnet. Kevin hat zwar mit dem »K« einen harten Anlaut, wird aber durch die Vokale »e« und »i« sowie durch die Endung weicher und wohlklingender. Zudem besteht Kevin aus zwei Silben. Kürzere Vornamen liegen seit einigen Jahren voll im Trend. Dabei ist Kevin im Irischen sowohl ein männlicher wie auch ein weiblicher Vorname. Es erfolgten in Deutschland auch schon Eintragungen als weiblicher Vorname, so zum Beispiel 1978. Mit dem Erfolg des Namens als männlicher Vorname ist die weibliche Form zurückgegangen.

Bei Kevin kommt beispielsweise auch noch das Unterbewusstsein ins Spiel. Es ist nicht so, dass man aus dem Kino kommt und sagt: »So, und jetzt nennen wir unseren Sohn Kevin.« Es ist eher so, dass man den Namen erst einmal positiv besetzt, dann klingt er schön, dann hört man ihn immer öfter, in den Medien, in Gesprächen mit Freuden, und vielleicht nennen auch in der Nachbarschaft einige ihr Kind so. Und schon ist ein Name im Unterbewusstsein verankert. So geht das allen Modenamen: Ein kleiner Schneeball wird zu einer Lawine. Es war damals allerdings noch kein Ausschlusskriterium, wenn man den Namen öfters bei Freunden oder Nachbarn oder im weiteren Umfeld hörte. Heute will ja jeder extrem individuell sein, damals war es eher eine Bestätigung für eine gute Wahl, wenn auch andere diesen Namen an ihr Kind vergaben. Und so nannten in den 1990er-Jahren viele junge Eltern ihr Kind Kevin, völlig unabhängig von Schicht oder Bildungsgrad. Kevin war ein Name wie jeder andere auch, mit einem Hauch Exotik und Extravaganz. Aber irgendwann kippte es.

ZOOTIERE FERN DES »KEVINISMUS«

Zootiere scheinen eher altmodische Namen zu bekommen. Vielleicht fürchten die Namensgeber um den Ruf der Tiere?

- Antje, das Walross, wurde 1976 geboren und lebte im Hamburger Zoo Hagenbeck.
- Cornelius I., ein stattliches Nashorn, lebte im Granby Zoo in Québec.
- Heidi, ein Virginia-Opossum aus dem Leipziger Zoo, wurde durch ihr starkes Schielen bekannt.
- Karl Wilhelm, das Flusspferd, kam am 17. Juni 2015 im Karlsruher Zoo zur Welt.
- Knut, der Eisbär, wurde am 5. Dezember 2006 in Berlin geboren.
- Martha, die Wandertaube, war die letzte ihrer Art, die im Zoo lebte. Sie starb 2014.

Von supergut zu grottenschlecht!

Der Prozess der Veränderung in der Bewertung eines Namens ist nichts Neues. Schon in früheren Jahrhunderten war es so, dass ein Name zuerst im Adel oder im gehobenen Bürgertum neu auftrat oder wiederkam. Manch einer, wenn er geeignet war, wurde zum Modenamen. Dann zogen langsam die unteren Schichten nach, die diesen Modenamen der »Oberen« mitbekamen. So begann der Name langsam »abzurutschen«, bis quasi ganz nach unten zu den einfachen Bauern. Für »oben« war er da längst abgegriffen und uninteressant, diese Herrschaften suchten sich wieder neue Namen. So ist der Name im wahrsten Wortsinn »nach unten« durchgereicht worden.

Und auch heute sind die Mechanismen ähnlich. Nur dass der Name nicht vom Adel und dem Bürgertum bis zum Stand der Bauern durchrutscht, sondern von den Akademikern zu den sogenannten bildungsfernen Schichten. Was neu ist: Er wird nicht mehr nur als unoriginell empfunden, nein, seit etwa 20 Jahren bekommen solche Namen – und da sind wir wieder beim »Kevinismus« und dessen Anfängen – auch schnell etwas ganz Negatives mit. Wenn ein Name unten angekommen ist, dann ist er nicht mehr nur langweilig, sondern auch gleich ein Ausdruck für Dummheit oder Faulheit. Warum das erst seit etwa 20 Jahren so ist, ist schwer erklärbar. Eine Rolle spielen sicher Boulevardmedien (Privatfernsehen) und der Comedyboom, der solch griffige Opfer braucht, um Witze zu transportieren. Der Komiker Michael Mittermaier sagte in einem Programm: »Nur Drogenkinder und Ossis heißen Kevin.« Dabei kommt der Vorname Kevin im Westen Deutschlands viel häufiger vor.

Das Internet ist ein weiterer wichtiger Grund, warum Namen heute schnell stigmatisiert werden. Via Facebook oder anderen sozialen Netzwerken geht das heute ganz schnell. So wurde der Name Kevin schließlich zum Synonym des »prolligen Hartz-IV-Kindes«. Bei den Mädchen machte derweil Chantal eine ähnliche »Karriere«. Und mich rufen besorgte Eltern aus gehobenen Schichten an, ob der Name, den sie sich für ihr Kind ausgesucht haben, denn auch schon gefährdet sei.

Erstaunlich ist, dass Kevin in der Unterschicht trotzdem lange ein beliebter Vorname blieb. Dafür ist ein weiteres Phänomen verantwortlich: Während die einen sich längst lustig machen über den Kevin und die Chantal, kommt das in den bildungsferneren Schichten zunächst gar nicht an. Sie haben wenig Kontakt mit denen, die sich über sie lustig machen, sie lesen nicht diese Zeitungen und sehen auch nicht deren Fernsehprogramm. Auch das Verständnis für Ironie und Sarkasmus ist eben nicht so ausgeprägt. Sie bewegen sich vielmehr in Gruppen von Menschen, die (oder deren Kinder) ebenfalls außergewöhnliche oder gar »verrufene« Vornamen haben, und es fällt ihnen nicht weiter auf, dass ihr Name als bildungsfern gilt.

Eine weitere Pointe erhielt das Thema 2009 durch eine Masterarbeit einer Lehramtsabsolventin. Darin befragte sie Grundschullehrer über ihre Namenvorlieben und ihre Assoziationen diesbezüglich. Auch vorgegebene Namen ließ die Absolventin die Lehrer bewerten. Das Ergebnis: Viele Lehrer haben tatsächlich Vorurteile, und sie bewerten Kinder, die Unterschicht-Namen tragen als eher weniger leistungsstark und verhaltensauffälliger. Angeblich hinterfragten 94 Prozent der Lehrer diese Vorurteile kaum. Besonders freundlich und leistungsstark seien dagegen Jungs mit den Namen Alexander, Maximilian, Simon, Lukas oder Jakob; wie auch Mädchen mit Namen wie Charlotte, Nele, Marie, Emma oder Katharina. Eher schlecht bewertet werden hier Chantal, Justin, Dennis, Marvin oder Jacqueline. Absoluter Negativsieger aber ist Kevin. Eine Lehrerin notierte in der Befragung: »Kevin ist kein Name, sondern eine Diagnose.«[1]

Diese Studie und ihr Resultat samt der plakativen Kommentare wurden kritiklos und nur in Teilen von den Medien aufgenommen und verbreitet. Betrachtet man die Studie genauer, muss man aus wissenschaftlicher Sicht dazu feststellen: Exakt 1864 Personen haben teilgenommen. Reduziert auf die Grundschullehrerinnen und -lehrer wurden nur 500 Datensätze berücksichtigt. Davon stammten mehr als die Hälfte der Befragten aus Nordrhein-Westfalen und Niedersachsen. Aus den ostdeutschen Bundesländern beteiligten sich gerade mal sechs Prozent aller Befragten. Dies ist für eine bundesweite Befragung doch sehr unausgeglichen. Der Aspekt der regionalen Unterschiede bei der Vornamengebung sowie Wahrnehmung konnte damit nicht berücksichtigt werden. Die Wahrscheinlichkeit

1 Vgl. »Kevin ist kein Name, sondern eine Diagnose«, von Oliver Trenkamp, Spiegel Online, 16. September 2009

von Verhaltensauffälligkeit und Leistungsschwäche wird Kindern mit den Vornamen Kevin (54 Prozent), Justin (21 Prozent) sowie mit zehn Prozent und weniger Dennis, Marvin, Jacqueline, Chantal, Marcel, Pascal, Maurice, Cedric, Patrick, Michelle, Steven, Jennifer und Mandy zugeschrieben. Die positiv assoziierten Vornamen Alexander, Maximilian, Charlotte, Marie und Maria haben dagegen eine jahrhundertelange Tradition in Deutschland und werden meist als zeitlose, schöne Vornamen empfunden.

Ein weiteres Problem: Der Begriff »Kevinismus« wurde von den Medien seit etwa 2007 stark thematisiert, war also in der berühmt-berüchtigten Befragung im Jahr 2009 bekannt und spielte im Unterbewusstsein der Befragten eine Rolle. Entsprechend schlecht schnitt der Vorname ab. Die Namen Mandy, Sandy und Jacqueline waren und sind vor allem im ostdeutschen Raum verbreitet. Dies gilt auch für Marcel, Pascal, Patrick, Michelle und Cedric, wobei diese Namen auch im südwestdeutschen Raum verstärkt vorkommen, in der Nähe zum französischen Sprachraum. In Niedersachsen zum Beispiel gehören sie zu den weniger häufigen Vornamen. Das erklärt auch, dass sich nach Bekanntwerden dieser Studie eine besorgte Mutter aus Niedersachsen an mich wandte, deren Tochter Mandy heißt. Sie befürchtete eine Benachteiligung in der Schule wegen des Vornamens. Mandy wirkt in Niedersachsen fremd, wird oft als typisch ostdeutsch und die Trägerin des Namens damit unbegründet als weniger intelligent eingeschätzt. Der Änderungsantrag der Mutter wurde übrigens abgelehnt. Die Tochter muss auch weiterhin Mandy heißen. Wenn besagte Mandy irgendwann mal nach Leipzig kommen sollte, wird sie feststellen können, dass sie hier mit ihrem Namen gar nicht auffällt. Er ist im Osten Deutschlands ein wertneutraler Vorname. In meinem Bekanntenkreis habe ich einige »Mandys«, die unter anderem als Lehrerin und Künstlerin tätig sind. Mein eigener Sohn heißt übrigens Dennis (Jahrgang 1984) – heute ein sogenannter

»Unterschichtenname«. In den 1980er-Jahren war es in der DDR noch ein Name des Bildungsbürgertums. Meine Nichte heißt Jacqueline (Jahrgang 1985), und sie ist weder verhaltensauffällig noch leistungsschwach.

Von wegen bildungsfern: DIe Namen aller Studenten, die in Leipzig 2016 im Wahlbereich »Onomastik« (Namenforschung) ihr Studium begannen.

Von den Befragten in der Studie werden kurioserweise auch die Vornamen Maximilian, Leon, Lucas, Niklas, Philipp, Luca, Alexander, Celina, Robin, Tim und Mark teilweise als negativ angegeben. Diese Vornamen sind in den letzten Jahren regelmäßig in den Listen der am häufigsten vergebenen Vornamen enthalten. Und bei so häufigen Vornamen kommt es schon mal vor, dass auch verhaltensauffällige und leistungsschwache Kinder dabei sind. Zugegeben: Es ist schon etwas dran, dass englischsprachige Vornamen heute eher von bildungsärmeren Schichten bevorzugt werden. Befreundete Lehrerinnen haben mir das bestätigt. Allerdings ist es längst nicht mehr der Kevin, der im Unterricht negativ auffällt, sondern heute vor allem auch Jeremy, Justin, Jason, Lennox oder Maddox. Dass hier nur Jungennamen aufgelistet sind, liegt sicher auch daran, dass Jungen doch eher etwas lebhafter sind.

»Kevinismus« mit Fragezeichen

Das Phänomen des »Kevinismus« findet man aber auch in anderen Ländern, zum Beispiel in Frankreich und Österreich. In einem Artikel über die französische Namengebung wird »Kevin« ebenso der bildungsfernen Schicht zugeschrieben[2]. Er hat in Frankreich eine ähnliche unerfreuliche Entwicklung erfahren wie in Deutschland. Auch in Österreich findet man bei der gebildeten Schicht eine traditionelle Namengebung. Da fallen die Vornamen Kevin, Marvin, Justin und Jennifer sofort als Unterschichtennamen auf.

Im Jahr 2006 schickte mir eine österreichische Freundin und Kollegin einen Artikel über das Unterschichtenproblem in Österreich. Ein Abschnitt war den sogenannten Unterschichtennamen gewidmet. Da tauchte für mich zum ersten Mal der Begriff »Kevinismus« auf, da Kevin hier ein beliebter Vorname war. Ich fand dies sehr amüsant. Einige Zeit später gab ich mal wieder ein Interview zu Vornamen für eine deutsche Zeitung und merkte nebenbei an, dass die österreichische Presse den Begriff »Kevinismus« geprägt hat. Der Journalist war ver-

2 Vgl. »Why it's hard to be a Kevin in France«, www.bbc.com vom 19. März 2017

blüfft, denn er kannte diesen Begriff nicht. Und kurze Zeit später, im Jahr 2007, wurde der Begriff dann auch in Deutschland von den Medien verwendet. Womöglich bin ich also mitschuldig daran, dass er nach Deutschland kam. Für die Mädchen kam analog dazu der »Chantalismus« auf. Ich persönlich finde diese Bezeichnungen nicht sehr schön. Übrigens sagte mir letztens ein österreichischer Journalist, dass die Gegenbewegung zum »Kevinismus« in Österreich nun der »Emilismus« ist. So, wie sich gebildete Leute über englischsprachige Namen lustig machen, findet man auch weniger gebildete Menschen, die die Vornamen der Akademiker als sehr hochtrabend sowie die wiederkommenden altdeutschen Vornamen als altmodisch bezeichnen.

Und so griffig der »Kevinismus« auch mittlerweile ist, so falsch ist der Begriff letztlich auch. In einer Untersuchung von 2012 habe ich mir die Statistiken der Universität Leipzig vorgenommen und sie ausgewertet. Da ist der Zusammenhang zwischen Vornamen und Bildungsgrad nicht so ausgeprägt. Oder anders gesagt: Ich habe auch promovierte Akademiker mit Vornamen Kevin gefunden.

2013 habe ich einen Artikel veröffentlicht, als Reaktion auf die Oldenburger Studie von 2009 sowie die »Kevinismus«-Debatte im Internet. Untersucht habe ich dabei unter anderem die als leistungsschwach dargestellten Vornamen Kevin, Mandy, Chantal, Angelina, Jacqueline, Justin und Maurice auf Grundlage der Universitätsmatrikel der Universität Leipzig (Namen aller Studenten und Mitarbeiter bis 2000) und Vornamenstatistiken der DDR bis 1990. Es betrifft hier vor allem die Vornamen in der DDR. Die Vornamen Mandy, Nancy, Cindy, Sindy, Sandy und Peggy werden als sogenannte »DDR-Namen« bezeichnet. Sie sind alle in den Universitätsmatrikeln enthalten. Und tatsachlich waren diese Vornamen in der DDR insbesondere bei der Mittelschicht in den 1970er- bis 1990er-Jahren recht beliebt. Mandy gehörte zu dieser Zeit zu den beliebten weiblichen Vornamen in der DDR, vor allem aber in Ostmitteldeutschland. Mandy ist ein typischer Mittelschichtenname.

Ein ähnliches Bild ergibt sich für Nancy, Cindy, Peggy und Sandy. Es sind Vornamen, die vom Bildungsbürgertum vergeben wurden.

Die als negativ eingeschätzten Vornamen Justin, Maurice, Chantal und Angelina erscheinen in den Universitätsmatrikeln noch recht wenig. Diese Namen sind erst in den 1990er-Jahren stärker aufgekommen – und wohl in den eher bildungsärmeren Schichten. Der Vorname Kevin erscheint auch nur 18-mal zwischen 1972 und 1985. Darunter befanden sich zwei Studenten aus den USA, einer aus Aschaffenburg und die übrigen aus Sachsen und Sachsen-Anhalt, die an der Universität Leipzig vor allem Betriebswirtschaft und naturwissenschaftliche Bereiche studierten. In der DDR gab es für den Namen Kevin Mitte der 1980er-Jahre einen Anstieg. In den 1990er-Jahren zählte Kevin zu den zehn beliebtesten männlichen Vornamen in den neuen Bundesländern. Damit wurde er für das Bildungsbürgertum eher uninteressant.

SANDY TRIFFT MANDY UND RANDY – VORNAMEN IN DER EHEMALIGEN DDR

Es ist ja ein sehr populärer Fun-Fact, dass man sagt, die Eltern in der DDR hätten ihren Kindern Namen gegeben, die englisch klingen, als Ausdruck von Fernweh und Sehnsucht nach diesen Ländern, in die sie nie reisen durften. Das klingt nachvollziehbar, ist aber falsch. Zumindest ist es nicht der Hauptgrund. Vielmehr ist es so, dass in der DDR natürlich Russisch erste Fremdsprache war, aber – was viele nicht mehr wissen –, Englisch war die zweite. Und so wurde es in den 1980er-Jahren unter den Bildungsbürgern in der DDR populär, sein Kind Sandy, Mandy oder Peggy zu nennen. Denn es war ein Privileg, Englisch zu können. Und wer es konnte, der hat es auch gezeigt. Zum Beispiel im Vornamen seines Kindes. Natürlich tauchten diese Namen auch in den Schulbüchern sowie im Bildungsfernsehen auf – vor allem Peggy und Tom. Und so wurden die beiden sehr beliebte Vornamen. Mit Fernweh oder gar Protest gegen das Eingesperrtsein hatte das wenig zu tun.

Andere englische Namen standen nicht in den Büchern, die kannte man oft nur vom Hören, zum Beispiel aus dem West-Fernsehen. So entstand wahrscheinlich die bekannteste ostdeutsche Abwandlung: Maik satt Mike. Zwar hat der Name Maik auch friesische Wurzeln, als Koseform von Meinhard, die man heute noch in der sehr beliebten Mädchenvariante Maike (oder Meike) findet. Aber man kann davon ausgehen, dass diese Form im Gebiet der DDR nicht geläufig war. Es ist eine klassische Eindeutschung eines Namens (siehe Kapitel S. 185 ff.), den man eben nur gehört, aber nie aufgeschrieben gesehen hat.

Auch Madeleine wurde so in der DDR zu Madlen oder Yvonne zu Ivonne – oder Vivian zu Vivien. Sei es nun, weil die Eltern die wirkliche Schreibweise nicht kannten, oder auch, weil sie sie ganz bewusst »eindeutschten«, um damit größere Chancen zu haben, dass der Name genehmigt wird. Heute klingen manche Namen zwar ganz gängig, aber den Verdacht, dass ihre Eltern etwas einfältig waren und kein Englisch oder Französisch konnten, tragen die Kinder immer mit sich.

Auch den »Kevin« hatte man in der DDR sehr früh für sich entdeckt, hier wurde er sogar noch früher als im Westen eingetragen. Hier kannte man den Namen ebenfalls nur vom Hören, schließlich hat die Regierung dafür gesorgt, dass man nicht sieht, wie der Name geschrieben wird. Es gab deshalb also nur einige Anfragen für Kewin, Kevyn, Keven, Kewen oder auch Cevin, die dann abgelehnt wurden. Auch Kevin wurde zunächst abgelehnt, aber dann gewährte man auch hier den Bürgern diese kleine Extravaganz.

Ebenfalls eine Rolle spielt der regionale Einfluss. Im norddeutschen Raum, dessen Bewohner eher als mundfaul und kühl gelten, sind auch die Namen eher kurz und kantig: Ole, Jan, Finn, Lasse, Merle, Nele. Da spürt man schon beim Namen eine steife Nordseebrise. Im tiefsten Bayern, wo man den Menschen eher einen weichen, barocken und redseligen Charakter nachsagt, findet man ausladende, lange und warme, gemütliche Namen: Katharina, Veronika, Korbinian, Maximilian. In Sachsen wiederum kommt der Melodie des Dialektes die Endung auf »-i«, »-ie« oder »-y« entgegen. Also Ronny, Peggy, Mandy in den 1980er-Jahren. Und heute finden wir hier oft: Lilly, Leni, Emily, Hailey, Fibie, Tommy oder Harley.

Die Auswirkungen – nomen est omen

Die negativen Assoziationen, die allein der Name bei anderen auslöst, können frappierend sein. Ich kenne eine Untersuchung, für die einem Arbeitgeber zwei identische Bewerbungsmappen vorgelegt wurden. Die eine eingesandt von einem Kevin, die andere von einem Alexander. Das Ergebnis überrascht kaum: Der »Alexander« war durchweg der bevorzugte Kandidat.

In den USA gibt es dieses Phänomen schon länger, da werden oft krasse Unterschiede zwischen »schwarzen«, »weißen« oder »Latino-Namen« gemacht, aber auch schon zwischen »intelligenten« und »weniger intelligenten«. Sei es in der Schule, bei Bewerbungen, aber auch in der Behandlung durch Behörden – eine so eingefahrene wie üble Tradition, die nun ebenso immer mehr zu uns herüberschwappt. Leider.

Ich bekam vor einiger Zeit eine Anfrage zum afroamerikanischen männlichen Vornamen Latrell. Die Mutter ist Deutsche, ihr Mann Afroamerikaner. Das Kind bekam den Vornamen Latrell, einen typisch »schwarzen« Namen. Die Mutter wollte ihrem Sohn noch den Zweitvornamen Justin geben. Da legte der Vater ein Veto ein. Er sagte: »Ich gebe meinem Kind doch keinen weißen Namen!«

Das war meine erste Konfrontation mit den Begriffen »weiße« und »schwarze« Vornamen. In meiner Bibliothek habe ich inzwischen aber ein amerikanisches Buch mit dem Titel »Black Names«. So ganz akut wird es wohl in Deutschland nicht werden. Allerdings höre ich dann schon mal von deutsch-afrikanischen oder deutsch-afroamerikanischen Eltern: »Ich kann meinem Kind, das schon durch sein Äußeres auffallen wird, nicht einen normalen deutschen Vornamen geben. Bei ›Keshia‹ für ein Mädchen passt der ursprünglich afroamerikanische Name auch für ein afrodeutsches Mädchen.«

Ich wurde schon einige Male von der Kriminalpolizei gebeten, ein Gutachten zu schreiben, um über den Vornamen Aufschluss zum Täter zu bekommen. So gab es eine Anfrage zum Vornamen Justin. Bekannt war der Vorname nur vom Hören. Vermutet wurde ein ausländischer Hintergrund (Russlanddeutsche). Ich helfe natürlich immer gern, aber dass ein Name Aufschluss geben soll, wie kriminell jemand ist, das erscheint mir doch als sehr gewagt.

Auch bei der Partnersuche haben es Männer mit dem »falschen« Vornamen schwerer. Befragungen bei Dating-Portalen zeigen, dass Männer mit positiv assoziierten Vornamen, wie zum Beispiel Alexander, eher beachtet werden als solche mit negativ assoziierten, wie zum Beispiel Kevin.

In einer Studie der Humboldt-Universität Berlin wurden im Jahr 2011 die Daten von 900 Mitgliedern des Datingportals »eDarling« ausgewertet. Mit dem Ergebnis, dass Profile mit »attraktiven« Namen häufiger angeklickt werden als solche mit »unattraktiven«. Einziger Trost für die »Kevins«: Den Frauen geht es nicht besser. Die fünf Namen mit den besten Chancen beim anderen Geschlecht waren: Felix, Paul, Lukas, Jens und Tim sowie Hannah, Lena, Katharina, Claudia und Sophie.

Deutlich weniger gut sieht es, das Glück in der Liebe betreffend, aus für Kevin, Uwe, Peter, Mike und Heiko sowie für Chantal, Johanna, Sylvia, Laura und Petra.[3]

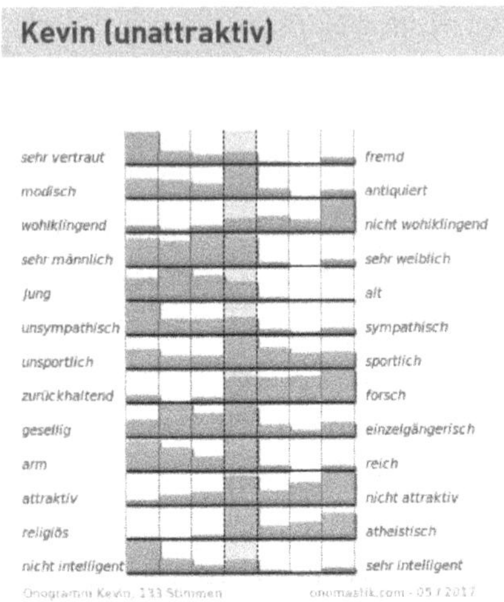

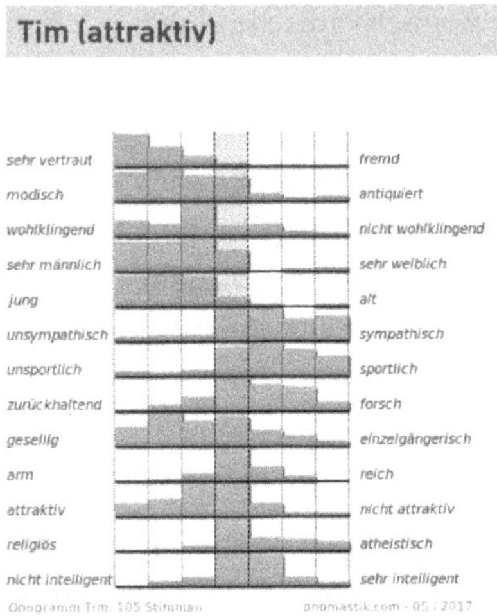

Informationen darüber, wie Sie Onogramme lesen und wie sie enstehen sowie die Onogramme der häufigsten deutschen Namen finden Sie ab Seite 228.[4]

3 Vgl. »Die Top-Vornamen mit Flirt-Garantie«, Bild, 14. September 2011

4 Quelle: Thomas Liebecke, www.onomastik.com

Die Assoziationen, die ein Vorname bei der Partnerwahl auslösen kann, nahm schon 1895 der irische Schriftsteller Oscar Wilde in seiner Komödie »Bunbury« aufs Korn. Sie trägt im Original den eindeutigeren Titel »The Importance of Being Earnest« – in etwa: »Von der Wichtigkeit, Ernst zu sein«. Der Doppelsinn des Vornamens Ernst und des Adjektivs »ernst« ist auch ins Deutsche übertragbar.

Lesen Sie hier eine der entscheidenden Stellen des Stücks:

JACK: Aber du willst doch nicht behaupten, dass du mich nicht lieben könntest, wenn ich nicht Ernst hieße?

GWENDOLEN: Aber du heißt doch Ernst.

JACK: Ja, das weiß ich. Aber nehmen wir mal an, ich hieße nicht so? Willst du behaupten, du könntest mich dann nicht lieben?

GWENDOLEN: (schlagfertig) Ah! Das ist offenkundig reine metaphysische Spekulation, und wie die meisten Spekulationen dieser Art hat sie sehr wenig mit den Tatsachen des Lebens, so wie wir sie kennen, zu tun.

JACK: Offen gestanden, mein Engel, hänge ich nicht besonders an dem Namen Ernst – ich finde, der Name steht mir überhaupt nicht.

GWENDOLEN: Er steht dir ausgezeichnet. Das ist ein göttlicher Name. Er hat seine ganz eigene Musik. Er schwingt.

JACK: Nein, wirklich, Gwendolen, ich finde schon, es gibt eine Menge anderer, viel hübscherer Namen. Ich finde Jack zum Beispiel sehr charmant.

GWENDOLEN: Jack? – Nein, in dem Namen Jack steckt nur sehr wenig Musik, wenn überhaupt. Er packt einen nicht. Er löst keinerlei Schwin-

gungen aus – ich habe mehrere Jacks gekannt, und alle waren sie ausnahmslos fade. Außerdem ist Jack nur der abgeschmackte Hausname für John. Und ich bedaure jede Frau, die mit einem Mann namens John verheiratet ist. Wahrscheinlich wird sie nie Gelegenheit haben, das hinreißende Vergnügen zu genießen, auch nur einen winzigen Augenblick allein zu sein. Der einzig wirklich sichere Name ist Ernst.

(…)

GWENDOLEN: Die Geschichte deiner romantischen Herkunft, so wie Mama sie mir, mit einigen unangenehmen Bemerkungen versehen, mitgeteilt hat, hat natürlich die innersten Fasern meiner Seele angerührt. Dein Vorname übt eine unwiderstehliche Faszination auf mich aus. (…)

DIE ALTEN GERMANEN – WARUM WIR NAMEN HABEN

Der Vorname ist noch wichtiger als der Nachname. Während man den Nachnamen (das gilt natürlich vor allem für Frauen) im Laufe seines Lebens schon mal wechselt, bleibt der Vorname ein lebenslanger Begleiter. Er liegt quasi »direkt auf der Haut« und ist immer da. Wenig im Leben ist dem Menschen so treu, so dauerhaft und nachhaltig wie der eigene Vorname. So eine Beziehung prägt natürlich.

Wie entwickelten sich nun die Vornamen? Im Prinzip gibt es Namen, seit es Menschen gibt und seit sie miteinander sprechen. Selbst Tiere pflegen eine gewisse Ansprache, wobei es zu weit führt, da von Namen zu sprechen. Aber auch sie können sich über Laute verständigen und der »angesprochene« Artgenosse weiß dann, dass er gemeint ist.

Geht man also davon aus, dass mit der Entstehung von Sprachen auch Namen entstanden, so haben wohl auch schon die Höhlenbewohner Namen gehabt. Davon ist in der Forschung aber wenig bekannt. Die Ersten, die über Namen in unserem heutigen Sinne verfügten, waren wohl die Chinesen. Sie waren auch die Ersten, die Familiennamen trugen. Zumindest kommt der älteste bezeugte Name der Welt aus China, es ist der des Urkaisers »Fu Xi«, der laut dem britischen Sinologen James Legge im Jahr 3322 v. Chr. geboren wurde. So verwundert es nicht, dass es auch die Chinesen waren, die als Erste ein veritables Namensystem erschufen.

In der Shang-Dynastie (16. – 11. Jahrhundert v. Chr.) führten sie eine Art Nachnamen ein, indem die Angehörigen des Kaiserhauses den Namen ihres Herrschers als Beinamen annahmen. So ist etwa der Beiname »Yin« als einer der ältesten schon in der Shang-Dynastie (16. Jahrhundert – 11. Jahrhundert v. Chr.) bezeugt. Die Herrscher der Zhou-Dynastie (1122/1045 – 770 v. Chr.) werden mit ihrem persönlichen Namen, einem geläufigen und einem postumen Namen genannt. Dabei wird deutlich, was Namen auch immer waren: ein wichtiger Ausdruck personaler Identität einerseits, aber auch ein Ausdruck von Verwandtschaftsbeziehungen. Generell galt die Vergabe des Namens immer schon als erster Schritt zur Aufnahme eines Neugeborenen in die jeweilige Gemeinschaft.

In dieser Zeit entstanden zahlreiche Familien- oder auch Klannamen. Es war üblich, dass die chinesischen Herrscher ihre Familiennamen an ihre Untertanen weitergaben, um sie an sich zu binden. Dies hatte zur Folge, dass es zahlreiche Menschen mit ein und demselben Familiennamen gab, die allerdings nicht miteinander verwandt waren.

Das Chinesische kennt keinen Begriff für »Name«. »Mingzi« oder »ming« steht für den persönlichen (gegebenen) Namen und »xingshi« für den Familiennamen. Ursprünglich bezeichneten »xing« den Stamm oder die Sippe der Mutter und »shi« eine Untergruppe des Stammes (nach dem Vater, nach einem Ort, einer Region etc.). In der westlichen Zhou-Dynastie gab es nicht mehr als dreißig Bei- oder Familiennamen, von denen die meisten das weibliche Schriftzeichen für »Mutter« beinhalteten.

Eine der ältesten Listen von Familiennamen stammt aus der nördlichen Song-Dynastie (960–1127) und nennt 472 Familiennamen. Das »Buch der Hundert Familiennamen« (»Bai Jia Xing«) war bis in die 1950er-Jahre ein wichtiges Lehr- und Sachbuch. Es enthält nicht nur Personennamen, sondern auch historische und sprachwissenschaftliche Informationen.

Aus dem Lebensalltag

Im deutschen Sprachraum waren es die Germanen, die Namen einführten. Wobei man hier eher von Rufnamen sprechen muss, da die Nachnamen erst viel später dazukamen. Der indogermanische Sprachraum ist ziemlich weitläufig. Altindisch zählt sogar dazu, Altslawisch, Altgriechisch und auch Keltisch und Althochdeutsch. Allen indogermanischen Namen ist eines gemein: Die meisten sind zweigliedrig und leiteten sich aus dem allgemeinen und alltäglichen Wortschatz her. Das waren also keine Fantasiegebilde, wie oft heute, oder gar aus einer anderen Sprache oder Kultur übernommen, sondern ganz normale Wörter für Eigenschaften, Ereignisse, Tiere, Gegenstände aus der Sprache der Menschen, die auch oft gebraucht wurden. »Selten und ungewöhnlich« ist bei der Namensgebung ein Produkt unserer Zeit.

So kombinierten die alten Inder die Wörter für »gut« (»vásu«) und »gegeben« (»dattah«) zum Namen »Vásudattah«. Die Griechen die Wörter für »Volk« (»demo«) und »mächtig« (»sthenes«) zum Namen »Demosthenes«; die Kelten die Worte für »Kampf« (»cato«) und »Herrscher« (»rix«) zum Namen Catorix; die Slawen die Wörter für »herrschen« (»vladi«) und »Frieden« (»mir«) zum Vladimir.

Auch die alten Germanen verfuhren auf diese Weise, vermutlich schon lange vor Christi Geburt. Von germanischen Namen hört man erstmals aus den Aufzeichnungen griechischer und römischer Autoren, wie zum Beispiel Tacitus, der um 100 nach Christus die germanischen Namen Catumer, Catvald und Segimund erwähnte.

Jede Namengebung bei den Germanen war eine Neuschöpfung. Ausdrücke aus dem religiösen und kriegerischen Leben wurden dem Neugeborenen im Namen als Wunsch mit auf den Weg gegeben. Die

Namen bestanden in der Regel aus zwei Elementen vor allem aus den Bereichen »Volk« (Volkmar), »Heimat« (Landfried, Roland), »Verwandte«, »Freunde« (Winfried, Hariman), »Besitz« (Udalrich), »Adel«, »Herrscher« (Adelheid, Adalwolf, Waldfried, Walthari), »Krieg«, »Kampf«, »Streit« (Gundhari, Gundhild, Hadumar, Badumar), »Waffen« (Gerhard), »Heidentum«, »Götter« (Albwin, Ingomar, Wandalmar, Swabwald, Gottfried, Thorwin) oder »Eigenschaften« (Baldowin, Hartfried, Fromut, Wignand).

Erstaunlicherweise gibt es heute gar nicht mehr so viele Namen germanischen Ursprungs. Einer der bekanntesten ist von seiner Herkunft sehr transparent: Siegfried, ein zweigliedriger Name, der sich zusammensetzt aus den Elementen »Sieg« und »Frieden«. Wobei die Worte sowohl als erstes wie auch als zweites Glied auftauchen konnten. Richard (der sich aus »reich« und »hart« zusammensetzt) ist heute ebenfalls noch populär und geläufig.

NAMENZITATE

- Nomen est omen. *Plautus*
- Ein hohes Kleinod ist der gute Name. *Friedrich Schiller*
- Ein Leben dauert eine Generation lang; ein guter Name dauert fort. *Aus Japan*
- Der einzige Name, der den Menschen wirklich charakterisiert, ist der Spitzname. *Unbekannt*
- Ein guter Name ist mehr wert als Geld. *Peter Sirius*
- Es fehlt in deinem Wortregister – mein werter Name? Nun, da ist er! *Wilhelm Busch*
- Weil er sich einen schlechten Namen gemacht hatte, legte er sich ein gutes Pseudonym zu. *Gerd W. Heyse*

Zeichen von Kampf und Krieg

Was man dabei erkennt: Viele germanische Namen haben kriegerische Wurzeln und Bestandteile, sie waren ja ein kriegerisches Volk. Und ihren Kindern gaben sie im Namen den Wunsch mit, dass sie tapfere Krieger sein mögen. Die alten Germanen hatten sechs Wörter für Krieg, Kampf oder Streit, die allesamt zu Namensteilen wurden: hild, gund, had, bad, bag und wig. Man fand sie in Namen wie Badumar, Wigbald, Wigand, Hildebrand, Gundmar, Hadubrand oder Baghild. All das sind natürlich längst vergessene Namen, aber auch viele heute noch bekannte germanische Namen tragen das Kriegerische in sich. Zum Beispiel die Hildegard, die sich zusammensetzt aus den althochdeutschen Worten für Kampf (»hilta«) und Schutz (»gard«). Ebenso Hildegund, was frei übersetzt bedeutet »die in der Schlacht Kämpfende«. Oder Gerhard, der den Wurfspeer »Ger« im Namen trägt. Wobei auch der hintere Namensteil heute noch leicht identifizierbar ist, bedeutet doch »hard« nichts anders als »hart«, »stark« oder »fest«. Gerhard ist also der »feste Speer«. Während Namen wie Rüdiger (vor allem dessen Urform Rutger) zeigen, dass der Speer natürlich auch im hinteren Teil des zweigliedrigen Namens vorkommen kann. Rüdiger/Rutger bedeutet so viel wie »ruhmreicher Speer(werfer)«, denn »rut» leitet sich ab vom germanischen Wort »hroth» bzw. »hruoth« und heißt »Ruhm« oder »Ehre«.

Es war also ein wildes Kombinieren der verschiedenen Worte. Sehr beliebt, und in diesem Namensystem auch leicht möglich, war es, Bestandteile der Namen von Vater und Mutter (oder auch aus den Namen von Großvater, Großmutter, Onkel, Freund, Herrscher) im Namen des Kindes zu kombinieren. Und so hieß die Tochter von Gundharde und Hildebrand dann eben Gundhilde. Nicht ganz klar ist, ob man den Namen schon bei Geburt bekam oder erst später, und ob die Germanen bei der Vergabe des Namens schon darauf achteten, dass er auch passte. Dass der Bernhard eben wirklich »stark wie ein Bär« war, wie sein Name aussagt – und kein mickriger Hänfling. Es gab aber sicher eine Namenweihe, so wie bei vielen Naturvölkern. Ein großes Fest, bei dem das Kind rituell in die Gemeinschaft aufgenommen wurde und seinen Namen verliehen bekam.

Natürlich gab es bei so einem Kriegervolk auch die »Burg« (bedeutet so viel wie »Schutz«), die man heute leicht in Burghard/Burkhard findet. Ein weiteres Wort, das sich oft in Namen findet, ist »trud« was so viel bedeutet wie »Stärke/Kraft« und uns in Gertrud oder Edeltraud begegnet. Den im Kampf erforderlichen »Mut« finden wir natürlich auch sehr oft, zum Beispiel in Hartmut (»der mit dem festen Mut«).

Tierisches

Neben dem Krieg liebten die alten Germanen auch Tiere. Das zeigt sich in weiteren Namenkombinationen. So steckt im Bernhard vorn der »Bär«, während uns im obligaten zweiten Namensteil wieder »hard« begegnet. Natürlich passt hier der Wolfgang, der bedeutet tatsächlich genau das, was man heute noch liest: der Mann, der geht wie ein Wolf. Auch andere Tiere finden sich: der Rabe als »ram« (und dazu noch der Wolf) zum Beispiel in Wolfram. Oder auch der Adler (»Aran«) war, wie im heute fast vergessenen Namen Arnfried, ein ebenfalls von den Germanen sehr verehrtes Tier. Ebenfalls in diese Reihe passen der Eberhard (was frei übersetzt so viel bedeutet, wie »stark wie ein Eber«).

Auch in den Namen Hengist (Hengst), Hiruz/Herzo (Hirsch), Welfhard/Welfo (junger Hund, junges Tier), Berowelp (kleiner Bär), Hunibald (junger Bär), Lewohard (Löwe), Hundbald/Hundo (Hund)

und Marabert (»marah« bedeutete »Pferd«; davon abgeleitet heute: Mähre), oder bei den Frauen Swanhild (Schwan), Swala (Schwalbe), Bera/Birina (Bärin), Tupa (Taube) oder Hinta (Hirschkuh) wurden Tiere verewigt.

SO SOLLST DU SEIN!

Namen wurden auch aus Charaktereigenschaften abgeleitet. Das Adjektiv »edel« (oder »adel«) taucht relativ oft auf, bekannt in Namen wie Edelgard, Edeltraut, Adelbert. Und es heißt genau das – edel. Und ein in einem anderen Kapitel noch näher behandelter Tabuname (siehe Seite 75 ff.) ist eine althochdeutsche Wortkombination aus zwei damals gebräuchlichen Worten: Abgeleitet von »adal« (»edel« oder »vornehm«) und »wolf« entstand der Adalwolf, der später zum Adolf wurde.

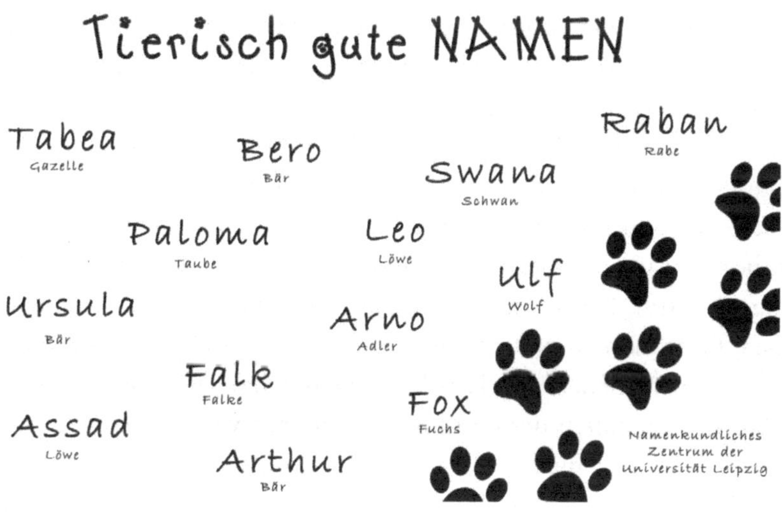

Beispiele für tierische Namen

Eingliedrig, zweigliedrig, dreigliedrig

Diese beiden Bestandteile waren jeweils relativ frei kombinierbar. Also gab und gibt es die Hildegund, aber auch die Gundhild. Den Siegfried und den Gerhard, aber auch den Gerfried und den Sieghard. Und so weiter. Wobei die Germanen ebenfalls schon Anwandlungen heutiger Helikoptereltern zeigten. Denn ging es anfangs bei der Kombination beider Bestandteile noch rein nach der Bedeutung und dem Sinn, setzte sich auch hier schon bald der Modename durch. Man ging nicht mehr nach der Bedeutung, sondern nach der Klangfärbung und dem persönlichen Geschmack. Gundhild ist so ein früher Modename, bei dem die reine Bedeutung schon zweitrangig war. Denn sowohl »gund« als auch »hilt« bedeuten ja Kampf. Und zweimal Kampf, das hätten selbst die frühen Germanen nicht kombiniert.

Einsilbige Namen waren damals sehr selten, es gab sie aber: Karl und Ernst etwa, oder verkürzte Formen wie Bruno, Berno oder Arno. Zudem entstanden zahlreiche Lall- und Koseformen wie zum Beispiel »Poppo« für Volkmar, »Ludo« für Liudolf, »Anno« für Arnfried oder »Wolfo/Woffo« für Wolfgang.

Die ersten Quellen für germanische Namen finden sich im 1. Jahrhundert nach Christus. Also relativ spät. Da waren die Römer und Griechen und eben die Chinesen schon viel weiter. Die Römer hatten schon weit vor den Germanen Familiennamen, ja sogar eine dreigliedrige Struktur. Der römische Name bestand aus einem Pränomen, einem Gentilnomen und einem Cognomen. Oder einfacher gesagt: aus einem Vornamen, einem Familiennamen und einem Spitznamen. Das lässt sich an einem der berühmtesten Römer veranschaulichen – Julius Caesar. Der hieß ja eigentlich Gaius Julius Caesar. Wobei Gaius der Vorname im heutigen Sinne war. Julius war dagegen der Familienname, denn er entstammte dem Geschlecht der Julier.

Caesar ist also der Spitzname von Julius Gaius und soll angeblich auf das lateinische »caedere« zurückgehen, was so viel bedeutet wie »ausschneiden«. Es wurde als »der aus dem Mutterleib Geschnittene« interpretiert, also der per Kaiserschnitt Entbundene. Allerdings gab es diesen in unserem Sinne damals noch nicht. Aber noch heute heißt der Kaiserschnitt im Spanischen »cesárea«. Interessant ist, dass der Name Caesar als Herrschaftstitel im Römischen Reich aufkam und die Bezeichnung »Kaiser« davon abgeleitet wurde.

HINZ UND KUNZ

Nur die männlichen Adligen hatten drei Namen, einfache Bauern, Sklaven oder Frauen spielten in der damaligen Gesellschaft keine Rolle und hatten nur einen Namen. Das war später auch im deutschen Sprachraum nicht anders. Der Adelige hatte einen langen und mehrteiligen Namen, hieß dann eben »Konstantin vom Rabenstein«, während der einfache Bauer einen einzigen Namen hatte und dann auch oft nur eine Kose- oder Kurzform. Wie eben »Hinz« oder »Kunz«, statt Heinrich und Konrad, die eigentliche Form beider Namen. So entstand die Redewendung: Weil so viele Menschen Heinrich oder Konrad hießen, wurde beider Koseform schnell zum Synonym für die »breite Masse«.

Leit- und Familiennamen

Der Name war auch immer ein Statussymbol. Wobei sich hier bei einfachen Bürgern Zweit- bzw. Familiennamen durchsetzten, schon aus Gründen der Unterscheidbarkeit. Wo viele »Hinzens« lebten, da war es nötig, zu wissen, welcher denn nun gemeint war. Heinrich der Lang(e),

Heinrich der Kurz(e), Heinrich der Metzger, Heinrich der Müller oder Heinrich, der Besitzer des kleinen Ladens (Winkler).

Das aber passierte erst seit dem 12. Jahrhundert nach und nach. Während es in Italien oder Spanien bereits im 8. oder 9. Jahrhundert Familiennamen gab, dauerte es im deutschen Sprachraum etwas länger. Später wurden diese Beinamen dann vererbt, und ab dem 14. Jahrhundert spricht man schon von Familiennamen, die vom Vater auf den Sohn übergingen.

Beim Adel wird es zuerst üblich, den Rufnamen weiterzuvererben. Es entsteht ein sogenannter Leitname: Beispiele sind Karl und Ludwig bei den Karolingern, Otto bei den sächsischen Kaisern, Poppo bei den Hennebergern, Friedrich bei den staufischen Adligen oder Balduin bei den Grafen von Flandern.

Hier einige weitere Beispiel für Leitnamen:

- Welfen und Staufer (1120–1252): Heinrich, Friedrich, Otto, Wilhelm, Philipp, Gertrud, Lothar, Judith, Agnes, Mechthild, Wulfhild
- Askanier (1123–1267): Otto, Hermann, Dietrich, Adalbert, Heinrich, Siegfried, Albrecht, Johann, Bernhard, Mechthild, Elisabeth, Sophia
- Ludowinger (1131–1247): Ludwig, Heinrich, Friedrich, Hermann, Konrad, Dietrich, Sophia, Gertrud, Irmgard, Jutta, Elisabeth, Agnes
- Wettiner (1156–1291): Heinrich, Konrad, Dietrich, Friedrich, Albrecht, Adelheid, Dedo, Gertrud, Sophia, Agnes, Oda

Zurück zu den Germanen. Die waren, wie gesagt, sehr kriegerisch veranlagt, und das brachte es mit sich, dass sie sich auch territorial ausbreiteten. Im 6. Jahrhundert war die Hälfte der Rufnamen in Frankreich germanischen Ursprungs. Aber auch auf der iberischen Halbinsel breiteten sie sich aus. Das hat Spuren hinterlassen – ganz erstaunliche Spuren in der heutigen Weltsprache Spanisch und damit auch in der Namengebung. Zunächst einmal haben die alten Germanen eines ihrer Lieblingswörter eingeführt. Das spanische Wort »guerra« für Krieg stammt vom germanischen »werra« (steckt noch im heutigen »wehren«) ab.

Auch viele bekannte spanische Namen haben eindeutig germanischen Ursprung. Fangen wir bei meinem Namen an, den ich durch die Heirat mit Herrn Rodríguez bekommen habe. Rodríguez ist der »Sohn des Rodrigo«, und der wiederum hat seinen Ursprung im … Roderich. Da sind sie wieder, die zwei Bestandteile des germanischen Namens: »rod« heißt so viel wie »Ruhm« und »rich« nichts anderes als »reich«. Rodrigo, der Ruhmreiche. Der Name gelangte auf die iberische Halbinsel, weil der Westgotenkönig Roderich diese im 5. Jahrhundert eroberte. Und nach ihm wurden dort viele Kinder benannt. Überhaupt waren natürlich Herrschernamen immer sehr beliebt. Auch viele andere spanische Namen haben einen germanischen Ursprung, eigentlich alle, die zum Beispiel auf »-ez« enden. Und das sind viele: Sanchez, Alvarez, Rodríguez, Ramírez, González, Fernandez. Fernandez ist der Sohn von Fernando, und der stammt von »unserem« Ferdinand ab. Denn »nand« (»nanth«) bedeutete so viel wie »kühn« (das Kriegerische ist halt immer da) und »frith«, woraus sich »ferdi« entwickelte, in etwa »Schutz, Sicherheit«. Der Gonzalez ist analog dazu der Sohn des Gonzalo, und der wiederum geht auf den germanischen Gundisalvus zurück. Und auch hier wieder: das Element »gund« für Krieg. Allein diese drei Namen decken den Großteil der spanisch sprechenden Bevölkerung ab. Wenn die wüssten, dass sie einen germanischen Namen haben …

Interessant ist, dass der heute nahezu vergessene Name Bringfried oder Bringfriede, den man eindeutig in diese Zeit der alten Germanen verorten würde, erst vor gut Hundert Jahren während des Ersten

Weltkriegs entstand – und genau das ausdrückte: die Sehnsucht der Menschen nach Frieden, die man dem Kind schon im Vornamen mit auf den Weg geben wollte.

Das Comeback im Heute

Seit einigen Jahren gibt es eine Rückbesinnung auf die zuvor selten gewordenen altdeutsch-germanischen Namen. Sie werden seit etwa zehn Jahren wieder verstärkt vergeben. Besonders männliche Vornamen, und das nicht nur zu Ehren des Großvaters als Zweit- oder Drittname, sondern auch als Rufname. Junge Eltern sagen immer wieder zu mir, dass Otto ein niedlicher Name sei. Noch vor 20 Jahren hätte niemand sein Kind Otto genannt.

Die jungen Leute nehmen diese alten Namen aber ganz anders wahr als die ältere Generation. Da sie kaum noch (ältere) Verwandte haben, die solche Namen tragen, erscheinen sie ihnen auch nicht als altmodisch und verstaubt. Sie haben auch keine Abgrenzung mehr nötig, weder zu dieser Generation noch zu deren Namen. In meiner Großeltern-Generation erscheinen zum Beispiel Namen wie Friedrich, Heinrich, Richard, Ludwig, Leopold, Otto, Oskar, Gustav, Karl oder Bruno, die allesamt heute wieder modern sind und zu den häufig vergebenen Namen gehören.

Auch die weiblichen Formen Frieda, Ida und Wilhelmine sind heute wieder beliebt. Der weibliche Name Ida etwa ist schon seit über 1400 Jahren bezeugt. Ida war die Gattin Pipins I. im 7. Jahrhundert. Er wirkt heute wieder wegen seiner Lautstruktur sehr weiblich und modern.

Bereits vor etwas mehr als Hundert Jahren gab es so eine Rückbesinnung auf altdeutsch-germanische Rufnamen.

Im Jahr 1846 lobte die »Berliner Akademie der Wissenschaften« einen Preis für denjenigen aus, dem es gelang, ein Wörterbuch der alten deutschen Namen bis zum Jahre 1100 zu erstellen. Lediglich einer, der Historiker und Bibliothekar Ernst Förstemann (1822–1906), stellte sich dieser Herausforderung. Er bekam den Preis aber nicht und musste sich viel Kritik anhören, aber sein monumentales Werk »Altdeutsches Namenbuch« aus dem Jahr 1857 ist trotz einiger Mängel bis heute für Namenforscher ein Standardwerk. Und auch viele Eltern, die heute nach einem besonders ungewöhnlichen Vornamen fahnden, entdecken irgendwann dieses Nachschlagewerk – mit Namen, die mehr als Tausend Jahre alt sind. Wenn sie sich zudem für die germanische Geschichte interessieren, ist dieses Werk eine wahre Fundgrube.

So baten mich Eltern einmal um die Bestätigung des weiblichen Vornamens Isika. Er klang für mich recht modern, und ich hatte ihn vorher noch nicht gehört. Sie hatten aber eben in diesem »Altdeutschen Namenbuch« den männlichen Namen Isiko entdeckt, der im 10. Jahrhundert belegt ist und eine Kurzform eines zweigliedrigen Namens mit dem althochdeutschen Element »īs« für »Eisen, Waffe« ist. Er gefiel ihnen und deshalb bildeten sie kurzerhand die weibliche Form »Isika« dazu. In altdeutschen Rufnamen erscheint übrigens »Isan-« oder »Isen-« (also »Eisen«) oft als Erstelement in zweigliedrigen männlichen Namen wie Isenbert oder Isenhard.

Auch wieder sehr populär bei Eltern des 21. Jahrhunderts sind die männlichen Vornamen Eisenherz, Eisenhard, Eisenhans sowie Frowin. Da sie aber bei den Behörden heute überhaupt nicht mehr bekannt sind, müssen sie oft von uns bestätigt werden. Auch Löwenherz wird als eine Neubildung und in Anlehnung an Richard Löwenherz als männlicher Vorname eingetragen.

Manche Eltern graben regelrecht in Geschichtsbüchern auf der Suche nach alten vergessenen Namen und historischen Gestalten. Ich kenne eine kinderreiche Familie in Brandenburg, in der alle Kinder mehrere germanische Namen erhielten. Unter anderem sind dort zu finden: Rikimer, Nestika, Svanhild, Vitigis, Sigisleif, Leovigild, Alarich, Dagaleif, Vidukind, Irmelin, Hildigis, Heilika und Godelinda. Auch Namen wie Erelive (das war der Name der Mutter des Ostgotenkönigs Theodorichs des Großen im 5. Jahrhundert), Hludana (eine nordgermanische Göttin), Hoamer (Name eines ostgermanischen Wandalen-Königs) und Hengist (er war der zweite Heerführer der Angelsachsen im 5. Jahrhundert) finden sich in dieser Familie.

Eine andere Familie nannte ihren Sohn Thumelikar. Der war der im Jahr 15 nach Christus geborene Sohn des Cherusker-Fürsten Arminius (auch bekannt als Hermann der Cherusker) und seiner Gattin Thusnelda (der Tochter des Cherusker-Fürsten Segestes). Die erste Silbe des Namens stammt von der Mutter.

TUSSI MIT NIVEAU

Apropos Thusnelda: Letztens rief mich eine ältere Dame an und wollte ein paar Dinge zu ihrem Familiennamen wissen. Nachdem ich ihr einige Auskünfte dazu erteilt hatte, erzählte sie mir, dass sie Thusnelda hieße und meist »Tussi« gerufen würde. Sie war stolz auf ihren Vornamen, und sie störte sich nicht daran, dass er eher negativ assoziiert wird. Dies war aber nicht immer so. Erst im Alter konnte sie sich mit ihrem Namen versöhnen. Erstaunlich finde ich, dass es diesen Namen heute nur noch höchstens 65-mal in Deutschland gibt. Früher was Thusnelda ein gängiger Mädchenname. Seine Bedeutung ist aber nicht eindeutig geklärt. Der vordere Namensteil kann »þūs« (»Kraft«), oder auch »thursa« (»groß, gewaltig«) bedeuten. Der zweite Teil kann sich aus »hildjō« (»Kampf, Schlacht«) oder aus dem althochdeutschen »snel« für »schnell, tapfer« herleiten. Wie auch immer: Heute wird dieser Name nicht mehr eingetragen. Anders als die Kurzform Nelda, die aber nicht mit Thusnelda in Verbindung gebracht wird.

HEILIGER BIMBAM – WIE DIE CHRISTIANISIERUNG DIE NAMENGEBUNG VERÄNDERTE

Die wilden Zeiten endeten im 12. Jahrhundert. Auch bei den Vornamen. Bis dahin waren die Germanen in der Namenwahl relativ frei. Und weil sie ja quasi jedes Wort aus dem vorhandenen Wortschatz benutzen und es auch noch mit jedem anderen kombinieren konnten, gab es schier unendlich viele Kombinationen und Namen, die man heute gar nicht kennt.

Dann aber sorgte das Christentum in allen Lebensbereichen und bei Namen für Reglementierung. Für viele alte germanische Namen war das das Ende, sie starben aus, und wenn man sie heute hört, reibt man sich verwundert die Ohren. Dabei waren Gangolf, Hartrud und Badufried damals genauso populär wie Hildegard und Richard, Heinrich oder Siegfried es bis heute sind.

Letztere aber überlebten dieses einschneidende 11. und 12. Jahrhundert, als die seit einigen Jahrhunderten andauernde Christianisierung des deutschen Sprachraums fast abgeschlossen war, vor allem deshalb, weil es die Namen von Heiligen oder Herrschern waren. Ansonsten aber brachen nun die Zeiten der biblischen, der hebräischen, der lateinischen und griechischen Namen an. Und die freie Namenwahl wurde merklich eingeschränkt. Viele Kinder bekamen fortan den Namen des Heiligen, der an ihrem Geburtstag Namenstag hatte. Wer also am 6. Dezember geboren wurde, der heißt eben Nikolaus.

Und wenn man heute denkt, dass Hans, der populärste Vorname in jener Zeit, ein doch urdeutscher Vorname sei – dem kann widersprochen werden. Er leitet sich ab von Johann oder Johannes – und das ist ein biblischer Name, der aus dem Hebräischen kommt. Genau wie Margarete (und die Koseform »Gretel«) ganz und gar kein deutscher Name ist, sondern aus dem Lateinischen und, noch früher, aus dem Persischen kommt. Und doch wurden beide Namen schnell enorm beliebt. »Hänsel und Gretel« heißen auch deshalb im Volksmärchen so, weil es seinerzeit die deutschen Vornamen schlechthin waren.

In dieser Zeit kamen also die Namen Margarete, Abraham, Adam, David, Judith, Elisabeth, aber auch Anna, Julia, Katharina, Franziska, Alexander, Maximilian, Paul, Georg, Michael oder Petrus in den deutschen Sprachraum. Zu den beliebtesten Taufnamen im 12. Jahrhundert zählten die der vier Evangelisten: Johannes, Matthäus, Markus und Lukas. Damit wollten die Eltern das Neugeborene unter den Schutz des Heiligen stellen, und es wurde zudem offiziell in die Glaubensgemeinschaft aufgenommen. Auch die vorbildliche Lebensweise des Heiligen sollte sich positiv auf das Kind auswirken.

Bei der Übernahme christlicher Namen kamen zuerst solche auf, die Ähnlichkeit mit den einheimischen Namen hatten. So wurde zum Beispiel Simon auch deswegen sehr populär, weil er Ähnlichkeiten mit dem alten germanischen Sigismund hatte. Gleiches galt für Philip in Anlehnung an Filibert oder Filipo. Aber auch die biblischen Frauennamen Anna/Anne (klang wie Arne oder Arnfried) oder Elisabeth (in Anlehnung an Elisberta) profitieren von ihrer phonetischen Ähnlichkeit zum Gewohnten.

Für andere fremde Namen, zumal wenn sie sehr kompliziert waren und der einfachen Bevölkerung dienlich sein sollten, bildeten sich schnell Kurzformen aus. Sie wurden der deutschen Sprache angepasst: Hans statt Johannes, Max statt Maximilian, Anton oder Toni statt Antonius, Lorenz statt Laurentius und Nazi oder Ignaz statt Ignatius.

Der Name Maria war ebenso wie Josef natürlich ein zentraler biblischer Name, wurde aber zunächst fast nicht vergeben (siehe Seite 80 ff.). Das änderte sich erst mit der Reformation. Zuvor wäre es blasphemisch und respektlos gewesen, hätte man einem Kind den Namen der heiligen Jungfrau Maria verliehen. Erst infolge von 1517 und mit Martin Luther wurde Maria im Lauf der folgenden Jahrhunderte zum häufigsten vergebenen weiblichen Vornamen. Es ist auch der einzige weibliche Vorname, der heute als Zweitname bei Jungen genehmigt wird, wie man bei den Schauspielern Klaus Maria Brandauer oder Christoph Maria Herbst sieht. Wobei – wie immer bei populären Namen – stets auch das Lautliche stimmen sollte: Ein Rufname musste leicht von der Zunge gehen. Was bei Maria zweifellos der Fall ist, beim im spanischsprachigen Raum gängigen Beinamen »Incarnación«, was so viel wie »Fleischwerdung« bedeutet, aber gar nicht zutrifft.

Erstaunlich ist, dass im deutschsprachigen Raum der Vorname Jesus ganz im Gegensatz zu Maria fast bis heute ein Tabuname blieb. Auch die deutschen Standesämter weigerten sich lange, diesen Vornamen zuzulassen. Mit der Begründung, es sei für das Kind eine zu starke Bürde, wenn es den Namen Jesus tragen müsse. Wobei es in Deutschland ohnehin sehr selten vorkam, dass Eltern diesen Wunsch hatten. Im spanischen Sprachraum haben wir hingegen ganz andere Verhältnisse: dort ist Jesús ein üblicher und beliebter Vorname für Jungs. María Jesús für Mädchen und Jesús María für Jungen sind nicht selten.

Erst im Jahr 1997 entschied ein Oberlandesgericht, dass ein Junge »Victor Amadeus Jesus Maria« heißen darf. Nunmehr ist Jesus auch in Deutschland als Vorname erlaubt. Begründung war unter anderem dessen inflationäre Verbreitung im spanischen Sprachraum.

Eine weitere Entwicklung der Reformation war die sich verbreitende Kritik an der als übertrieben empfundenen Heiligenverehrung. Christen, die Luther folgten, nannten ihre Kinder fortan eher nach den Vorbildern aus dem Alten Testament: Abraham, Jonas, Rebekka, Esther, Lea, Eva, Salome, Samuel, Adam, Isaak oder Benjamin. Auch eine regionale Diversifizierung manifestierte sich so. Denn diese alttestamentarischen Namen waren vor allem im norddeutschen Raum verbreitet, und je weiter man in den nach wie vor sehr katholisch geprägten Süden kam, desto eher benannte man sein Kind nach den Heiligen: Katharina, Franziska oder Maximilian – nach Maximilian, Märtyrer zu Antiochia, Maximilian, Bischof im Pongau oder Maximilian, Bischof in Trier.

PAPA, OPA ODER PATE?

So vielfältig wie heute war die Namengebung bei Weitem nicht. Es wurde der Namenschatz sogar immer mehr eingeschränkt, da sich Eltern gern einen angesehenen und reichen Bürger als Taufpaten suchten und dem Kind dessen Namen gaben. Das taten viele Eltern. Die Kinder hatten meist mehrere, oft zwei Taufpaten und erhielten entsprechend mehrere Vornamen. Je mehr Taufpaten, umso besser war die soziale Absicherung des Kindes. Auch die Kirche hatte enormen Einfluss auf die Namengebung und nicht zuletzt wurde oftmals der Name des Vaters oder des Großvaters weitergegeben. So gab es einige wenige Namen, die immer und immer wieder vergeben wurden.

Die ersten Modenamen – mit Luther in die Neuzeit

Im 15. und 16. Jahrhundert war die Gesellschaft noch weit gespaltener als heute. Eine Mittelschicht gab es quasi nicht. Es gab die gebildeten Stände und die ganz einfachen Leute. Die Gebildeten konnten nicht nur lesen und schreiben, sie sprachen auch Latein oder Griechisch (oder beides). Es war die Zeit des Renaissance-Humanismus. Diese Strömung, die von Francesco Petrarca im 14. Jahrhundert in Italien angestoßen wurde und sich dann im 15. und 16. Jahrhundert festigte und nach Deutschland kam, läutete das Ende des Mittelalters ein.

Humanisten legten Wert auf Bildung und auf sprachliches Ausdrucksvermögen. Sie setzten darauf, dass sich Menschen unter dem Einfluss von Wissen und Tugend weiterentwickeln. Sie interessierten sich wieder für Geschichte, antike Literatur und die deutsche Vergangenheit (was sich darin äußerte, dass altdeutsche Namen wie Walburg oder Albrecht wieder populär wurden).

Vor allem aber gaben diese Gebildeten ihren Kindern Namen aus der griechischen Mythologie oder der römischen Geschichte. Also gab es Vornamen wie Charitas, Cicero, Eufemia, Achilles, Claudius oder Hector, die heute nicht mehr so gebräuchlich sind, als Vornamen. Aber eben auch Cornelia, Maximilian, Marius, Julius oder August. Dabei sind Namen wie Julius, Claudius oder Marius gar keine Vornamen, sondern römische Geschlechternamen, die bei uns mehr und mehr zu Vornamen mutierten. Es war damals unter den Gebildeten gängig, den recht bieder empfundenen deutschen Nachnamen ins Lateinische zu übertragen. So wurde aus dem »Schulze« der »Prätorius«, aus dem »Weber« der »Textor« und aus dem »Schmied« der »Faber«. Gerade Letzterer zum Beispiel ist ja ein sehr verbreiteter deutscher Nachname geworden.

Sehr populär waren zur damaligen Zeit die Schäferromane, beginnend mit »Arcadia« von Jacopo Sannazaro im Jahr 1502. Diese »Welle« dauerte etwa ein Jahrhundert an. Es waren Liebesromane für den höfischen Adel, die aus dem romanischen Sprachraum nach Deutschland gelangten und vor allem aus diesem übersetzt wurden. Heute würde man sagen: Kitschromane. Die Namen dort lauten Damon, Phyllis, Lucinde – oder die heute noch sehr bekannte Doris.

Dem Humanismus folgte gegen Ende des 17. Jahrhunderts der Pietismus, geprägt von Frömmigkeit und Pflichtgefühl. Und wie so viele gesellschaftliche Strömungen schlug sich der in den Vornamen nieder. Die Verehrung, aber auch der Respekt, wenn nicht gar die Furcht vor Gott und die Unterwürfigkeit wurden hier verewigt. Bis heute überdauert haben Namen wie Theodor oder die weibliche Variante Dorothea, was aus dem Griechischen stammt und so viel heißt wie »Gottesgeschenk«. Auch Timotheus (heute ja in der Kurzform Tim überaus populär) kam in dieser Zeit sehr stark auf, was ebenfalls aus dem Griechischen stammt und in etwa »Ehre Gott« bedeutet.

Weniger bekannt sind die deutschen Formen dieser Gottesverehrung: In protestantischen Kreisen kamen zahlreiche pietistische Neubildungen wie Fürchtegott, Ehregott, Traugott, Gottlieb, Gottlob, Lobgott, Helfgott, Gotthelf, Frohmut, Christlieb, Liebfried, Leberecht, Glaubrecht oder Thurecht auf, von denen nur wenige heute noch bekannt sind. Fürchtegott ist einigen noch eher geläufig durch den deutschen Dichter Christian Fürchtegott Gellert (1715–1769). Und der Gottlieb mag bei manchen noch als Name des Großvaters bekannt sein. Wobei: Ich hatte vor einigen Jahren ein Gespräch mit einer Düsseldorfer Hebamme, die mir erzählte, dass sie gerade Zwillinge eines älteren Akademikerpaares zur Welt gebracht hatte und die beiden Knirpse Fürchtegott und Ehregott heißen sollten. Auch diese Namen gibt es also noch bzw. wieder. Bekannt blieb über die Jahrhunderte auch der Amadeus, die lateinische Imperativform von »Liebe Gott!«, vor allem natürlich, weil es Mozarts Künstlername war. Der weltberühmte Komponist trug ja eigentlich als vierten Namen die griechische Gottlieb-Version »Theophilos«, die er selbst in Amadeus, aber lieber noch in Amadé umwandelte.

NEGATIVE RELIGIÖSE ATTRIBUTE

Aus religiösen Gründen wurden die Namen Lucifer, Luzifer, Kain, Judas und Satan ursprünglich abgelehnt. Kürzlich bekam ich eine Anfrage zum weiblichen Vornamen Lucifer. Die Recherche ergab, dass der männliche Vorname Lucifer schon eingetragen wurde. Seine lateinische Bedeutung als »Lichtbringer« ist ja eher positiv. In der römischen Mythologie wird er als Personifikation des Morgensterns genannt. Im Christentum wurde der Name Luzifer/Lucifer im Neuen Testament eher positiv assoziiert und auch als Taufname vergeben. Er diente im Neuen Testament als Bezeichnung Christi!

Im Alten Testament sowie in der jüdischen Mythologie steht Luzifer/Lucifer für den »gefallenen Engel« und kam als Name des Teufels auf. Nun soll ein Mädchen so genannt werden. Betrachtet man Luci und Namen auf »-fer« wie zum Beispiel Jennifer, so könnte man ihn als eine weibliche Neubildung betrachten. Wegen der negativen Assoziation habe ich den Namen aber abgelehnt. Auch die Namen Satan, Kain und Judas kann ich als männliche Vornamen nicht empfehlen. Und trotzdem gibt es diese heute in Deutschland.

Von Männlein zu Weiblein

Interessant ist diese Zeit auch deshalb, weil hier begonnen wurde, zu den männlichen Vornamen weibliche Formen zu bilden. Das hatte dann so absurd klingende Ergebnisse wie Gottlobine zur Folge. Dieser Name wurde nicht sonderlich populär, andere schon. Bis dahin gab es entweder männliche oder weibliche Vornamen, zum Beispiel in der Bibel nach einer ganz klaren Aufteilung. Adam oder Eva, Abraham oder Sara und so weiter. Es gab keine männliche und weibliche Variante des gleichen Namens. Die Elemente, aus denen die Germanen ihre Namen bildeten, waren zwar recht frei kombinierbar, aber auch hier bildeten sich bald schon männliche und weibliche Vornamen heraus. So waren die Endungen »-burg« (wie in Ingeburg) oder »-lind« (wie in Dietlind) sehr schnell ausschließlich den weiblichen Vornamen vorbehalten. Ganz einfach, weil sie »Weibliches« beschrieben: »-burg« bedeutete so viel wie »Schutz« und »-lind« so viel wie »leicht« oder »sanft/lind«. Den Männern wurden da eher die Namen verpasst, in denen es um Kampf und Krieg ging. Oder von jagenden oder sehr starken Tieren.

Auch eine weibliche Form des einsilbigen Namens Karl war damals nicht denkbar (während Karla, Carla oder Karlotta heute ja absolut »in« sind), schon allein weil Karl ja »freier Mann« heißt. Eine Umwidmung des freien Mannes zur Frau wäre den Germanen sehr seltsam vorgekommen. Ähnlich verhält es sich bei Andrea. Denn diese Form entstand erst, als französische Elemente und damit der Vorname André in den deutschen Sprachraum kamen. Da wurde das »a« angehängt und ein neuer Frauenname war entstanden. Dabei leitet sich André (wie natürlich auch Andreas) vom griechischen »andros« ab – und das bedeutet »der Mann«. Das sollte man einer Andrea vielleicht besser nicht verraten.

Besser hat es da die Louise, deren Namen auch nichts anderes ist als die weibliche Form des französischen Louis. Das Prinzip ist jedoch ähnlich, der Einfluss der französischen Kultur und Literatur sorgte für diese Neubildung. Dessen deutsche Form ist ja eigentlich der Ludwig. Übrigens trage auch ich einen der weiblichen Neubildungen als Vorname. Gabriele ist eine weibliche Bildung zum biblischen männlichen Namen Gabriel, der aus dem Hebräischen mit »Mann Gottes« übertragen wird.

Nun also, im 17. Jahrhundert, wurde es üblich, den seit Jahrhunderten männlich geprägten Formen weibliche Endungen zu verpassen: So wurden bis heute attraktiv und schön klingende Namen wie Josefine, Paula und Pauline, Antonie, Florentine oder Henriette geformt. Es entstanden die etwas altmodischen, aber durchaus lange populären Wilhelmine, Klementine oder Albertine. Aber auch so absonderlich klingende Versuche wie: Gustave, Hartmute, Hermandine, Joachime oder Ludgera. Kaum zu glauben, aber diese Frauennamen gab es. Generell kann man wohl feststellen, dass sich romanische oder biblische männliche Namen leichter in weibliche Formen umwandeln ließen als die germanischen. Die klangen in der weiblichen Form schon sehr sperrig und kantig. Und das ist immer ein Grund dafür, wenn sich ein Name nicht durchsetzt.

Namen aus Frankreich und England

Die französische Literatur und Kultur wurde im 17. Jahrhundert als stilprägend angesehen. Einerseits, weil man schlicht alles Französische außerordentlich schätzte, denn wer Französisch sprach, der galt per se als sehr gebildet. Und nur reiche und gebildete Menschen konnten seinerzeit reisen und von ihren Auslandsaufenthalten auch diese damals sehr exklusiven Namen mitbringen. Aber auch, weil später unter Napoleon viele westdeutsche Gebiete unter französischer Herrschaft standen. Das Prestige der französischen Sprache führte seinerzeit sogar dazu, dass manch einer seinen Nachnamen »französisierte«. So nannte sich der schwedische Naturforscher Carl Nilsson Linnæus (1707–1778) kurzerhand »Carl von Linné«.

Bei den Vornamen kamen über Sprache, Oper und Literatur neben den bereits erwähnten Louis und André auch Namen wie Eduard, Margot, Jean, Charlotte, Annette, Babette, Henriette oder Louise nach Deutschland. Nicht alle würde man heute sofort als französisch identifizieren. Zu sehr hat sich die Aussprache dem harten deutschen Ton angepasst.

Im 17. Jahrhundert gab es eine kuriose Gegenbewegung zur zunehmenden (vor allem französischen) Überfremdung der deutschen Sprache. Klassische Namen wurden ins Deutsche übertragen: So wurde zum Beispiel Dorothea zu »Himmelshulde«, Flora zu »Bluhmine« und Diana zu »Weidinne«.

Neben der französischen breitete sich im 18. und 19. Jahrhundert auch immer mehr die britische Kultur aus. An sich begann es schon mit den Texten von William Shakespeare (1564–1616), die auch im deutschsprachigen Raum sehr populär wurden. Aber spätestens die Industrialisierung, die in Großbritannien ihren Ursprung hatte, und das britische Empire, das ja bald die halbe Welt umfasste, sorgten für einen Englisch-Boom. Auch viel Literatur kam nach Deutschland und mit ihr Namen wie Edgar, Edmund, Oskar, Alfred, Arthur, Malvine, Selma, Edith, Molly oder Ellen.

All diese Vornamen werden heute noch vergeben. Auch Shakespeares »Othello« und »Desdemona« findet man. Neulich rief eine junge Frau bei mir an und fragte nach der Bedeutung ihres Vornamens Desdemona. Leider musste ich ihr sagen, dass der Name aus dem Griechischen stammt und mit »unglücklich« übertragen wird. Die Frau muss nun damit leben. Da geht es dem Yorick (ursprünglich eine Figur in Shakespeares »Hamlet«) eindeutig besser. Es handelt sich dabei um eine Variante des dänischen Namens Jorck, der wiederum auf den griechischen Namen Georgos zurückgeht und »Landmann, Bauer« bedeutet.

Namen aus dem Osten und Norden

Mit der ersten Welle slawischer Namen, die nach Deutschland kamen, sind wir wieder bei Napoleon. In der Folge seines Russland-Feldzugs von 1812 gelangten auch russische Namen nach Westen: Olga, Wanda, Ludmilla, Fedor oder auch Boris. Dieser Trend wurde noch verstärkt durch Künstler, von denen immer mehr auch im deutschsprachigen Raum unterwegs waren. Und durch russische Musik und Literatur, die ab Mitte des 19. Jahrhunderts sehr populär wurden.

Gegen Ende des 19. Jahrhunderts entdeckten viele die nordischen Namen: Sigrid, Ingrid, Helga, Gustav, Hjalmar, Knut oder Erik. Oder die sehr modernen Finn, Lasse oder Kerstin. Sie alle kamen aus Skandinavien über Norddeutschland zu uns. Viele werden heute noch als sehr norddeutsch wahrgenommen. Man nehme nur den Knut, der in Bayern wohl immer noch extrem exotisch wirkt.

Aber auch ein Name wie Gustav (siehe Seite 13 f.), der heute als sehr deutsch empfunden wird, kam erst durch den Schwedenkönig Gustav Adolf im 30-jährigen Krieg (1616–1648) erstmals nach Deutschland. Danach gab es einige Eintragungen, fast alle im Norden, wie etwa Gustav Adolf, Herzog von Mecklenburg-Güstrow. Dann wurde 1792 der Dichter Gustav Schwab in Stuttgart geboren und Jean Paul (1763–1825) schuf etwa zeitgleich eine Romanfigur namens »Gustav von Falkenberg«. Man sieht, es war damals ein neuer und seltener Name, und wurde erst mal nur in adligen und höheren Schichten vergeben. Später dann, gegen Ende des 19. Jahrhunderts, wurde er nach unten »durchgereicht«, wie wir es vom Namen Kevin kennen. So erging es also schon vielen Namen. Auch weibliche Formen entstanden, wie bei der 1694 geborenen Gustave Karoline von Mecklenburg-Strehlitz. Und 1907 wurde sogar eine Gustavina eingetragen.

DIE »GEBURT DES STANDESAMTES«

Namenstechnisch war man nun in der modernen Zeit angelangt. Die begann allerspätestens im Jahr 1876. Denn am 1. Januar 1876 trat das »Reichsgesetz über die Beurkundung des Personenstandes und die Eheschließung vom 6. Februar 1875« in Kraft, was bedeutete, dass es nun offiziell und im gesamten deutschen Reich die Standesämter gab, wie schon zuvor ab 1870 im Großherzogtum Baden und ab 1874 im Königreich Preußen. Bis dahin wurden Eheschließungen, Sterbefälle, aber auch Geburten und die Namengebungen nur in den Kirchenregistern eingetragen. Es war das Vorrecht der Geistlichen, unter anderem auch Taufurkunden auszustellen. Das hatte zur Folge, dass die Schreibweisen der Namen und der Vornamen oft stark variierten. Es war – trotz einiger Versuche seitens der Obrigkeiten, selbiges einzudämmen – durchaus möglich und üblich, sich selbst einen anderen Namen zu geben. Erst mit diesem 1. Januar 1876 wurden die Schreibweisen verbindlich und einheitlich und mussten vom Standesbeamten genehmigt werden. Der Name war fortan »versteinert«, soll heißen, es war nicht mehr daran zu rütteln – Buchstabe für Buchstabe.

Das 20. Jahrhundert

Zu Beginn des 20. Jahrhunderts gab es wieder eine neue Entwicklung bei den Vornamen: die Kurznamen. Schon lange gab es ja für viele Namen Koseformen, gerade längere und für die einfache Bevölkerung komplizierte Namen wurden abgekürzt. Der Maximilian wurde zum »Max«, der Johannes zum »Hans«. Nur eingetragen wurde stets die lange Form. Erst jetzt erlaubten die Standesämter auch die Kurzform als eigenständigen Namen. Es entstanden: Elsa (statt Elisabeth), Dora (statt Dorothea), Frieda (statt Friederike), Fritz (statt Friedrich), Heinz (statt Heinrich). All diese ursprünglichen Verkürzungen und Koseformen empfinden wir heute längst als eigenständige Namen, bei manchen käme man gar nicht mehr auf die Idee, dass es noch eine Langform gibt. Als Beispiele nenne ich nur mal den Rolf (statt Rudolf), den Jochen (statt Joachim) und den Udo (statt Ulrich).

Der aktuelle Trend der letzten Jahre zum einsilbigen Vornamen zeigt außerdem, wie beliebt diese Kurzformen sind. Und sorgte für einen neuen Boom der Koseformen. Zwei der beliebtesten Namen der letzten Jahre sind sehr kurz, einsilbig und reine Kurzformen längerer Namen: Mia und Ben. Von Maria und Benjamin.

Zurück an den Anfang des Jahrhunderts. Der zweite Trend neben der Verkürzung bedeutete allerdings das genaue Gegenteil. Ab der Jahrhundertwende werden nämlich Doppelnamen modern. Erst, indem man zwei Namen zusammenschrieb, und dann, indem man sie mit Bindestrich verband. Das ist psychologisch interessant: Weil die Verkürzungen nun erlaubt waren, eingetragen wurden und sie sich auch in der Kurzform verfestigten, hatte man plötzlich »Platz gewonnen«, um es mal so flapsig auszudrücken. Den konnte man nun nutzen, um den Namen des Paten, eines Freundes oder eines Großelternteiles einzufügen. Oder auch einfach einen zweiten Namen, der einem gefiel – oder weil man sich nicht zwischen zwei Namen entscheiden konnte. So musste man nicht mehr Anne und Maria wählen, es wurde einfach Annemarie daraus gemacht. Oder auch: Lieselotte, Heidemarie, Hannelore, Hansjürgen oder Karlheinz. Weil beide Namen jetzt so kurz waren, war das leichter möglich und für viele verlockend. Einen Hermann-Heinrich gab es deshalb eher selten. Die ursprünglichen Doppelnamen Elisabeth und Charlotte wurden vorher im mündlichen Gebrauch zu Lieselotte und später dann zu Lilo verkürzt. Heute werde ich oft nach solchen Vornamen gefragt, wie zum Beispiel Mavi (aus Marie Victoria), Malou (aus Marie Louise) oder Amrei (aus Anne Marie).

Das Zusammenschreiben entwickelte sich jedoch erst, nachdem man zuvor beide Namen hintereinandergeschrieben hatte: also Karl Heinz oder Anne Marie. Und aus dem Zusammenschreiben entstanden dann wiederum, etwa ab den 1920er-Jahren, die »Bindestrich-Namen«. Einer der ersten belegten Träger eines solchen »Bindestrich-Namens« war ein berühmter Sportler in der DDR, der Radrennfahrer Gustav-Adolf Schur, der ob der Sperrigkeit seines Vornamens jedoch meist »Täve« (was wiederum aus der zweiten Silbe von Gustav abgeleitet worden war) genannt wurde. Schur wurde 1931 geboren. Das war die Boomphase der Doppelnamen mit Kopplung, die bis in die 1950er-Jahre andauerte, dann aber rasch wieder abebbte. Inzwischen gingen einige der Doppelnamen so leicht von der Zunge, allen voran Karl-Heinz, dass man diese nicht mehr vergab, weil die Großväter eben Karl und Heinz geheißen hatten, sondern, weil der Doppelname gut klang.

Es gibt sie aber noch immer, die »Bindestrich-Namen«, die Motive der Vergabe sind ähnlich, aber verbunden werden nicht mehr der Karl und der Heinz, sondern heutige Modenamen lauten Finn-Luca, Johanna-Marie, Ben-Louis oder Nele-Sophie. Generell waren die 1920er-Jahre eine spannende Zeit. Man traute sich mehr, zum Beispiel auch, einen Vornamen einzuklagen. Das hätte es vorher nicht gegeben. Aber das Kaiserreich war Vergangenheit, die Weimarer Republik deutlich lebensfroher und freier. Das zeigte sich sich auch in der Vornamengebung.

Es war eine Zeit der Öffnung, auch für neue Vornamen. Kurze Namen werden als eigenständige Vornamen eingetragen:

- 1925 wurde Waldtraut vom Landgericht Berlin als Fantasiename für ein Mädchen erlaubt.
- 1927 wurde Sonja als weiblicher Vorname vom Landgericht Freiburg zugelassen.

- 1927 wurden vom Amtsgericht Karlsruhe die Namen Heinz Lenin noch als männliche Vornamen zugelassen, da politische Motive nicht anstößig seien.
- 1928 wurde in Domersleben, einem Örtchen nahe Magdeburg, ein Mädchen Krupskaja genannt. Nach Nadeshda Krupskaja, der Frau von Wladimir Iljitsch Lenin.
- 1930 wurde Per in Verbindung mit Heinz vom Bayrischen Oberlandesgericht zugelassen.
- 1932 wurde der weibliche Vorname Christa als eigenständiger Vorname zugelassen.

Zwei Jahre später wurde der Name Lenin vom Landgericht Mainz und 1932 die Namen Liebknecht und Lenin vom Landgericht Torgau dann allerdings schon abgelehnt.

Politisch motivierte Neubildungen gab es auch schon vorher. Nach dem Feldherrn Gebhard Leberecht von Blücher und seinem Stabschef August Neidhardt von Gneisenau wurden die weiblichen Vornamen Blücherine und Gneisenauette gebildet. Am 18. Juni 1815 fand in Waterloo die berühmte Schlacht statt, bei der Arther Wellesley, der Duke of Wellington, und von Blücher über Napoleon siegten. Noch heute findet man die männlichen Vornamen Waterloo, Wellington, Napoleon und sogar den weiblichen Vornamen Napoleona in Deutschland. Gegen Ende des 19. Jahrhunderts kamen solche Vornamen wie Bebeline nach August Bebel und Lassalline nach Ferdinand Lassalle auf.

NAMENVORGABEN DER NS-DIKTATUR

Zunächst änderte die finstere Zeit ab 1933 nicht viel. Altdeutsch-germanische Vornamen waren ja schon verstärkt gegen Ende des 19. Jahrhunderts aufgekommen; schon seit der Reichsgründung 1871 hatte man sich auf sie besonnen. Aber die Schreckensherrschaft der Nationalsozialisten wirkte sich dennoch bei den Vornamen aus. Mit Runderlass vom 14. April 1937 wurden deutsche Eltern aufgefordert, deutsche Namen zu vergeben. Mit dem Erlass vom 17. August 1938 durften jüdische Mitbürger nur noch jüdische Namen haben oder mussten die Zwangsnamen Israel und Sara führen. Nicht-jüdische Personen, die einen jüdischen Namen trugen, durften diesen ändern. Es wurde eine Liste von 185 männlichen und 91 weiblichen Vornamen erstellt. Dazu gehörten neben Israel und Sara auch Namen wie Abel, Abraham und Absalom.

NEUE ZEITEN – WIE SICH DIE VORNAMEN NACH DEM ZWEITEN WELTKRIEG ENTWICKELTEN UND VERÄNDERTEN

Nach dem Zweiten Weltkrieg begann eine Öffnung zu neuen Vornamen. Zum einen wurden Namen mit einer langen Tradition, christliche und antike Namen wieder stärker vergeben. Wie zum Beispiel: Christian, Thomas, Michael, Alexander, Andreas, Lukas, Markus, Sebastian, Felix, Florian, Jonas, Jonathan, Maximilian, Tobias, Benjamin, Niklas, Philipp, Paul, Leon, Max, Elias, Christine, Sabine, Gabriele, Petra, Katharina, Julia, Sophia, Sophie, Maria, Marie, Laura, Lea, Leonie, Sarah, Pauline und Emilia. Es gab dann auch die niederdeutsch-nordischen Wellen mit den Vornamen Kerstin, Kirsten, Antje, Birgit, Silke, Heike, Heiko, Eike, Thorsten, Sven, Nils und Lars.

Interessant ist dabei, dass zum Beispiel die friesischen Vornamen Eike, Meike, Heike oder Gerrit, die ursprünglich eher männlich waren, im mitteldeutschen Raum eher als weiblich verstanden werden. In meinem Bekanntenkreis kenne ich nur Frauen mit den Namen Eike, Meike, Heike und Gerrit. Meike und Heike haben sich heute auch deutschlandweit als weibliche Vornamen durchgesetzt. Als männliche Formen findet man vor allem Heiko, Meiko und Meik. Der Name Janne kommt im friesischen Raum eher als weiblicher Vorname und im Süden eher als männlicher Vorname vor.

Wie unterschiedlich die regionale Wahrnehmung von Namen ist, zeigt der Fall »Malte«. Der männliche Vorname Malte ist eine dänische und schwedische Kurzform vom altdeutschen zweigliedrigen Namen Helmold (oder älter Helmwald), der aus den althochdeutschen Elementen »helm«, was so viel wie »Helm« oder »Schutz«, sowie »waltan«, was »walten, herrschen« oder »Gebieter« bedeutet, besteht. Also ein eindeutig männlicher Vorname. Und trotzdem wollte ein Malte aus München seinen Namen ändern lassen, da er im süddeutschen Raum immer als Frau eingeordnet wurde.

Auch für Helge musste ich schon ein Gutachten schreiben, damit er als männlicher Einzelvorname eingetragen werden darf. Dabei ist Helge ein nordischer, rein männlicher Vorname, der auf das altschwedische »helgar« zurückgeht, was »glücklich, gesund« bedeutet. Wie auch Helgo wird er als männliche Bildung zum weiblichen Helga verstanden, ein Name, der in Deutschland um 1900 durch den Roman »Helgas Rosen« populär wurde und vor allem zwischen 1920 und 1960 sehr beliebt war. Was die wenigsten wussten: Helga ist auch nur eine latinisierte weibliche Schreibform des altschwedischen männlichen Namens Helge.

Bekannt wurde Helge in Deutschland als männlicher Vorname in den 20er-Jahren des 20. Jahrhunderts vor allem durch den dänischen Opernsänger Helge Rosvaenge, der 1929 Mitglied der Berliner Staatsoper war. Und heute gibt es, dank des Entertainers Helge Schneider, wenigstens keine Zweifel mehr am Geschlecht dieses Namens.

Dass es Verwirrung gab, lag auch daran, weil es im Deutschen einige weibliche Namenspaare gibt, die auf -a oder -e enden. Wie zum Beispiel Anna und Anne, Susanna und Susanne oder Greta und

Grete. Da erschien es logisch, dass es auch zu Helga eine Variante gab, und so wurde Helge in den 20er-Jahren des 20. Jahrhunderts zum weiblichen Vornamen umgedeutet. Es erfolgten auch einige Eintragungen als weiblicher Vorname. Heute ist diese Form aber kaum noch bekannt.

WELTWEITER EINFLUSS

Eine weitere große Strömung nach 1945 sind Vornamen aus dem französischen, italienischen, russischen und vor allem englischen sowie angloamerikanischen Raum. Wie zum Beispiel René, André, Marcel, Michelle, Nadine, Yvonne, Nicole, Simone, Silvio, Enrico, Mario, Marko, Luca, Chiara, Tanja, Nadja, Natascha, Tamara, Sascha, Boris sowie Patrick, Oliver, Dennis, Kevin, Marvin, Sabrina, Samantha, Vanessa, Jessica, Jennifer, Carolyn, Carolin. Auch Namen wie Daniel, David, Simon, Patrizia, Sarah, Laura oder Lisa wurden über die englische Sprache und amerikanischen Einflüsse in Deutschland neu belebt.

Und heute?

Der Vornamenbestand in Deutschland wächst stetig. Vornamen werden kaum noch mit religiösem Bezug vergeben. Familientraditionen spielen eine untergeordnete Rolle. Die Vornamen werden individueller und internationaler. Je nach Region, Alter und Bildungsgrad der Eltern können die Vornamen variieren.

Traditionelle Vornamen wie Marie, Maria, Sophie, Sophia, Anne, Anna, Maximilian, Alexander und Paul, die derzeit regelmäßig in den Hitlisten auftauchen, bleiben beliebt. In bildungsferneren Familien sieht man aber auch einen starken Einfluss von Medien und Promis. Da sind englischsprachige und angloamerikanische Namen beliebt wie etwa Lennox, Maddox, Jason, Joel, Liam, Justin, Tyler, Amy, Summer, Melody, Melissa, Joy oder Cheyenne.

20 Prozent aller eingetragenen Vornamen sind neue ausländische Namen, die vor allem in Familien mit Migrationshintergrund vergeben werden. Jedes vierte Kind, das in Deutschland geboren wird, hat mittlerweile einen solchen Hintergrund. Da ist der arabische männliche Name Mohammed in all seinen Schreibvarianten ein gutes Beispiel. Er wird häufig als Zweitname vergeben, um die Tradition und die Herkunft widerzuspiegeln.

Die Namenlandschaft wird so immer bunter und vielfältiger. Denn auch die Globalisierung spielt natürlich eine wichtige Rolle. Wir können auf Namen aus aller Welt zugreifen, die Vornamenwahl ist frei, es gibt so wenige Einschränkungen wie noch nie. Pro Jahr werden rund 1000 neue Namen in das Register aufgenommen. Dazu zählen neue Schreibweisen bereits bestehender Namen wie »Yonas« für Jonas oder »Malou« für Marie-Louise.

Erstaunlich ist: 60 Prozent aller in einem Jahrgang eingetragener Vornamen werden nur ein einziges Mal (!) vergeben. Die restlichen 40 Prozent verteilen sich auf die gängigeren Namen. Unser Vornamenschatz wächst also stetig.

Verschiedene Trends laufen zurzeit parallel:

- Vornamen werden frei und individuell gewählt.
- Altdeutsch-germanische Vornamen werden neu belebt.
- Englischsprachige Vornamen sind beliebt, biblische Vornamen ohne Kenntnis des religiösen Hintergrunds ebenfalls.
- Kurz- und Koseformen kommen stärker auf.
- Vornamen auf »-son« wie etwa Anderson werden vergeben.
- Namen werden ganz neu erfunden.

- Namenzusätze und Titel wie Junior, Queen oder Princess sind mittlerweile auch als Vornamen möglich.
- Ausländische Einflüsse und Internationalisierung wirken enorm.

Bereits seit einigen Jahren zählen besonders kurze Vornamen zu den am häufigsten vergebenen. Namen, die aus ein und zwei Silben bestehen, liegen im Trend, besonders bei den Jungen. Zu den beliebtesten männlichen Vornamen gehören mittlerweile Leon, Finn, Ben, Max, Tim und Tom sowie zu den beliebtesten weiblichen Namen Mia, Lea, Ida, Lia, Nele oder Lilly. Dabei gibt es regionale Unterschiede. Je weiter man in den Süden kommt, umso länger werden die Vornamen.

Extreme Beispiele für kurze Vornamen sind Einzelbuchstaben. Immer häufiger werde ich gefragt, ob man J, TJ oder DJ als Vornamen eintragen dürfe – wieder so ein Trend aus den USA. Da muss ich denn Eltern leider (oder besser: Gott sei Dank!) sagen, dass Einzelbuchstaben oder Ziffern in Deutschland als Vornamen nicht zulässig sind. Man kann diese Buchstaben aber ausschreiben. So wurden in den letzten Jahren »Jay« für J oder »Tee-Jay«, »Tijay«, »Dee-Jay«, »Deejay« und sogar »T-Jay« als Vornamen eingetragen.

Und wieder schließt sich ein Kreis. Denn kurze Namen und Kurzformen findet man schon bei den Germanen. Im Mittelalter wurden Kurz- und Kosenamen in der Regel mündlich gebraucht. In Urkunden wurde beim Adel und bei sozial höher gestellten Schichten meist der Vollname eingetragen; bei niederen sozialen Schichten dagegen oft Kurzformen. Wobei die Kirche darauf achtete, dass die Vollform der Namen erschien. Teilweise wurden in Kirchenbüchern neben den Kurznamen Ehlgen, Nette, Beilgen, Leen, Poloni, Pheigen, Meckel und Cüngen dann auch die Ausgangsnamen Adelheid(is), Johanetta, Sybilla, Helena, Apollonia, Sophia, Mechtild(is) und Cunegundis eingetragen.

Vor allem in der mündlichen Kommunikation wurde der Unterschied zwischen höheren und niederen Schichten über die Namen noch bis ins 20. Jahrhundert deutlich: In der oberen Schicht hießen die Menschen also Barbara, Margarete, Heinrich oder Friedrich. Waren es »nur« Bedienstete wurden sie Bärbel, Gretel, Heini oder Fritz gerufen.

EIN BLICK IN DIE FAMILIE

Den Wandel in der Vornamengebung innerhalb der letzten hundert Jahre kann jeder in seiner eigenen Familie nachvollziehen. Ich habe das einmal am Beispiel meiner eigenen Familie aufgeschrieben. Ein Umbruch in der Vornamengebung wird hier ab den 1960er-Jahren deutlich:

- In der Generation meiner Ururgroßmütter und -väter (geboren Mitte des 19. Jahrhunderts) gab es unter anderem die Vornamen: Henriette, Luise, Friedrich, Heinrich, Johann, Martin.
- In der meiner Urgroßmütter und -väter (geboren Ende des 19. Jahrhunderts): Maria, Luise, Marie, Margarethe, Therese, Albin, Oskar, August, Wilhelm, Reinhold.
- In der Generation meiner Großmütter und Großväter (geboren Anfang des 20. Jahrhunderts): Helene, Toni, Marie, Margarethe, Charlotte, Frieda, Rosa, Anni, Else, Hilda, Oskar, Karl, Hermann.
- In meiner Elterngeneration (geboren Ende der 1930er-Jahre): Hertha, Irene, Rosalinde, Herbert, Rolf, Werner.
- In meiner Generation (geboren in den 1960er-/1970er-Jahren): Gabriele, Kerstin, Silvia, Silvio, René, Stefan, Daniel, Bernd, Uwe, Ute, Elke.
- Bei meinen Kindern sowie Nichten und Neffen (geboren in den 1980er-Jahren): Diana, Dennis, Jacqueline, Franziska, Anne, Kai sowie Jonas Alexander als erster Enkel meiner Schwester.

NO-GOS IM DEUTSCHEN SPRACHRAUM

Es gibt eine Reihe von Namen, die in Deutschland kaum gegeben wurden oder werden. Manche haben sich erst im Laufe der Zeit durchgesetzt – und dies aus den verschiedensten Gründen.

»Hach, wie süß, der kleine Adolf …« – das absolute Tabu

Zu den Namen, mit denen Eltern ihren Kindern auch eine gewisse Bürde aufladen, gehören nicht nur Schnuckelpupine, Kevin oder Pumuckl, sondern auch ein sehr alter deutsche Name: Adolf. Der Grund liegt auf der Hand und muss hier wohl nicht weiter erläutert werden. Klar ist, dass spätestens ab 1945 jedes Kind, das diesen Namen bekam, mit verwunderten Blicken, Mitleid, Hänseleien oder auch groben Anfeindungen rechnen musste. Nur wer sichtbar älter war, der war gewissermaßen »entschuldigt«.

Die »Zeit« berichtete im Jahr 2000 über einen damals 32 Jahre alten Adolf aus dem Örtchen Eggstätt im Chiemgau in Bayern. Dort im süddeutschen Raum, aber auch in Österreich, war der Name nie ganz verschwunden, handelt es sich doch einerseits um einen alten Heiligennamen – und die sind in katholischen Gegenden immer populär geblieben. Andererseits war dort immer die Familientradition ein wichtiger Antrieb. Der Vorname wurde vom Vater auf den Sohn vererbt. So ging es auch jenem Adolf aus dem Chiemgau. Der Großvater hieß Adolf, der Vater ebenso, und deshalb auch der Sohn. Wobei seine Mutter dieses Erbe bei ihrem Erstgeborenen noch verhinderte, bei seinem jüngeren Bruder aber setzte sich der Vater durch. Im direkten Umfeld des Kindes, also in der Familie und im Ort, war das Problem noch gar nicht erkennbar, schließlich kannte und schätzte man die Familie, und der Kleine wurde meist Adi gerufen.

»Als er aber ins Gymnasium nach Prien, in die nächstgrößere Stadt kam, fingen die Hänseleien und Kindergrobheiten an. Wenn man für seinen Namen, für den man nichts kann, ausgelacht wird. Ein Kainsmal. Zwischen 14 und 18 war die härteste Zeit. Wenn man in die Welt geht, erwachsen wird. Besonders beim Anbandeln mit Mädchen«, schrieb die »Zeit«. Und weiter: »Adi blieb nichts anders übrig, als selbstbewusst zu werden. Den Namen ändern wollte er nie ernsthaft. Das wollte er auch dem Vater nicht antun. (...) Und heute? Bei Bewerbungen zuckten manche. Und manchmal, wenn er gegenüber Fremden seinen Namen sage, dann würden die sich entrüsten. ›Die hören mit der Unterhaltung auf und schimpfen.‹ Und dann täten sie so, als wäre er unsichtbar.«[5]

Den Historiker Michael Wolffsohn veranlasste eine Situation mit dem ominösen Namen zu einem ganzen Buch. Während einer Vorlesung im Jahr 1989 empfahl er die Arbeit eines Kollegen, Jahrgang 1943, der zufällig Adolf mit Vornamen hieß. Wolffsohn stutzte kurz und

5 Vgl. »Mein Name ist Schulze, Kimberley Schulze«, von Hugo Rupp, »Die Zeit« vom 11. Mai 2000

sagte dann: »Trotzdem ist er ein feiner Kerl.«[6] Diese Anekdote war für ihn ein Grund, sich zusammen mit Thomas Brechenmacher intensiv mit den Deutschen und ihren Vornamen zu befassen. Die Ergebnisse veröffentlichten beide 1999 unter dem Titel »Die Deutschen und ihre Vornamen. 200 Jahre Politik und öffentliche Meinung.« Darin weisen Wolffsohn und Brechenmacher unter anderem nach, dass »Adolf« in den ersten Jahren des Dritten Reiches tatsächlich boomte und die Häufigkeit seiner Vergabe von 0,5 auf 2,5 Prozent anstieg. Bereits 1935 jedoch folgte ein ebenso starker Rückgang auf nur noch ein Prozent. Und ab 1940 stürzte die Beliebtheit des Vornamens stark ab. »Aufstieg und Fall des ›Führers‹ spiegeln sich in der Beliebtheit seines Vornamens«[7], wird Wolffsohn zitiert.

Spätestens ab 1945 tendierte die Vergabehäufigkeit von Adolf dann gegen null. Verboten jedoch war der Name in der alten Bundesrepublik nie. In der DDR dagegen schon. Die Variante Adolfo allerdings war auch im Osten gestattet. Wie auch die weibliche Form. Interessant ist, dass Adolfa, Adolfina und Adolfine bis in die 1980er-Jahre als weibliche Vornamen eingetragen wurden, so zum Beispiel auch 1971 in der ehemaligen DDR. Verbreitet war der Name ohnehin immer: Unter der erwachsenen Bevölkerung in Deutschland gab es im Jahr 2000 noch mindestens 46.171 Namensträger. Adolf gehörte damit zu den hundert (Platz 97) häufigsten Vornamen in Deutschland. Was natürlich auch daran lag, dass ein 1945 geborener Adolf damals gerade mal 55 war. Es wurden also aus ganz natürlichen Gründen dennoch immer weniger.

Seit Anfang des neuen Jahrtausends aber gibt es wieder eine leichte Zuwachsrate. Immer mehr Eltern entscheiden sich wieder für diesen vermeintlich stigmatisierten Vornamen. Teils aus mehreren Motiven, weil vielleicht der geliebte Großvater so hieß, teils auch aus Unkennt-

6 Vgl. »Sie nannten ihn Adolf«, von Tilman Mayr, »Die Welt« vom 21. August 1999
7 Ebenda

nis oder weil die Figur Hitler für sie nicht mehr die Relevanz hat, wie noch für ihre Eltern und Großeltern. Mitunter gibt es natürlich auch rechtsradikale, politische Hintergründe. Sollten diese aber erkennbar sein, wie mir leider aus einem Fall in Brandenburg bekannt ist, dann können die Standesbeamten die Eintragung des Namens verweigern. Ansonsten jedoch nicht. Außer, sie sehen das Kindeswohl als gefährdet an, was in diesem Fall sicher ebenfalls ein guter Grund wäre.

So gab es in den letzten Jahren wieder einige Eintragungen des Vornamens Adolf. Seit 2010 wurde der männliche Vorname Adolf mindestens 52-mal in ganz Deutschland neu eingetragen. Vereinzelt erscheinen auch Adolfine und Adolfo.

ADOLF, ADOLPH, ADOLV …

Im romanischen und lateinamerikanischen Sprachraum ist die Namensform Adolfo recht verbreitet. Auch »Hitler« oder »Adolfo Hitler« gibt es zum Beispiel in Chile als männliche Vornamen. In den USA und Kanada gibt es heute den männlichen Vornamen Adolf (oder Adolph, Adolpho, Adolphus) nur vereinzelt, häufiger dagegen Adolfo: 0,07 Prozent der Neugeborenen werden so genannt (Stand 2008). In Deutschland liegen den Standesbeamten neben den Varianten Adolf und Adolph auch eine ganze Palette internationaler Schreibweisen vor: Adolphe (englisch und französisch), Adolfek (polnisch), Adolfo (spanisch/italienisch), Adolfs und Adolv (schwedisch), Adolfus und Adolphus (lateinisch) als männliche Vornamen. Dazu Adolfa, Adolfina und Adolfine als weibliche Varianten. Alle diese Namen können bei Wunsch ohne Probleme eingetragen werden.

Bei Adolf handelt es sich um einen altdeutschen männlichen Namen. Im Mittelalter wurde der Name als Benennung nach Heiligen oft vergeben: nach dem Heiligen Adelphus (oder Adolphus), Bischof von

Metz (5. Jahrhundert), dessen Gebeine 836 in die Benediktinerabtei Neuweiler im Elsass übertragen wurden, dem Heiligen Adolf, Bischof von Utrecht oder Maastricht (gestorben um 780) und auch dem Heiligen Adolf, Bischof von Osnabrück (1185–1224).

Der Rufname Adolf war als dynastischer Name, als Rufname der Herrschaftshäuser besonders in Hessen, Holstein und Mecklenburg verbreitet, so zum Beispiel Adolf I. von Altena, Erzbischof von Köln (1193–1205), Adolf von Nassau, ein deutscher König (gestorben 1298) oder Adolf II. von Nassau, Erzbischof von Mainz (geboren 1426). Und natürlich Gustav II. Adolf, König von Schweden, dessen Mutter eine holsteinische Prinzessin war und ihm den Namen ihres Vaters gab. Zudem war es der Leitname bei den Grafen von Berg, Jülich, Mark und Limburg.

Im 19. Jahrhundert nahm die Beliebtheit des Namens in Süddeutschland wieder zu, vor allem in bürgerlichen Kreisen.

Dass die Zeit bis 1945 auch bei den weiblichen Vornamen üble Verirrungen bis Verwirrungen bei den Eltern auslöste, zeigt ein Runderlass aus dem Innenministerium vom 3. Juli 1933. Dort steht geschrieben: »Wird bei einem Standesbeamten der Antrag gestellt, den Namen des Reichskanzlers als Vornamen, sei es auch in der weiblichen Form Hitlerine, Hitlerike oder dergl. einzutragen, so hat er dem Antragsteller nahezulegen, einen anderen Vornamen zu wählen, da die Annahme des gewählten Vornamens dem Herrn Reichskanzler unerwünscht ist. Entspricht der Antragsteller der Anregung des Standesbeamten nicht, so ist mir zu berichten.«

Und weil der ein oder andere nach der Belehrung durch den Standesbeamten offenbar nicht einsichtig war, erging vier Jahre später, am 8. Juni 1937, ein zweiter Runderlass: »Nach dem Runderlaß vom 3.7.1933 (MBliV. I S. 801) darf der Name des Führers und Reichskanzlers nicht als Vorname in das Standesregister eingetragen werden. Die Vorschriften dieses Runderlaßes finden auch Anwendung, wenn der Name einer anderen im politischen Leben stehenden Persönlichkeit als Vorname gewünscht wird.«

Jesus und Maria – vergängliche Tabus

Der weibliche Vorname Maria ist eine griechisch-lateinische Form des biblischen Namens Mirjam, der hebräischen oder ägyptischen Ursprungs ist. In der Bedeutung geht Mirjam einerseits auf das hebräische »mirjām« zurück, was »wohlbeleibt« oder »widerspenstig« bedeutet.

Beides wohl keine Eigenschaften, die man einem kleinen Mädchen wünschen möchte – auch wenn das mit dem »wohlbeleibt« damals eher im Sinne von »fruchtbar« zu verstehen war. Andererseits könnte es auch eine Kombination aus der ägyptischen »meri-« (was so viel wie »die Geliebte« bedeutet) sowie einer verkürzten Form des Gottesnamens Jahwe sein. Also ist Maria dann »die von Gott Geliebte«. Klingt etwas besser.

Nach dem kirchlichen Kalender wird Maria an mehreren Tagen geehrt. Schon am 1. Januar geht es los, da ist das »Hochfest der Gottesmutter Maria«, am 2. Juli dann »Mariä Heimsuchung« und am 15. August »Mariä Himmelfahrt«. Ihren Namenstag begehen die Marias in der Regel am 12. September. Auch viele Heilige trugen (neben der Gottesmutter) den Namen, wie die heilige Maria von Ägypten, die heilige Maria von Bethanien (im 4. Jahrhundert), die heilige Maria, die Büßerin, und die heilige Maria Magdalena.

Kinder nach Heiligen zu benennen war über viele Jahrhunderte ein gängiger Brauch. Denn Heilige galten seit dem Frühmittelalter als wirksame Helfer und Vermittler gegenüber Gott. Im Mittelalter nahm die Zahl der Kirchenheiligen rasch zu. Ihren Reliquien wurden übernatürliche Kräfte zugeschrieben, die Altarräume bestimmter Heiliger wurden zu Wallfahrtszielen. Zu ihrer Popularität trug im Hochmittelalter die Ausbildung des Schutzpatronates bei: Aus dem Fürbitter wurde der direkte Ansprechpartner und Helfer. Bestimmte Ereignisse aus dem Leben des Heiligen trugen zur Patronatsbildung für Situationen und Notlagen des Alltags bei. Da man sich von einem Heiligen Schutz und Weggeleit erhoffte, wurde dem Kind der Name eines bestimmten Heiligen gegeben.

Diese Praxis war auch in vielen anderen Kulturräumen üblich. Dabei wurden die Namen der jeweiligen Sprache angepasst. Der Name Mirjam wurde im Griechischen und Lateinischen als Maria aufgefasst. Als Teil dieser mittelalterlichen Gelehrtensprachen trat Maria ihren Eroberungszug durch sämtliche europäische Sprachen an: mit der deutschen und französischen Form Marie, der englischen Mary, der russischen Marja, der spanischen María, der türkischen Meryem, der finnischen Mirja und der italienischen Variante Miria. In deutschen Quellen erscheint der Name erstmals im 9. und 10. Jahrhundert im Rheinland. In späteren Belegen findet man den Namen in unterschiedlichsten Schreibweisen: Mari, Marri, Mary, Mareye, Merge und Merie.

Aber aus der großen Ehrfurcht vor der Gottesmutter wird er anfangs nur sehr, sehr selten vergeben. Das ändert sich erst im 16. Jahrhundert. Mit der Reformationsbewegung schob sich Maria bis auf den dritten Platz der häufigsten nicht-deutschen Namen. In protestantischen Kreisen wurde vor allem die Variante Marie beliebt. Aber auch bei den Katholiken wandelte sich die Lage. Gerade weil die Menschen die Gottesmutter liebten und verehrten, nannten sie nun ihre Kinder nach ihr, nachdem das vorher stets ein Tabu gewesen war. Und so wurde Maria in fast allen katholischen Ländern ein überaus beliebter weiblicher Vorname. Während im 16. Jahrhundert weniger als ein Prozent der Mädchen den Namen Maria trug, hießen im 17. Jahrhundert zwölf bis 14 Prozent der bayerischen Mädchen bereits so. Um auch Jungen unter den Schutz der Jungfrau Maria zu stellen, wurde seit dem 18. Jahrhundert der Name auch als Zweitname für Jungen gebräuchlich.

Den Höhepunkt der Verbreitung erreichte der Name im 18. und 19. Jahrhundert, häufig mit Anteilen um die 30 Prozent, in manchen Gegenden sogar bis 50 Prozent. Inklusive der Doppelnamen wie Anna-Maria, Maria-Sophia, Maria-Theresia erreichte der Name um 1730 den unglaublichen Spitzenwert von 84,7 Prozent der neu getauften Mädchen. Kein Name hat jemals eine höhere Verbreitung erreicht. Noch im Jahr 1925 belegte Maria in München mit 20 Prozent den ersten Platz unter den häufigsten weiblichen Namen.

In der Neuzeit ist die Wahl der Vornamen ja vor allem eine Geschmackssache. Aber auch da hat Maria einiges zu bieten, erfüllt der Name doch besonders das Kriterium des lautlichen Wohlklangs. Das wird, wie einige Untersuchungen zeigen, vor allem bei Mädchennamen als äußerst wichtig erachtet. Als wohlklingend gelten Vornamen, die reich an Vokalen sind. Auch der Wechsel von »i« und »a« trägt zum freundlichen und schönen Klang des Namens bei.

Ab etwa Mitte des 20. Jahrhunderts wurden Maria und Marie jedoch seltener vergeben. Erst in den 1980er-Jahren wurden sie wieder beliebter und gehören heute zu den beliebtesten weiblichen Vornamen in Deutschland. Besonders weil sie als Zweit- und Drittvorname hervorragend mit anderen Vornamen kombiniert werden können. Mittlerweile ist auch Mia recht beliebt. Doch die wenigsten wissen, dass es sich dabei um eine Kurzform von Maria handelt, sonst gäbe es wohl nicht so viele Kombinationen wie Mia-Marie.

Anders als Maria war Jesus bis in die Neuzeit ein Tabuname. Es handelt sich dabei um die lateinische Form des hebräisch-aramäischen Namens Jehoschua. Dieser Name (und seine Kurzformen Jeschua und Jeschu) war im ersten Jahrhundert unter Juden weit verbreitet. In den Schriften des jüdischen Historikers Flavius Josephus werden sie oft genannt. Danach hießen allein vier Hohepriester zwischen 37 v. – 70 n.

Chr. sowie 13 palästinische Juden, meist Aufständische wie die Zeloten, Jesus. Erst als das Christentum diesen Namen für Jesus Christus quasi reservierte, nannten die Juden ihre Söhne nur noch selten so.

Eine andere Latinisierung dieses Namens lautet Josua, den das nach ihm benannte Buch als direkten Nachfolger von Mose und Anführer der Israeliten darstellt. Die griechische Bibelübersetzung des Tanach, die Septuaginta, nannte ihn dann Jesus. Erst die lateinische Bibelübersetzung des Hieronymus unterschied Josua (aus dem Alten Testament) von Jesus (im Neuen Testament). Die Namensformen Josua und Joshua blieben als Vornamen für Juden und Christen zu allen Zeiten üblich. Die arabische Form Issa ist in mehreren Sprachen des Orients verbreitet und wird heute auch in Deutschland eingetragen.

In vielen christlich geprägten Ländern ist Jesus als Jungen- und Männername aus Ehrfurcht vor Jesus Christus ungebräuchlich. Im romanischen Sprachraum, vor allem in Spanien, Lateinamerika und Portugal, dagegen ist Jesús ein verbreiteter Vorname. In Spanien kam Jesús mit dem Hintergrund der Reconquista auf, in deren Verlauf dem islamischen Vornamen Mohammed das christliche Pendant entgegengesetzt wurde. Heute heißen in Spanien Männer Jesús oder Jesús María und Frauen María sowie María Jesús.

In Deutschland war Jesus als Vorname lange nicht zugelassen. Erst 1998, also vor weniger als zwanzig Jahren, entschied das Oberlandesgericht Frankfurt auch im Hinblick auf internationale Gebräuche, dass Standesämter den Elternwunsch, einem Kind diesen Namen zu geben, nicht ablehnen dürfen. Geklagt hatte eine Mutter aus der Nähe von Gießen, die ihr Kind »Jesus« nennen wollte. Die Standesamtsaufsicht hatte das via Amtsgericht verhindert. Mit der Begründung, das religiöse Gefühl der Mitglieder der christlichen Kirchen und Gemeinden könne damit verletzt werden. Mit dieser Begründung hatte bereits das Landgericht Mönchengladbach im Jahr 1985 den Vornamen Jesus abgelehnt.

Dieser Argumentation schlossen sich weder das Landgericht Gießen noch das Oberlandesgericht Frankfurt am Main an. Die Richter verwiesen auf das Namengebungsrecht innerhalb der Grenzen von allgemeiner Sitte und Ordnung und des Kindeswohls. Diese Grenze, die für inländische und ausländische Vornamen gelte, sei nicht überschritten. Der Name Jesus sei ein weltweit (insbesondere in Spanien und in lateinamerikanischen Ländern) gebräuchlicher Vorname, gegen dessen Vergabe rechtliche Bedenken nicht erhoben werden könnten.

Die Richter verwiesen auf die religiöse Tradition, einem Jungen als zusätzlichen Vornamen den Namen »Maria« zu geben. Gerade wenn ein Vorname mit religiösen Vorstellungen besetzt sei, könne schwer nachvollzogen werden, dass diese Motivation bei der Namengebung das religiöse Gefühl der Mitglieder der christlichen Kirchen und Gemeinden verletzen könnte. Es seien auch wegen der fortschreitenden Vermischung der Kulturen keine Hänseleien für den Namensträger zu befürchten.[8]

Namen mit negativer Bedeutung oder Assoziation

Eine Mutter, die den englischen Vornamen Mellory für ihre Tochter gewählt hatte, bat mich um dessen Bestätigung für das Standesamt. Der Name Mellory ist in dieser sowie in der Schreibform Mallory als männlicher und weiblicher Vorname im englischsprachigen Raum belegt. In den 1990er-Jahren wurden Mallory und Mellory vor allen in den USA als weibliche Vornamen populär und wurden über die

8 Entscheidung vom 14.11.1998, 20 W 149/98

Medien dann auch im deutschen Sprachraum bekannt. Ursprünglich geht Mallory auf das französische »malheur« zurück und lässt sich mit »Unglück (schlechte Stunde)« übersetzen. Der Mutter war die Bedeutung des Namens egal. Er klingt schön, das war für sie wichtiger. Das war 1998. Im Jahr 2017 bekam ich wieder eine Anfrage zum weiblichen Vornamen Mallory. Er wird mittlerweile auch ohne Bestätigung in Deutschland eingetragen. Die Mutter schrieb mir, dass sie sich schon vor ihrer Schwangerschaft in diesen Namen verliebt hätte. Nun hätte sie erfahren, dass dieser Name »Unglück« bedeutete. Sie war sehr unglücklich, sogar verzweifelt und fragte mich, ob es nicht auch eine andere Bedeutung für diesen Namen gäbe. Gut, man könnte Mallory und Mallory auch mit dem ähnlichen weiblichen Vornamen Meliora in Verbindung bringen, der ebenso in den Schreibformen Melliora, Melora und Mellear belegt ist. Er ist lateinischen Ursprungs und kann mit »besser, die Beste« übertragen werden. Die meisten Menschen kennen die ursprüngliche Bedeutung des weiblichen Namens Mallory nicht. Er wird heute ohne Probleme eingetragen. Außerdem bezieht sich die Bedeutung nicht auf den Vornamen, sondern auf den Familiennamen Mallory, von dem der Vorname abgeleitet wurde. Wir haben hier eine ähnliche Situation wie bei den Vornamen Claudia (»die Lahme«) und Cäzilia/Cecilia (»die Blinde«), die ursprünglich auf altrömische Geschlechternamen zurückgehen.

Dann gab es einmal einen Jungen, der den griechischen Namen Stamatis oder Stomatis erhalten sollte. Nun wollten sich die Eltern nach der Bedeutung der Namen erkundigen. Stamatis ist ein gängiger griechischer Name in der Bedeutung »beenden« mit christlichem Hintergrund, und Stomatis enthält das griechische Element »stóma« für »Mund« oder »Öffnung, Mündung«, bekannt durch den Begriff Stomatologe für »Zahnarzt«. Stomatis sollte ein altgriechischer Orator sein. Ich schaute ins Internet und fand vor allem den wissenschaftlichen Begriff »Stomatitis« für »Entzündung der Mundschleimhaut«

oder »Mundfäule«. Nachdem ich dies den Eltern mitteilte, wurde der Name von ihnen verworfen. So eine Bedeutung wollten sie dem Kind nicht mit auf den Lebensweg geben.

Bei fremden Namen sollte man doch schauen, welche Bedeutungen sie noch haben können, damit es kein böses Erwachen gibt. Wenn man seine Töchter Tia, Fea, Mona oder Nena nennen möchte, würde ich noch einen Zweitnamen empfehlen, den sie zum Beispiel im Urlaub in Spanien nutzen sollten, da »tia« (spanisch für »Tante«) heute in der Jugendsprache der Spanier auch als Schimpfwort ähnlich »Tussi« doch recht verbreitet ist, Mona im Spanischen die »Äffin« (»mono« für »Affe«) und Fea im Spanischen »hässlich« bedeutet. Nena bedeutet »Baby, (weibliches) Kind« und wird in der Regel als Kosewort verwendet. Und Mariposa klingt zwar wie ein mit »Mari-» gebildeter Name, ist aber das spanische Wort für »Schmetterling«. Der weibliche Vorname Manjana wird meist als Erweiterung von Manja aufgefasst, klingt aber auch wie das spanische Wort »mañana« für »morgen, Morgen«. Und solche Namen wie zum Beispiel Culio und Culo würde ich erst gar nicht vergeben. Sie können mit dem spanischen und italienischen »culo« für »Hintern, Po, Arsch« in Verbindung gebracht werden.

Komplizierte religiöse Beinamen

In diesem Zusammenhang bekamen wir 2009 eine Anfrage zu einem Gerichtsurteil von 1996. Denn in diesem Jahr, also noch bevor der Name Jesus in Deutschland erstmals genehmigt wurde, erlaubte das Oberlandesgericht Bremen den Vornamen »Frieden Mit Gott Allein Durch Jesus Christus« – der zuvor stets abgelehnt worden war. Man fragt sich, wie dieser Mann heute angesprochen wird. Ein Freund von ihm erzählte mir, dass sein Rufname »Frieden« laute.

In Deutschland sind übrigens auch die Vornamen »Toussaint« oder »Allerheiligen« belegt. Auch »et omnes sancti« sowie »Omnes sancti« wurden bei Familien mit starkem religiösen Bezug als Vornamen eingetragen. So etwa im Jahr 2003 »et omnes sancti« in Frankfurt-Höchst und ein Jahr später »Fabian Heinrich Maria Omni Sancti« in Konstanz. Letzterer wurde von uns auch bestätigt. Bei »et omnes sancti« handelt es sich um eine historische Namensform, der in verschiedenen Familien etwa im Geschlecht der Wittelsbacher als Vorname gebraucht wurde. Er ist lateinischen Ursprungs und kann mit »und alle Heiligen« übersetzt werden. Auch »Allerheiligen« wurde schon im 16. Jahrhundert als zusätzlicher Name für Kinder eingetragen, die an jenem Feiertag geboren oder getauft wurden. Die entsprechende französische Namensform lautet »Toussaint«.

Im deutschen Sprachraum wurden die Namen »Kreuz« und »Kreuzwendedich« seit dem 30-jährigen Krieg bis in die Neuzeit als männliche Vornamen eingetragen. So ist »Kreuzwendedich« in den Familien von dem Borne, von der Marwitz, von Viebahn sowie bei dem Freiherrn von Rheinbaben ein Leitname, der von einer Generation zur anderen weitergegeben wird.

Im Jahr 2012 bekamen wir eine ähnliche Anfrage zu »Kreutzer« als Folgevornamen. Wir haben das positiv beurteilt, da der Name eindeutig männlich konnotiert ist. Es wird in Deutschland immer beliebter, den Familiennamen eines Elternteils dem Kind als Folgevornamen zu geben. So wurden schon »Hertzberg« (2002 in Stuttgart) und »Reichherzer« (2010 in Ingolstadt) genehmigt, auch weil sie als eindeutig männlich erkennbar waren.

»Kreutzer« oder »Kreuzer« ist ursprünglich ein Familienname, das Kreuz als religiöses Symbol ist aber in zahlreichen Vornamen enthalten. Die Namensform »Cruz« kommt im romanischen und amerikanischen Raum als männlicher Vorname recht häufig vor. In Deutschland wurde der Name »Cruz« schon mehrfach eingetragen.

EIN SCHWIERIGES GUTACHTEN

Wenn ich von Gerichten als Gutachterin beauftragt werde, ein Gutachten zu erstellen, muss ich immer neutral bleiben. So auch im Jahr 2006, als ich für das Amtsgericht Berlin-Schöneberg ein Gutachten zum männlichen Vornamen Djehad erstellen sollte. Djehad ist ein arabischer männlicher Vorname, der ebenso in den Schreibformen Jihad, Jehad, Djihad, Dshihad, Dschihad, Ğihad nachweisbar ist. Er lässt sich auf das arabische »jihād, ğihād« (gesprochen »dschihad, dschehad«) in der Bedeutung »sich anstrengen, sich bemühen für Gott, für den Glauben« bzw. »gegen Unterdrückung kämpfen« zurückführen (vgl. dazu auch das Kitab Al-Jihad, Buch 14 im Koran und die ähnlichen arabischen Namen Jahid, Jahed in der Bedeutung »der Zielstrebige«). In allen mir zugänglichen arabischen Vornamenbüchern ist er enthalten. Natürlich wird dieser Name sofort mit»Jihad« als »Heiliger Krieg« in Verbindung gebracht. Doch dies ist unkorrekt und bezieht sich nicht auf den arabischen männlichen Rufnamen, der schon vorher eine lange Tradition ohne negative Assoziationen hatte und auch heute noch in der moslemischen Welt recht beliebt ist. In Deutschland wurde dieser Name auch schon in den Schreibformen Jihad, Jehad, Gihad und Dschihad als männlicher Vorname eingetragen, allerdings immer mit Bezug zum arabischen bzw. moslemischen Hintergrund der Eltern. Somit bestehen keine Einwände gegen die Eintragung des Namens Djehad als männlicher Vorname, wenn der entsprechende moslemische Bezug vorliegt. Das Gericht ließ den Vornamen 2009 aufgrund meines Gutachtens zu. Dies ging nun wieder durch die Medien. Journalisten riefen bei mir an und wollten eine Einschätzung des Urteils. Ich zog mein Gutachten hervor. Entsetzt fragten mich die Journalisten, ob ich denn nicht wisse, wer der Vater des Kindes sei. Da ich verneinte, klärten sie mich auf. Der Vater war ein angeklagter Islamist aus Ägypten. Gut, dass ich das vorher nicht gewusst hatte. Aber ich hätte in jedem Fall bestätigen müssen, dass der Name im arabischen Raum ein häufiger, positiv besetzter Vorname mit langer Tradition ist und erst in der Neuzeit durch Missbrauch des Wortes »Jihad« in Verruf geraten ist.

Schon einige Jahre zuvor (1999) rief mich ein bayrischer Standesbeamter an. Es ging um den männlichen Vornamen Ussama. Der Name Ussama ist ebenso ein arabischer männlicher Vorname. Er ist auch in den Schreibformen Usama, Osama und Ossama nachweisbar und lässt sich auf das arabische »usāma« in der Bedeutung »Löwe« zurückführen. Bekannt wurde dieser Name unter anderem durch Usama ibn Zayd, Sohn von Zayd ibn Harithah, der vom Propheten Mohammed als Sohn angenommen wurde, sowie durch den arabischen Prinzen, Diplomaten und Poeten Usama ibn Munqidh (1095–1188), dessen Memoiren ein eindrucksvolles Bild der Kreuzzüge auf arabischer Seite im 12. Jahrhundert geben. Auch hier handelt es sich um einen Namen mit einer langen Tradition, der in der Neuzeit durch Namensträger wie Usāma ibn Muhammad ibn Awad ibn Lādin, besser bekannt als Osama bin Laden in negative Schlagzeilen geraten ist. Der Standesbeamte führte mit mir ein langes Gespräch. Er meinte, man könne dem Kind so einen Namen nicht zumuten. Tatsächlich sind diese Fälle sehr schwer zu beurteilen. Aus arabischer Sicht handelt es sich hier um einen ganz normalen Namen mit einer langen Tradition, der schon im Koran erwähnt wird. Namen aus der Familie des Propheten Mohammed werden gern in muslimischen Familien vergeben. Dazu gehört auch der Name Us(s)ama. Dieser arabische Hintergrund fehlt den meisten Deutschen, und sie denken sofort an den negativ belasteten Namensträger. Ähnlich ist es ja auch bei dem deutschen Vornamen Adolf. Dieser hat ebenso eine lange Tradition erst als germanischer Name und dann auch als Heiligenname. Es ist schwer zu beurteilen, ob die Eltern ihre Kinder aus der Tradition heraus benennen oder nach den heutigen Namensträgern. Kann man die Namen ablehnen, wenn sie als Namen der Großväter den Enkeln gegeben werden? Es gibt Namen, da spalten sich die Meinungen.

DAS MÄDCHEN PEPSI-CAROLA – WENN MAN HEISST WIE IN DER WERBUNG

Im Jahr 1959 passierte ausgerechnet im eher nüchternen Hamburg etwas sehr eigenartiges. Am 4. Mai 1959 wurde »Pepsi-Cola« in Deutschland offiziell eingeführt. Der Vertriebspartner war in Hamburg angesiedelt, und deshalb sollte der 4. Mai zum »Pepsi-Tag« in Hamburg werden. Und die Marketingmenschen des Getränkekonzerns hatten einige Ideen dazu. Eine davon war ja ganz niedlich: Jedes Baby, das an diesem Tage geboren wurde, sollte eine Patenschaft bekommen. Einen Blumenstrauß für die Mutter und zehn Mark aufs Sparbuch für das Kind. 54 Babys bekamen das Präsent – und dazu in den folgenden Jahren auch immer eine Kleinigkeit zum Geburtstag und zu Weihnachten. So weit, so nett. Aber weil Werbemenschen ja zwanghaft originell und kreativ sind und auch immer noch einen draufsetzen müssen, lobten sie 10.000 Mark (eine damals sehr hohe Summe) für denjenigen aus, der sein Kind auf den Namen Pepsi taufen würde. Würde ja eh keiner machen, dachte man. Aber: guter Gag, gute Werbung.

Nun, der Konzern hatte nicht mit Herrn und Frau Zimmermann gerechnet. Ein paar Tage später erschien nämlich Heinrich Zimmermann, ein Hamburger Zollangestellter, in der Pepsi-Zentrale und legte die Geburtsurkunde seiner am 4. Mai 1959 in Hamburg geborenen Tochter vor. Pepsi-Carola Zimmermann stand dort. Mit Stempel vom Standesamt. Das Erstaunen war groß, man wusste nicht recht, ob man lachen oder sich wundern sollte. Aber artig bezahlt hat der Getränkekonzern natürlich trotzdem. Und jedes Jahr zu Weihnachten kam eine Kiste Cola ins Haus, auch mal ein Fahrrad und reichlich Spielsachen.

Bis heute ist Pepsi-Carola, die heute Krohn heißt und immer noch in Hamburg lebt, sehr zufrieden mit ihrem Nachnamen. »Ich fühle mich sehr wohl als Pepsi-Carola, das ist ja auch was Besonderes«, sagte sie mal in einem Interview. Sie sei ihren Eltern auch nicht böse, habe auch noch nie über eine Namensänderung nachgedacht.[9] Ihre Tochter meldete sich mal bei mir in der Namenberatung und beklagte sich ein wenig darüber, dass ihre Mutter immer darauf angesprochen und mitunter ihr Namen lächerlich gemacht werde.

Und solche Dinge sind gar nicht so selten. In den USA kommt es immer wieder vor, dass Firmen viel Geld oder irgendwelche Vergünstigungen bieten, wenn Eltern ihren Kindern die Namen ihrer Produkte geben. Und auch in Deutschland blieb Pepsi-Carola nicht allein.

Als am 20. September 2001 in Leipzig Galeria Kaufhof seine Filiale am Neumarkt eröffnete, bot man für jedes Kind, das an diesem Tag geboren wurde, 1000 Mark an. Zusätzlich sollte jedes Kind 5000 Mark auf einem Sparbuch erhalten, das an diesem Tag geboren und auf den Namen Galeria getauft würde. Dazu Geburtstagsgeschenke in den folgenden Jahren, und die jährliche Feier respektive Party würde Kaufhof ausrichten und bezahlen. Wieder hatten wohl witzige Werber an ein Späßchen gedacht – und wieder gab es Eltern, die das überaus ernst nahmen. Zwei Elternpaare nämlich gaben ihrer Tochter den

9 Vgl. »Skurriler Vornamen: Wie Pepsi-Carola zu ihrem Namen kam«, von Nancy Krahlisch, Berliner Zeitung vom 5. Januar 2015

Namen Galeria. Anders als bei Pepsi gab es dabei jedoch nicht mal ansatzweise Bedenken. Galeria ist, auf dem E betont, in Italien ein sehr gängiger Mädchenname. Bei »Kaufhof« hätte ich allerdings ein Veto eingelegt.

Und so gibt es heute die Teenager Vivian Galeria und Frauke Galeria, die beide 2017 dann 16 Jahre alt werden. Wenn sie denn wollen, könnten sie demnächst eine Lehre bei Galeria Kaufhof beginnen. Auch das gehörte nämlich damals zum Versprechen des Kaufhauskonzerns.

Viele Firmen müssten gar kein Geld bieten, damit ihr Produktname als Vorname durchgeht und Verbreitung findet. Denn manche Eltern tendieren von sich aus in diese Richtung. Gut, »Gucci« wurde vor einigen Jahren bei einem Standesamt in Kiel abgelehnt. Aber Lafayette wurde bereits 1992 als Jungenname genehmigt. Und hätte es den Eltern, respektive der Mutter, eine andere Modemarke angetan, dann hätte es auch keine Schwierigkeiten gegeben. Denn Dior ist im Senegal ein bekannter und beliebter Jungenname.

In Deutschland wurde der Name Chanel in den 1980er-Jahren erstmals als weiblicher Vorname eingetragen. Seither bekamen wir mehrfach Anfragen dazu und haben stets abgeraten. Trotzdem wurde er seit 1982 mehrfach eingetragen. Es handelt sich dabei um einen ursprünglich französischen Familiennamen, eine Verkleinerungsform von französisch »chane«, was »Weinkrug« bedeutet. »Chanel« heißt also »kleiner Weinkrug«. Bekannt wurde der Name durch die französische Modeschöpferin Coco Chanel (1883–1971), die eigentlich Gabrielle Chasnel hieß – und durch die gleichnamige Pariser Parfümfirma. Diese hat sich den Namen als Produktnamen schützen lassen und 1991 erfolgreich gegen die Verwendung als Vorname Einspruch erhoben. Deshalb wird Chanel in dieser Schreibweise nicht zur Eintragung empfohlen.

Als Alternative (und um vom Produktnamen abzulenken) haben wir Varianten wie Shanel, Chanelle oder Shanelle empfohlen, die allesamt schon in den USA eingetragen wurden. Mit der typisch französischen weiblichen Endung »-elle« haben sich vor allem Letztere auch in Deutschland schon durchgesetzt. Es gibt auch einen ähnlichen weiblichen und männlichen türkischen Vornamen, der in Deutschland ebenfalls mehrfach belegt ist. Canel wird in etwa so wie Chanel ausgesprochen. Der Name kann mit »Freundschaft, Freundschaftsdienst« oder »in Freundschaft entgegengestreckte Hand« übersetzt werden. Manchmal wird er als Ableitung vom türkischen Namen Can verstanden, der »Leben, Existenz, Seele« bedeutet.

EINE KUGEL FÜR MOZART

Eine ganze Reihe von Süßigkeiten, Getränken und Gerichten tragen die ehrwürdigen Namen ihrer Macher, Befürworter oder Liebhaber – oder einfach berühmter Persönlichkeiten. Werbetechnisch sicher eine gute Idee!

- **Mozartkugel** – die süße Sünde aus Schokolade, Pistazien, Marzipan und Nougat wurde 1890 von dem Salzburger Konditor Paul Fürst entwickelt und nach dem berühmten Komponisten Wolfgang Amadeus Mozart benannt.
- **Bismarckhering** – die Legende besagt, dass ein Fischhändler Otto von Bismarck ein Fass mit eingelegtem Heringsfilet zugeschickt habe. Die Heringe mundeten dem Staatsmann vorzüglich, und er erlaubte, die eingelegten Heringe »Bismarckheringe« zu nennen.
- **Sandwich** – wahrscheinlich rührt der Name von John Montagu, 4. Earl of Sandwich, her, einem britischen Staatsmann, der großen Hunger hatte – und keine Zeit – und sich deshalb eine »schnelle« Scheibe Rindfleisch zwischen zwei Brotscheiben einverleibte. Der Snack, so wie ihn »Sandwich« bekommen hatte, war geboren!
- **Carpaccio** – die leckere Speise wurde nach dem Maler Vittore Carpaccio benannt.

- **Schillerlocke** – Friedrich Schiller hatte wunderbare Korkenzieher-Locken, und die waren zu Schillers Zeiten, in der zweiten Hälfte des 18. Jahrhunderts, sehr modern. Bis heute gibt es in vielen Bäckereien das süße Gebäck und in guten Fischgeschäften das salzig-fischige Pendant.
- **Leibnizkeks** – Der Unternehmensgründer der Fabrik benannte seinen Keks nach dem bekanntesten Hannover Bürger, dem Philosophen Gottfried Wilhelm Leibnitz.

Gerichte mit Geschichte

Von Sportartikeln, Schokolade und schwedischen Möbelhäusern

Manche Namen gehen ohne Zutun als Produktnamen durch. Und das sind durchaus schöne Namen, mitunter Jahrhunderte alt. Sei es durch Zufall oder weil die Firmen ihre Produkte nach einem gängigen oder auch sehr ausgefallenen Vornamen benannt haben. So ist Nike in allererster Linie der Name der griechischen Siegesgöttin. Und erst in zweiter Hinsicht der einer Sportartikelmarke, zumal sich der amerikanische Konzern ja auch nach der Göttin benannte.

Ein Zufall ist es im Fall von Milka. Laut dem Hersteller der Schokolade entstand dieser 1901 registrierte Markenname aus der Zusammenziehung der Wörter »Milch« und »Kakao«. Milka ist nun aber auch ein traditioneller Mädchenname, der heute vor allem im slawischen Raum populär ist, in Polen und Tschechien etwa als Koseform von Emilie oder Miloslawa. Ursprünglich hat Milka sogar biblischen Ursprung, seine Wurzeln finden sich im hebräischen Wort »mlk« (»König« aber auch »Ratschlag, Beratung, Beraterin«).

Noch leichter hätte es ein schwedisches Möbelhaus, so eine Werbekampagne zu starten. Gemeint sind hier aber nicht nur »Alex« (Schreibtisch), »Ingolf« (Barhocker) oder »Billy« (Bücherregal). Nein, auch der Firmenname an sich ist ein absolut genehmigungsfähiger Vorname: Ikea wird in Namenregistern geführt und war bis Ende des 19. Jahrhunderts in Ostfriesland ein weiblicher Einzelname. Danach verschwand er aber. Der Name, der heute in großen gelben Buchstaben an vielen Autobahnausfahrten herüberwinkt, ist eine weibliche Form zum friesischen männlichen und weiblichen Namen Ike. Eine rein männliche Bildung lautet beispielsweise Ikeus. Wegen des Gleichlauts mit der Möbelfirma wird der Vorname heute jedoch nicht mehr empfohlen.

Im Jahr 2005 bekam ich mal wieder eine sonderbare Anfrage. Werdende Eltern wollten wissen, ob der Name Nivea für ihre Tochter möglich sei. Ich konnte sehr schnell mit einer Antwort dienen, denn Nivea ist ein weiblicher Vorname, der im spanischen und englischen Sprachraum nachweisbar ist. Er geht zurück auf das lateinische Wort »niveus«, was so viel bedeutet wie »aus Schnee, schneebedeckt, schneeweiß«. In Spanien gibt es noch die männliche Form Níveo. Dieser Name geht auf »Nuestra Señora de las Nieves« (»Unsere Frau des Schnees«) oder auf »Santa María ad nives« (»Heilige Maria zum Schnee«) zurück. Der Bezug zum Schnee soll im übertragenen Sinne das Weiße und Reine der Jungfrau Maria symbolisieren. Ich fand daneben den hebräischen weiblichen Vorname Niva, was so viel wie »Wort, Ausdruck, Ausdrucksweise, Sprache« bedeutet. Der Name der Pflegeprodukte scheint im Übrigen auf den spanischen Namen zurückzugehen.

Weniger bekannt ist, dass die Namen der Waschmittel »Sunil«, »Omo«, »Ariel« und »Lenor« keineswegs Fantasieprodukte sind, sondern alte Namen aus anderen Kulturkreisen. Und somit natürlich an Kinder vergeben werden könnten, ohne dass dabei der Verdacht der Schleichwerbung aufkommen sollte. Lenor ist zum Beispiel die Kurzform von Eleonore. Und Sunil ist ein alter indischer Name. Er setzt sich zusammen aus »Su«, einem Verstärkungspräfix, und »nil«, das »blau« bedeutet. Sunil heißt also »sehr blau«. Ein schöner Name, wobei zu hoffen ist, dass er nicht vergeben wird, weil sich die Eltern an ihren Zustand bei der Zeugung erinnern.

»Omo« wiederum ist ein westafrikanischer Mädchenname, der vor allem in Nigeria und Benin vorkommt. Er ist eine Kurzform von Namen mit dem Yoruba- oder Urhobo-Element »omo« (für »Kind«) wie Omokunrin, Omotunde oder Omorede. Yoruba und Urhobo sind afrikanische Sprachen bzw. Bevölkerungsgruppen in Westafrika.

Und »Ariel« werden sicherlich einige als Vorname kennen, nicht zuletzt durch den ehemaligen israelischen Ministerpräsidenten Ariel

Scharon – ein hebräischer Vorname, der in etwa »Feuerherd Gottes« oder auch »Löwe Gottes« bedeutet. Ariel heißt auch der Luftgeist in Goethes »Faust« und im Drama »Der Sturm« von William Shakespeare. Sehr beliebt wurde in den letzten Jahren die weibliche Variante, natürlich durch den Disney-Trickfilm »Arielle, die Meerjungfrau«.

Mein Kind, eine Automarke?

Dass der Name Mercedes ein historisch eindeutig belegbarer spanischer Vorname ist, der schon in der Oper »Carmen« von Georges Bizet oder in Alexandre Dumas Roman »Der Graf von Monte Christo« auftaucht, und dass die entsprechende Automarke erst später so genannt wurde, das ist ebenfalls vielen bekannt. Es ist ein weiblicher Vorname, der eine verkürzte Form von »Maria de las mercedes« ist, was in etwa »Maria von der Gnade der Gefangenenerlösung« bzw. »Maria die Gnadenreiche« bedeutet.

Wie aber wurde der schöne Frauenname zum Auto? Die Tochter des Daimler-Händlers Emil Jellinek, der mit Autos der Daimler-Motoren-Gesellschaft (DMG) handelte, hieß Mercédès (in der französischen Version). Unter diesem Namen nahm Emil Jellinek mit seinen Fahrzeugen an Autorennen teil und vermarktete diese Autos unter dem Namen Mercedes. Das tat er offenbar so erfolgreich, dass der Name 1902 als Markenname eingetragen wurde. Ab jetzt wurde Mercedes zum Synonym für DMG-Autos, was einmal mehr beweist, dass sich Wohlklang und einfache Aussprache bei Namen immer durchsetzen. Und da ist Mercedes eben eindeutiger Punktsieger gegenüber »Daimler-Motoren-Gesellschaft«.

Diese Geschichte ist nun, wie gesagt, vielen im Grundsatz geläufig. Und auch, dass Mercedes als Frauenname gerade in spanischsprachigen Ländern durchaus verbreitet ist (und das schon lange vor 1902). Was einen Vater, der seine Tochter Porsche nennen wollte, nicht daran hinderte, mit mir darüber zu diskutieren. Die Kleine sei doch beinahe dort geboren worden, und eben nur deshalb nicht, weil sein Sportwagen ein so flottes Auto sei, dass es die Mutter noch rechtzeitig ins Krankenhaus schaffte. Diesem Vater also musste ich leider sein Ansinnen um ein positives Namengutachten ablehnen. Porsche mag nun ein sehr ehrenwerter Familienname sein, aber sicher kein traditioneller oder genehmigungsfähiger Vorname im Sinne unserer Vorstellungen. Dann argumentierte er, dass es aber doch Mädchen gebe, die Mercedes heißen. Auch eine Automarke. Da muss man dann auch mal geschichtlich etwas in die Tiefe gehen.

Limo, Knäcke und Kinderspielzeug

Und wenn seinerzeit in Hamburg eine andere Getränkemarke als Pepsi eingeführt worden wäre? Bei »Fanta« hätte man sich ebenfalls auf Afrika berufen können, auch wenn der Produktname schlicht auf die Abkürzung des Wortes »fantastisch« zurückgeht. Fanta ist aber ebenso ein westafrikanischer weiblicher Vorname, der vor allem in Guinea, der Elfenbeinküste und Sierra Leone gebräuchlich ist. Er lässt sich mit »ein wunderschöner Tag« übersetzen. Weitere Schreibvarianten dieses Namens lauten Fonta und Fanda. In Deutschland wurde der Name bereits mehrfach eingetragen. Schon im Jahr 1998 hat ihn zum Beispiel das Landgericht Köln anerkannt.

Weltweit gibt es eine Menge Fantas. So heißt die britische Hip-Hop-Sängerin Estelle, deren Mutter aus dem Senegal stammt, mit vollem Namen eigentlich Estelle Fanta Swaray. Und im berühmten Roman »Roots« von Alex Haley aus dem Jahr 1976 taucht der Name ebenfalls auf. Dennoch wurde Fanta von deutschen Standesämtern stets abgelehnt, oft mit Verweis auf die Bekanntheit des Namens als Limonadenmarke. Im Jahr 1999 entschied das Landgericht Köln jedoch, dass Fanta als Mädchenname eintragungsfähig ist.

»Bluna« übrigens auch. Dabei ist der Name des Fanta-Konkurrenzproduktes ebenso künstlich wie die Limonade selbst: aus Bestandteilen des Firmennamens gebildet, nämlich der »F. BLUmhoffer NAchfolger GmbH«. Dieser Name hat allerdings keine Entsprechung oder Tradition in einem anderen Kulturkreis, so wie bei Fanta. Dennoch wurde auch dieser Produktname als weiblicher Vorname genehmigt.

Dazu bekam ich im Jahr 2011 eine offizielle Anfrage. Ich fand heraus, dass es sich um einen weiblichen Vornamen handelt, der als Kurzform von einem mit »Blum-« gebildeten altdeutschen Namen wie Blumarit oder Blendumen (diese Namen gab es tatsächlich) angesehen werden kann. Das Element »Blum-« lässt sich auf das althochdeutsche »blôma«, zurückführen, was so viel wie »Blume« bedeutet.

Vereinzelt wird Bluna auch als Nebenform zu Blona gestellt, die wiederum auf den weiblichen Vornamen Apollonia zurückgeht und so viel bedeutet wie »dem Gott Apollon geweiht«. Im englischen Sprachraum kann Bluna als eine Ableitung der bekannteren weiblichen Namen Blue oder Blew erklärt werden; in Frankreich gibt es die Ableitungen Blewette und Bluette. Im deutschen Sprachraum war der weibliche Vorname Bluna nicht bekannt. Er wird aber als Anlehnung an die schon belegten weiblichen Vornamen Belona, Blana, Blona, Bluma oder Luna ebenso als weiblicher Vorname verstanden.

2011 bekam ich eine Anfrage zum weiblichen Vornamen Wasa. Meine ersten Gedanken waren »Knäckebrot«, die schwedische Wasa-Dynastie und das versunkene Schiff Vasa. Und es gibt das schwedisches Wort »vase«, was »Ährengarbe« bedeutet. Im altdeutschen Namenbuch wurde ich dann fündig. Wasa ist ein altdeutscher weiblicher Name, der schon seit dem Jahr 864 bezeugt ist. Er geht, wie auch der männliche und weibliche Name Was sowie der männliche Name Waso, auf die ursprünglich gebildeten zweigliedrigen Namen zurück. Dabei ist er eine Kurzform mit dem altdeutschen Element »Hwas-«, dem mittelhochdeutsch »Was-« oder dem germanischem »hwata« (was alles in etwa »scharf« oder »leidenschaftlich« bedeutet). Wie auch auf das altsächsische »hwat« (»schnell, mutig«). Die Namen Wasmut, Washart und Wasburg enthalten ebenso dieses Element.

Im slawischen Sprachraum ließen sich auch der weibliche Vorname Waša nachweisen. Er ist einerseits eine Kurzform von Wasilija, die aus dem griechischen »basíleios« (»königlich«) entstand, andererseits ein Beiname der Aphrodite in der griechischen Mythologie. Übrigens gibt es auch den ähnlichen alten indischen Namen Vasa, der aus dem Sanskrit stammt und mit »gut, exzellent, wohltuend, Reichtum und Wohlstand« übersetzt wird.

Ebenso im Jahr 2011 wurde wieder einmal der weibliche Vorname Carrera gewünscht, der mittlerweile seit 2006 in Deutschland eingetragen wird. Es gab ihn zuvor bereits in den USA und Kanada, und er wird dort mit den weiblichen Vornamen Carra, Carry und Carrie in Verbindung gebracht. Ursprünglich geht die englische Namensform Carriera aber auf die altfranzösische Berufsbezeichnung »carrier«, was »Lastenträger« bedeutet, sowie auf den italienischen Familiennamen »Carrieri« zurück – der wiederum vom lateinischen »carrarius« abstammt, was »der Lasten im Karren befördert« bedeutet. Auch im Spanischen (»carrera«) und im Portugiesischen (»carriera«) findet sich das Wort, das »Karrenweg« bzw. »Straße« heißt. Das spanische »carrera« wird heute jedoch mit »Rennen« übertragen.

Manchmal werden Produktnamen, die von einer Firma oder einer Werbeagentur erfunden wurden, als Vorname bei mir angefragt. Diesen Fall hatte ich vor einigen Jahren, als eine Mutter mich mit einem seltsamen Fantasienamen konfrontierte, den ich noch nie gehört hatte: Naiara. Ich fragte sie dann, woher sie den Namen denn kenne, und sie antwortete: »So hieß mein Brautkleid.« Und tatsächlich tragen viele Brautkleider weibliche Vornamen, die sehr wohlklingend sind: Estela, Elma, Eitana, Nadira, Nuala, Valeria, Vicenta, Ivania, Emery, Nenufar, Silva, Novela, Nilay oder Elva.

Mitunter ist es ein Weg für Eltern, die sich partout nicht von der absurden Idee abbringen lassen wollen, ihr Kind wie ein Konsumprodukt zu nennen, den Namen nicht ganz so zu schreiben wie das Produkt selbst. So wie in der Anfrage, die im Jahr 2002 auf meinem Schreibtisch landete: Chadoné. Bei dem Namen handelt es sich (wie auch in der Schreibweise Chadonée) um einen angloamerikanischen weiblichen Vornamen, der ursprünglich auf die alten französischen Personennamen Chadinet oder Chadoin zurückgeht. Diese lassen sich wiederum auf die alten französischen Ortsnamen »Chadeau« oder »Chadene« zurückführen. Und auf eine alte französische Schreibvariante (»Chadouin«) des ursprünglich germanischen Rufnamens Hadwin (was so viel wie »Kampf« und »Freund« bedeutet). Im angloamerikanischen Sprachraum ließ sich dieser Vorname auch in Schreibweisen wie Shadone oder Shadowna nachweisen. Eingetragen wurden schließlich vom Standesbeamten der Name Chanelle Chadoné. In letzter Zeit werde ich oft nach dem männlichen Vornamen »Mexx« gefragt. Die Eltern fragen, ob »Mexx« auch als männlicher Vorname möglich sei. Sie kennen nur die Parfümmarke.

Und manchmal sehen es auch deutsche Standesämter nicht ganz so eng. Die kleine Barbara Herzog zum Beispiel, die 1965 auf einem Flug nach New York geboren wurde, erhielt den einmaligen und absolut keinem Kulturkreis irgendwo in der Welt existierenden Zweitnamen »Lufthansa«. Abgesehen von diesem eindeutig der Fluggesellschaft zuzuschreibenden Namen gibt es aber tatsächlich den weiblichen Vornamen Lüfthildis. Die Heilige Lüfthildis lebte wohl im 9. Jahrhundert in Berge im heutigen Nordrhein-Westfalen, welches später ihr zu Ehren Lüftelberg genannt wurde.

WER STEHT DAHINTER?

Viele Firmen- oder Produktbezeichnungen tragen den Gründer »in sich«. Hier ein paar Beispiele:

- HARIBO – Der Gründer Hans Riegel aus Bonn gab den Namen für die süßen Bärchen her.
- IKEA – Im Falle von IKEA setzt sich der Name aus dem Gründernamen Ingvar Kamprad, dem Namen des elterlichen Bauernhofes Elmtaryd und des Dorfes Agunnaryd zusammen.
- ADIDAS – auch hier steht der Firmengründer Pate: Adolf (Spitzname Adi) Dassler.
- ALDI – hier findet sich eine Kombination: Albrecht Diskont.

Das Akronym aufgeschlüsselt

VON DER KLEINEN BORUSSIA MÜLLER, MCDONALD SCHULZE UND DER SÜSSEN RUMPELSTILZCHEN SCHMIDT

Lange Zeit war es ganz einfach: Wenn junge Eltern auf dem Standesamt vorstellig wurden und für ihr Kind einen außergewöhnlichen Namen eintragen lassen wollten, dann nahm der Standesbeamte sein »Internationales Handbuch der Vornamen« her, herausgegeben von der Gesellschaft für deutsche Sprache e. V. und dem Bundesverband der Deutschen Standesbeamten e. V. und schlug nach. Stand der Name drin, dann gab es kein Problem. Stand der Name aber nicht drin, dann musste der Standesbeamte nach eigenem Gefühl entscheiden – und nach den eingangs aufgelisteten Kriterien: Vornamencharakter, Geschlechtseindeutigkeit und Wohl des Kindes.

Dieses Buch wurde erstmals 1986 veröffentlicht und war Folge der vielen neuen Namen, die seit den späten 1950er-Jahren mit den italienischen, portugiesischen, türkischen, griechischen und spanischen Gastarbeitern ins Land gekommen waren. Um die alle einschätzen zu können, besorgte man sich Namenbücher aus allen möglichen Ländern – und Studenten wurden damit beauftragt, alle relevanten Namen rauszuschreiben. Pro Namen bekamen sie zehn Pfennig. Die Studenten haben natürlich alles Mögliche zusammengeschrieben, auch hanebüchene Namen, und viele Schreibfehler kamen vor. Das Buch wurde noch zweimal überarbeitet, aber irgendwann hat man eingesehen, dass es sinnlos ist. In der heutigen Zeit ist so ein Buch schon veraltet, wenn es gedruckt wird. Wir hatten ja allein im Jahr 2016 über 1000 neue Namen, die in Deutschland zum ersten Mal eingetragen wurden. Der Vornamenbestand wächst immer weiter. Es gibt inzwischen an die 500.000 Vornamen – allein in Deutschland.

Heute ist man nicht mehr ganz so streng, der Fantasie der Eltern sind kaum noch Grenzen gesetzt. Aber das oberste Kriterium, auf das Standesbeamte achten müssen, ist das Wohl des Kindes. Man sagt, das Kind darf nicht mit seinem Namen lächerlich gemacht werden. Darüber kann man natürlich bei vielen Namen, die genehmigt wurden und immer werden, trefflich streiten.

Ein weiteres Kriterium: Der Name muss als Vorname erkennbar sein. Und zwar in Deutschland. Es gibt englische Vornamenverzeichnisse, da stehen die Vornamen »Dresden« oder »Leipzig« drin. Das geht hier natürlich nicht. Ebenso »Tisch« oder »Stuhl«. Das ist ebenfalls ein No-Go. Der Fall, als ein Kind »Grammophon« genannt werden sollte, beschäftigte auch schon deutsche Gerichte. Auch die lehnten es ab. Keine Gegenstände als Vornamen!

Und schließlich musste früher das Geschlecht eindeutig erkennbar sein. Davon ist man mittlerweile etwas abgekommen. Während vor Jahrzehnten unbedingt ein zweiter Vorname gegeben werden musste, wenn das Geschlecht nicht eindeutig erkennbar war, so ist man inzwischen großzügiger. Luca (oder Luka) zum Beispiel war früher ein Name, den sowohl Jungen als auch Mädchen bekamen. Aber hier gibt es mittlerweile zahlreiche Gerichtsurteile, die nach der Gebräuchlichkeit eines Namens gehen. So dürfen zum Beispiel Luca, Mika oder Kai jetzt auch als männliche Einzelvornamen und Jule, Merle als weibliche Einzelvornamen eingetragen werden. Heute wird der Name mehrere Tausend Male im Jahr als Jungenname eingetragen und nur etwa zwanzigmal als Mädchenname.

Nicht erst seit diesem Jahr darf der Name Mika vergeben werden.

Ferner sind im »Internationalen Handbuch der Vornamen« leider zahlreiche Namen als sowohl männlich und weiblich angegeben: Jule, Mattis, Sara, Teo, Jara, Sena, Linn, Jada, Jade, Sina, Christin, Marie Christin.

2001 erhielt ich deshalb von einem Vater aus Berlin eine Anfrage zu der Vornamenkombination Marie Christin. Ich war erstaunt, da es sich hier doch in meinen Augen um zwei eindeutig weibliche Namen handelte. Das Standesamt forderte aber noch einen Drittnamen, da sowohl Marie als auch Christin im Handbuch als geschlechtsneutral angegeben wurden. Der Doppelname mit Bindestrich Marie-Christin wurde hier dagegen als rein weiblich angegeben. Der Vater musste erst vor Gericht ziehen, da er keinen dritten Vornamen wollte.

Marie gehört heute in Deutschland zu den beliebtesten weiblichen Vornamen. Wie auch Maria kann er sogar Jungen als Zweitname gegeben werden. Der Name Christin wird heute in Deutschland ebenfalls als weiblicher Vorname eingetragen. Es handelt sich um eine modernere Form des weiblichen Vornamens Christine. Neben Christin ist auch die skandinavische Form Kristin belegt.

Die männliche Variante Christin ist eine historische Nebenform von Christian, die in Norddeutschland vorkam, aber heute keine Rolle mehr in der deutschen Vornamengebung spielt. So wurde ein männlicher Vorname Christin 1993 vom Landesgericht Münster als geschlechtswidrig abgelehnt, dagegen die weibliche Form Christin 1971 vom Bayrischen Oberlandesgericht als eindeutig weiblich zugelassen.

Das Gericht entschied dann entsprechend meines Gutachtens, dass auch Marie Christin als weibliche Vornamen ohne weiteren Vornamen eingetragen werden dürfen. Sehr viel Aufwand und Steuergelder, die man sich hätte sparen können. Das Kriterium der Geschlechtseindeutigkeit gibt es übrigens in vielen anderen Ländern gar nicht, wie zum Beispiel in Frankreich, den Niederlanden oder im englischen Sprachraum. Das Interessante ist hier, dass sich viele Namen nur in einem Geschlecht von allein durchsetzen. Ganz ohne Regelung von außen.

Die Geschlechtszuordnung eines Vornamens, gerade bei ausländischen Namen, ist oft ein Problem für Behörden. So bekam ich vor einigen Jahren eine Anfrage von der Abfallwirtschaft München. Ich sollte den Vornamen der Kunden das Geschlecht zuordnen, damit diese im Briefverkehr korrekt angesprochen werden können. Eine große Herausforderung, da dies insbesondere bei asiatischen Namen nicht so einfach ist.

Do-it-yourself-Namen

Eigentlich sind die Standesbeamten angehalten, Fantasienamen zu untersagen. In der Praxis geht da jedoch viel. Es gab kürzlich den Fall einer Familie aus Leipzig, die hatten dem Kind einen Vornamen ausgesucht und wollten nun noch die beiden Omas des Kindes mit verewigen. Das Kind sollte aber nicht mehr als zwei Namen haben. Also bildeten sie aus den Namen der Omas – sie hießen Susann und Veronika – einfach neue Namen, in denen beide vorkamen: Sunika und Versann. Ganz nach den bereits beschriebenen germanischen Gebräuchen.

Beide Namen stehen natürlich in keinem Verzeichnis, so wurde bei uns in der Namenberatung nachgefragt. Und siehe da, wir haben herausgefunden, dass es den Namen Sunika tatsächlich gibt – es ist ein indischer Name. Der kann also problemlos genehmigt werden. Versann allerdings gibt es nicht, nirgends. Das wäre ein völlig neuer Name. Ich habe mich aber dazu entschieden, ihn dennoch ebenfalls zu genehmigen, also ein Gutachten auszustellen, das die Standesbeamten meistens anerkennen. Denn auch Versann hat in meinen Augen Vornamencharakter. Man sieht also, dass es auch heute noch möglich ist, einen neuen Namen zu »erfinden«. Die Eltern haben sich dann tatsächlich für Versann entschieden.

Und es kommt gar nicht selten vor, dass sich Eltern aus zwei Namen einfach einen neuen basteln. Im Jahr 1999 bildeten die Eltern (Kerstin und Ron) für ihren Sohn den Namen aus ihren eigenen: Keron. Eine Neubildung, bei der es keinerlei Probleme gab. Einerseits, weil es einige ähnlich lautende männliche Vornamen gibt: Zum Beispiel Chiron oder Kiron (leitet sich vom altgriechischen »cheir« ab, was »Hand« bedeutet). Oder Kieran und Kieron, englische Formen des irischen männlichen Vornamens Ciaran, was so viel wie »der Dunkle,

Schwarze, Schwarzhaarige« bedeutet. Dazu kommt, dass die Endung »-ron« im deutschen Sprachraum in der Regel als männlich empfunden wird.

Ebenfalls im Jahr 1999 fragten Eltern bei mir an, die den neuen Namen Jannick aus Jan und Nick gebildet hatten. Das Standesamt sagte, dass dieser Vorname nur als weiblicher Name vorliege – laut dem Internationalen Handbuch, wo Jannick als französisch-bretonischer weiblicher Name verzeichnet ist. Heute wird dieser Name in Deutschland aber auch als männlicher Vorname eingetragen, kann man ihn doch als Variante des männlichen Vornamens Jannik ansehen und damit als eine niederdeutsche Koseform von Jan oder Johann.

Eine deutsch-afrikanische Familie konstruierte sich den Namen »Afrope« – aus Afrika und Europa. Bei diesem Vornamen kann es sich sowohl um einen männlichen als auch um einen weiblichen handeln. Dass ich ihn für in Ordnung befand, hat einerseits damit zu tun, dass es bereits einige männliche und weibliche Vornamen gibt, die mit »Afr-« beginnen (zum Beispiel Afra oder Afronia), wie auch Endungen beiderlei Geschlechts auf »-rope« (Aurope, Merope oder Serope).

Erstere lassen sich auf den Namen der Heiligen Afra zurückführen, die um 304 nach Christus in Augsburg starb. Ihr Name ist im deutschen Sprachraum schon seit dem 14. Jahrhundert bezeugt. Er ist lateinischen Ursprungs und wird mit »Afrikanerin« übersetzt. Auch Namen wie Afronia oder Afronio gehen auf »afer« zurück, was »afrikanisch, schwarz« bedeutet. Afrope kann auf den altgriechischen Namen Europa (bzw. Európē) zurückgeführt werden, dessen Etymologie nicht überliefert ist. Er wird in der Regel vom phönizischen »erob« hergeleitet, was »dunkel« oder »Abend« bedeutet. Oder vom semitischen »ereb« (»Abendland«). In Deutschland wurde der Name Afrope zuvor in dieser Schreibweise laut unseren Unterlagen noch nicht als männlicher Vorname eingetragen. Belegt sind dagegen schon solche ähnlichen männlichen Vornamen, wie Afrop, Afroze, Christope, Jakope, Lope, Pope, Jope, Serope und Rope sowie die weiblichen Vornamen Afra, Africa, Africana, Europa, Afrora und Aurope.

Auch Mortisha wird heute als weiblicher Vorname eingetragen, obwohl er zuerst abgelehnt wurde. Der Name kam in Verbindung mit dem Film »The Adams Family« (1991) in Deutschland auf. Es ist eine Variante von Morticia, der schon 1999 in Deutschland eingetragen wurde. In diesem Zusammenhang fällt mir eine unangenehme Anfrage zum Namen »Gomez« ein. Es war der Rufname des Familienoberhaupts der Adams Family, geht allerdings auf einen spanischen Familiennamen zurück. Da Familiennamen in der Regel als Vornamen nicht zulässig sind, habe ich diesen Namen abgelehnt. Was danach folgte, kann sich niemand vorstellen. Die erste Anfrage kam von der Mutter des Kindes. Einige Minuten später rief der Vater an, gleiche Antwort. Danach ein Onkel, die Großeltern, ein Freund … Ich war genervt, blieb aber bei meiner Meinung.

In so einem Fall können die Eltern ja vor Gericht gehen. Welchen Namen sie dann haben eintragen lassen, weiß ich nicht. Sie haben sich nicht noch einmal gemeldet. Aber heute werden trotz meiner damaligen Ablehnung die Namen Gomez, Sanchez und sogar mein Familienname Rodríguez auch als Vornamen eingetragen.

NACHNAMEN ALS VORNAMEN?

Immer wieder passiert es, dass Eltern eindeutige Nachnamen in den Vornamen ihres Kindes einarbeiten wollen. Es gab vor einigen Jahren den Fall, da wollten Eltern dem Kind den Nachnamen der Mutter als zweiten Vornamen geben: Birkenfeld. Sie zogen vor Gericht, und es wurde genehmigt. Sie hatten wohl einen sehr guten Anwalt. Der Junge trägt nun als zweiten Vornamen »Birkenfeld«. Damit nicht genug. Einige Zeit später kam eine Mutter zu mir, die davon gelesen hatte und nun ihrem Mädchen diesen Namen als ersten Vornamen geben wollte. Ich sagte ihr, dass das nicht ginge, denn »Birkenfeld« sei nun mal kein Vorname im Sinne unserer Kriterien. Ganz egal, was das Gerichtsurteil aussagt. Wir haben dann überlegt und ein wenig gesucht. Und »Birke« ist ja nun tatsächlich ein weiblicher Vorname, der aus dem norddeutsch-friesischen Raum stammt. »Feld« jedoch gibt es als Vornamen nicht. Allerdings gibt es »Fee«. Wir sind nun im Gespräch darauf gekommen, dass »Birkfee« deshalb ein genehmigungsfähiger Vorname sein könnte, ich habe das entsprechende Gutachten geschrieben. Und so wurde das Mädchen dann auch Birkfee genannt.

Ein ähnlicher Fall wurde 2011 ebenfalls vor Gericht entschieden. Das Kind, ein Mädchen, sollte den Nachnamen des Vaters als dritten Vornamen führen. Das Gericht genehmigte den Antrag, weil die beiden anderen Vornamen eindeutig waren und auch nicht dem Kindeswohl widersprachen. So heißt das Mädchen nun mit drittem Vornamen »Bock«.

Erlaubt wurde auch »Maier«, und das sogar als erster Vorname, denn in den Niederlanden ist das ein gebräuchlicher männlicher Vorname.

FILME, FUSSBALL UND HITPARADE – DER EINFLUSS DER STARS

Stars und Sternchen spielen eine große Rolle, wenn es um die Namengebung des Nachwuchses geht. Sei es, dass die Berühmtheit dem eigenen Spross später als Vorbild gelten soll, man den Menschen hinter dem Namen einfach gut findet – oder auch einfach nur des Promistatus wegen.

Er rollt und rollt …

Nach dem ersten Spiel der deutschen Fußballnationalmannschaft bei der Europameisterschaft 2016 in Frankreich gegen die Ukraine machte die kleine Meldung die Runde, dass ein Mitarbeiter der Berliner Zeitung »Der Tagesspiegel« versprochen habe, seinem Sohn den Namen des Schützen des ersten deutschen Tores im Turnier zu geben. Launiger Nachsatz des werdenden Vaters: »Mustafi wird schon nicht treffen.«[10] Die Pointe war ihm gelungen, trägt der doch den reichlich sperrigen Vornamen Shkodran.

10 Vgl. »Mustafi will Baby Shkodran ein Eis spendieren«, Der Tagesspiegel, 14. Juni 2016

Nun war es ausgerechnet der ansonsten kaum als Torschütze in Erscheinung tretende Shkodran Mustafi, der tatsächlich das erste Tor erzielte. In Zeiten von Twitter und Facebook ging die Geschichte schnell durch alle Medien. Und Shkodran Mustafi wurde dann sogar auf der offiziellen DFB-Pressekonferenz auf die Anekdote angesprochen: »Ich würde dem kleinen Shkodran ein Eis spendieren, wenn ich zurück in Deutschland bin und er heißt wie ich.« Da aber das Neugeborene – man könnte fast meinen, er habe alles mitverfolgt – dann doch noch nicht auf die Welt kommen wollte und sich bis nach dem zweiten Spiel der deutschen Mannschaft Zeit ließ, wurde die Idee wieder verworfen.

Aber es ist keine Seltenheit, dass Großereignisse wie Welt- oder Europameisterschaften im Fußball durchaus eine Auswirkung auf die Vergabe von Vornamen haben. Gerade in einem durch und durch fußballbegeisterten Land wie Deutschland. So war nach der WM 2006 der Name Lukas durch die damals rasant angewachsene Bekanntheit des Kölners Lukas Podolski überaus beliebt geworden. Und der Vorname Mats war nie übermäßig populär gewesen, seit jedoch Mats Hummels zu einem der besten deutschen Verteidiger heranwuchs und auch 2014 mit Weltmeister wurde, wird auch dieser Name signifikant häufiger vergeben.

Natürlich lassen sich die Eltern auch von den Namen der anderen deutschen und europäischen Fußballspieler inspirieren. Dies sind meist bekannte und häufige Vornamen wie Lukas, Manuel, Philipp, Benedikt, Tim, Mario, Marco, David und Lars. Aber auch Sami, Sunday und Asamoah wurden schon eingetragen. Die Hemmschwelle, die eigenen Kinder nach bekannten Sportlern zu benennen, ist in den letzten Jahren deutlich gesunken. Beispiele für »Nachahmungen« gab es aber auch schon früher, da hießen die plötzlich populären Vornamen nach Titelgewinnen dann aber Franz, Uwe, Lothar, Kalle (oder Karl-Heinz) und Jupp (oder Josef). Da lassen sich nach jeder WM und EM bei den Standesämtern deutliche Ausschläge beobachten.

Aber nicht nur deutsche Spieler stehen hoch im Kurs. So international geprägt wie der Fußball insgesamt ist, so vielfältig ist auch die Namenwahl und die entsprechenden Anfragen, die immer bei mir eintreffen. Es ist nicht lange her, dass ich eine Anfrage zum männlichen Vornamen Lloris bekam. Der Vater meinte, der Name komme aus Spanien. Bei der Recherche wurde schnell klar, das ist wieder einmal ein Fußballername – allerdings der Familienname. Nämlich der von Hugo Lloris, dem französischen Fußball-Nationaltorwart.

Der Vater des Kindes war nicht der Erste, der diesen Vornamen für seinen Sohn wählte. 2014 wurde Lloris erstmals in Deutschland als männlicher Vorname eingetragen. Meine Recherchen ergaben zudem, dass es sich um einen spanisch-katalanischen und südfranzösischen Vor- und Familiennamen handelt. Er geht ursprünglich auf den lateinischen Namen Laurentius (»Der Mann aus Laurentum« oder »Der Lorbeergeschmückte«) zurück, von dem auch die bekannten Formen wie Lorenz oder Lawrence abstammen. Und Lloris kann ebenso eine historische Form von Floris sein, der auf das lateinische »floris« (»Blume«) hindeutet. Die Variante mit einem »L« am Anfang ist schon länger geläufig, auch aus dem Fußball: So heißt zum Beispiel der deutsche Torwart des FC Liverpool Loris Karius. Und auch der erste Sohn von Lothar Matthäus bekam vom deutschen Rekordnationalspieler diesen Namen zugedacht.

Es spielt also keine Rolle, ob es der Vor- oder Familienname des Spielers ist und woher die Namen kommen. So gibt es in Deutschland schon Kinder mit den Vornamen Maradona, Luca Toni, Messi, Figo, Cristiano Ronaldo, Gomez oder auch Zinédine Zidane.

ÜBER DIE GRENZEN HINAUS

Der algerisch-französische Fußballspieler Zinédine Zidane war in seiner aktiven Zeit in Deutschland so populär, dass Eltern ihre Söhne Zinédine oder Zidane und sogar mit beiden Namen Zinédine Zidane nannten. Der arabische Vorname Zinédine geht als französische Variante auf das arabische Zain ad-Dîn (»Vollkommenheit« oder auch »Zierde des Glaubens«) zurück. Auch sein Spitzname »Zizou« wurde in Deutschland schon mehrfach als männlicher Vorname eingetragen.

Kurz- und Koseformen sind heute bei den deutschen Eltern recht beliebt. Die Spitznamen brasilianischer Fußballer, die einzigen, unter denen sie ja bekannt sind, werden da gern gewählt. Denn Ronaldinho kennt schließlich niemand als »Ronaldo de Assis Moreira«, wie er eigentlich heißt. Auch »Robson de Souza« dürften wenige Fußballfans kennen, dafür umso mehr: Robinho.

In Brasilien ist es üblich, derlei Koseformen zu männlichen Vornamen zu bilden, die dann auf »-inho« enden, was lediglich eine Verkleinerungsform ist. Ronaldinho ist also der »kleine Ronaldo«. Offiziell werden diese Kosenamen in Brasilien aber nicht eingetragen. In Deutschland sind sie dagegen bereits als Vornamen genehmigt und eingetragen worden. Wie auch andere Kosenamen brasilianischer Fußballspieler: Kaká (Ricardo Izecson dos Santos Leite), Pelé (Edson Arantes do Nascimento), Ailton (Ailton Conçalves da Silva) und auch Neymar (Neymar da Silva Santos Júnior). Allesamt genehmigt und eingetragen.

Beim Namen Neymar handelt es sich übrigens um eine Neubildung in Anlehnung an die zahlreichen männlichen Vornamen die auf »-mar« enden, wie auch an das brasilianisch-portugiesische Substantiv »mar«, das »Meer« bedeutet. Neubildungen sind in Brasilien keine

Seltenheit. Interessant ist, dass man den neuen Namen Neymar auch als moderne Variante eines altdeutsch-germanischen Namens erklären kann. Denn die männlichen Namen Nidmar, Niumar und Neomar bildeten sich aus den germanischen Elementen »nitha« (was in etwa »Neid« im Sinne von »kriegerischer Eifer« bedeutet) und »maru« (für »berühmt, leuchtend, groß«).

Auch hier lässt sich wieder die germanische Tradition erkennen, Namen aus zwei Elementen zusammenzusetzen. Das Element »-mar« oder »-mer« ist seit dem 1. Jahrhundert bekannt, aber wohl noch älter einzuschätzen, und es begegnet uns in heute vergessenen Namen wie Actumer, Erpamar, Hathumar, Inguiomer und Virdumar. Aber auch in heute noch geläufigen Namen wie Ingmar oder Sigmar. Das Element wurde ferner in die romanischen und slawischen Sprachen übernommen. In der Abwandlung »-mir« finden wir es im slawischen Namen Wladimir, gebildet aus den altslawischen Elementen »wladeti« (für »herrschen, walten«) und »mir« (»Frieden oder Welt«). Die eingedeutschte Form von Wladimir ist übrigens Waldemar.

Zurück zum Fußball: Beliebt sind in Brasilien männliche Vornamen, die auf »-son« enden, was man an Fußballernamen wie Edson, Emerson oder Denilson sehen kann. Sie alle sind ursprüngliche Familiennamen. Wie im skandinavischen Sprachraum bedeutet die Silbe nämlich nichts anderes als »Sohn des ...«. Auch deshalb wurden diese Namen in Deutschland noch vor einigen Jahren nicht als Vornamen eingetragen. Mittlerweile aber schon.

Mein Verein, meine Tochter

In Zusammenhang mit ihrem geliebten Fußball tauchen natürlich auch immer wieder vor allem Väter hier auf, die ihr Kind nach ihrem Lieblingsverein taufen wollen. So wurde »Borussia« 1996 von einem deutschen Gericht abgelehnt – nach einem Gutachten von mir, in dem ich zwar die Geschlechtseindeutigkeit bestätigt habe, aber doch das Kindeswohl gefährdet sah. Das Gericht schloss sich meiner Ansicht an.

Ich schrieb damals: »Wir können eine Eintragung des Namens ›Borussia‹ als zweiten Vornamen aus folgenden Gründen nicht empfehlen: Beim Namen ›Borussia‹ handelt es sich ursprünglich um einen latinisierten Fantasienamen für eine ›Frauengestalt als Sinnbild des Staates Preußens‹. Die männlichen latinisierten Analogformen Borussus und Borusse wurden früher als Scherznamen für ›den/die Preußen‹ verwendet. Sowohl der Fantasiename Borussia als auch die Scherznamen Borussus/Borusse/Borussia haben ihren ursprünglichen Zweck und ihre Bedeutung im heutigen Sprachgebrauch verloren. Dafür assoziiert man den Namen ›Borussia‹ im alltäglichen Sprachgebrauch mit solchen bekannten Fußballvereinen wie Borussia Mönchengladbach und Borussia Dortmund. Bezeichnungen für Fußball- und andere Sportvereine bzw. für Länder- und Ortsnamen sind inhaltlich als Vornamen ungeeignet. Derartige Namen sind als Vornamen für ein Kind immer belastend, egal ob sie in ihrem allgemeinen Aussagegehalt oder ihrer Ausstrahlungskraft positiv oder negativ einzustufen sind. Der Schutz des Kindes als Namensträger sollte hier von entscheidender Bedeutung sein, denn das Kind als Namensträger muss sich sein ganzes Leben mit den Reaktionen auf seine/n Namen (auch Zweitnamen) in der Gesellschaft auseinandersetzen. Wir können der Familie (…) ähnlich klingende weibliche Vornamen als Alternative zum Namen ›Borussia‹ empfehlen. Im slawischen Sprachraum sind sehr viele Kurz- und Nebenformen zum weiblichen Vornamen Borislava und zu den männlichen Vornamen Boris, Borislav belegt: so unter anderem Borusja, Borjusja, Boruscha und Borjuscha. Diese sowohl männlichen als auch weiblichen Kurznamen können mit einem geschlechtseindeutigen Erst- oder Zweitnamen vergeben werden. Im Fall der Familie (...) wäre dies also möglich, da sie für ihre Tochter den eindeutig weiblichen Ruf- bzw. Erstnamen Ronja gewählt haben.«

Leichter tun sich da Berliner Fußballfreunde, denn Hertha ist ja ein absolut traditioneller weiblicher Vorname. Vielmehr wurde der Verein nach einem Ausflugsdampfer benannt, auf dem er gegründet wurde. Und der trug den Namen Hertha. Gegen eine kleine Hertha kann kein Gericht der Welt etwas haben, denn der Vorname kam im 19. Jahrhundert auf und geht eben auf die germanischen Göttin zurück, die bei Tacitus als »terra mater«, also »Mutter Erde« erwähnt wird. Manchmal wird Hertha auch als eine Kurzform von Namen wie Hertraud oder Hertwig betrachtet. Des Weiteren gibt es noch heute die friesische Form Hertje. Diese Namen leiten sich aus den germanischen Worten »harti« (für »hart, fest, stark«) oder »heri« (für »Kriegsheer«) ab.

Arminia wurde unter anderem 2013 in Bielefeld als weiblicher Vorname eingetragen. Bedenkt man, dass der dortige Fußballverein Arminia Bielefeld heißt, fällt es schwer, da keinen fußballerischen Hintergrund zu vermuten. Arminia ist eine weibliche Bildung zum männlichen Namen Arminius. Der Cheruskerfürst besiegte ja im Jahr 9 nach Christus in der berühmten Varusschlacht im Teutoburger Wald (ganz in der Nähe des heutigen Bielefeld) das römische Heer des Publius Quinctilius Varus. Zurück geht der Name auf das germanische Element »ermana« oder »irmina«, was in etwa »allumfassend« oder »groß« bedeutet. Im 19. Jahrhundert wurde Arminius mit Hermann gleichgesetzt.

Der Name Fortuna geht ursprünglich auf den Namen der römischen Schicksals- und Glücksgöttin Fortuna sowie auf das lateinische Wort »fortuna« zurück, was so viel wie »Schicksal« oder »Glück« bedeutet. In der Regel werden Mädchen nach der Göttin benannt, aber die relativ zahlreichen Eintragungen in Düsseldorf und Köln haben wohl vor allem einen Fußball-Hintergrund. Und betrachtet man die Erfolgskurven der beiden Fortuna-Klubs dort, so ist die Wortbedeutung wohl eher in Richtung »Schicksal« als in Richtung »Glück« zu deuten.

Ähnlich fußballlastig dürfte der Fall in Aachen liegen, wo Alemannia (der Name des örtlichen Vereins) im Jahr 2006 als weiblicher Vorname eingetragen wurde. Dabei handelt es sich um einen altdeutschen Namen in einer latinisierten Schreibform. Der männliche Name Alaman ist nämlich bereits im 8. Jahrhundert als Rufname bei den Langobarden bezeugt. Auch im romanischen Sprachraum wurde er übernommen. So sind heute in Italien Alemanno oder in Spanien und Lateinamerika Alemán als männliche Vornamen gebräuchlich. Im Spanischen heißt »alemán« überdies so viel wie »Deutscher« oder »deutsch«. Die Namen lassen sich auf das germanische »alaman« zurückführen, was tatsächlich so viel wie »alle Mann« bedeutet. Bekannt wurden die Namen durch die Alemannen, einen westgermanischen Stamm, der aus elbgermanischen Bevölkerungsgruppen hervorgegangen ist, die seit dem 1. Jahrhundert in Mainfranken ansässig waren.

»STAMMESNAMEN«

Es gibt viele weitere Vornamen, die auf ursprüngliche Stammes- oder Völkernamen zurückgehen: Frank (die Franken), Saskia (die Sachsen), Hasso (die Hessen), Friso (die Friesen), Bavaria (die Bayern), Europa und Asia. Auch Vornamen, die auf Städtenamen zurückgehen, werden heute eingetragen, wie zum Beispiel Novesia, Colonia und Berolina.

Und dann gab es noch den Vater aus der australischen Stadt Blacktown, der seiner schwangeren Frau den Namen Lanesra vorschlug. Die fand das sehr entzückend, der Name sei schließlich einzigartig und romantisch. Zwei Jahre ging alles gut, dann aber plagte den Mann offenbar doch das schlechte Gewissen. Er verriet seiner Frau, dass ihre gemeinsame Tochter den Namen seines Lieblings-Fußballvereins trug. Nur eben von hinten buchstabiert. Der Australier ist leidenschaftlicher Anhänger des FC Arsenal London …

Film und Fernsehen

Populäre Literatur und Filme haben schon seit Langem Einfluss auf die Namenwahl von werdenden Eltern. Die Namen entspringen geliebten Kinderfiguren oder Serien, Blockbustern und Regisseuren.

Pippi und Co.

Bei den Büchern von Astrid Lindgren (1907–2002) kann man das feststellen. Mit denen kamen seit den 50er-Jahren des 20. Jahrhunderts verstärkt nordische Namen in den deutschen Sprachraum: Annika, Kerstin, Britt, Kalle, Rasmus, Lasse, Bosse, Inga, Ole, Nils, Lillebror, Lotta, Per, Pelle, Michel, Malin, Stina, Mattis und Lovis. Aber auch bereits bekannte Namen (oder Kurzformen) wie Anna, Niklas, Johann, Lisa, Tommy, Emil, Karl und Jonathan bekamen durch die Bücher und die zahlreichen Verfilmungen in Deutschland einen nachweisbaren Schub.

Astrid Lindgren hat viele Namen selbst erfunden. »Skrollan« zum Beispiel im Buch »Ferien auf Saltkrokan«. Den Namen gibt es im Schwedischen gar nicht, er hat sich aber auch nicht weiter durchgesetzt. Andere neu gebildete Namen oder von Astrid Lindgren verwendete Kurzformen werden bis heute vergeben: »Mio« aus »Mio, mein Mio«, »Karlsson« (der ja kein Vorname, sondern ein Nachname/

Vatersname ist) aus »Karlsson vom Dach, »Tomte« aus »Tomte Tummetott« und »Tjorven«, ebenfalls aus »Ferien auf Saltkrokan«. Auch »Nisse« wurde durch Lindgren als Vorname populär. Der Name ist eigentlich eine Ableitung von Niels und zudem ein bekannter skandinavischer Kobold.

Das Mädchen Madita heißt im schwedischen Original »Madicken«, was eine Koseform von Margareta (Engström) ist, wie die Hauptfigur eigentlich heißt. Die Koseform »Madicken« stammt von Astrid Lindgren. Die deutsche Übersetzerin Anna-Liese Kornitzky hat den Namen mit Madita übertragen, und in dieser Form wurde er auch in Deutschland populär. Erst durch das Buch, dann durch die Fernsehserie Anfang der 1980er-Jahre. Die deutsche Neubildung Madita ist in Anlehnung an die lateinisch-spanische Form Margarita und die englische Kurzform Madge entstanden. Interessant ist, dass der Name »Madicken« in Deutschland schon vielfach eingetragen wurde. Da kennen einige Eltern offenbar das schwedische Original.

Auch bei Ronja aus »Ronja Räubertochter« erzählte Astrid Lindgren, sie habe diesen Namen erfunden. Von »Juronjaure« abgeleitet, einem See in Nordschweden. Ganz trifft das nicht zu, denn der Name existierte schon vorher im slawischen Sprachraum, etwa als russische Koseform von »Veronika«. Das wusste Frau Lindgren aber möglicherweise nicht, und auch nicht, dass es bereits vor ihrer Räubertochter eine literarische Protagonistin mit Namen Ronja gab, die Hauptfigur aus dem in Russland spielenden Roman »The Candlesticks and the Cross« von Ruth Freeman Solomon aus dem Jahr 1967.

Unbestritten aber ist, dass der Name seit Erscheinen von Astrid Lindgrens »Ronja Räubertochter« im Jahr 1981 sehr viel öfter vergeben wurde als zuvor. In Skandinavien vor allem, aber auch im deutschsprachigen Raum.

Die mit Abstand populärste Figur und damit auch die nachhaltigste Namenserfindung aber gelang Astrid Lindgren in Person einer renitenten rothaarigen Göre. Es gibt heute zahlreiche Mädchen und Frauen, die »Pippi«, »Pippilotta« oder »Pippilotti« heißen. Astrid Lindgren schrieb dazu in ihrer Autobiografie »Das entschwundene Land«, dass ihre Tochter den Namen erfunden habe, als sie im Winter 1941 krank im Bett lag. Pippi/Pippilotta wird heute auch offiziell genehmigt. Das gilt übrigens nicht für alle, aber für erstaunlich viele ihrer zahlreichen Vornamen. Mit vollem Namen heißt sie ja »Pippilotta Viktualia Rollgardina Pfefferminz Efraimstochter Langstrumpf« oder im schwedischen Original: »Pippilotta Viktualia Rullgardina Krusmynta Efraimsdotter Långstrump«.

Wobei es den Namen Viktualia durchaus einige Male gibt, ich hatte sogar einmal eine Anfrage aus München dazu. Womöglich hatte das mit dem dortigen Viktualienmarkt zu tun. Interessant ist auch, dass »Schokominza« als weiblicher Vorname vergeben werden durfte. Dieser Fantasiename ersetzt den vierten Vornamen »Pfefferminz« bzw. »Krusmynta« in der deutschen Synchronisation der Spielfilme. Immerhin: »Rollgardina« oder »Pfefferminz« wurden bis heute nicht genehmigt.

Der Pumuckl ist da ...

Sehr wohl genehmigt wurde der Name einer anderen rothaarigen Figur aus den späten 1970er-Jahren. Es war 1983, als das Ehepaar Marion und Manfred H. aus dem Örtchen Katzenelnbogen (liegt in Rheinland-Pfalz zwischen Koblenz und Mainz) seinen Sohn »Philipp Pumuckl« taufen wollte. Die Geschichten des frechen Kobolds liefen seinerzeit erstmals im Fernsehen, nachdem die Bücher und Hörspiele der Autorin Ellis Kaut (1920–2015) ja schon länger bekannt waren.

Am Stammtisch sei die Idee entstanden, räumte der Vater hernach ein, nachdem die älteren Brüder des Neugeborenen als Pumuckl-Fans für diesen Namen plädiert hatten. Der Standesbeamte lehnte seinerzeit ab und schrieb ins Geburtsregister: »Das Kind hat keinen Namen«[11]. Dabei blieb es erst einmal, denn der Vater ging vor Gericht. Erst vor das Amtsgericht in Koblenz, das dem Standesbeamten zustimmte. In dritter Instanz, beim Oberlandesgericht in Zweibrücken, hatte Manfred H. dann aber Erfolg: Dort wurde der Name »Philipp Pumuckl« schließlich genehmigt. Die Richter verwiesen auf den großen Erfolg der Kunstfigur bei den Kindern, sodass zu vermuten sei, »dass Pumuckls sympathische Eigenschaften die Untugenden vergessen machen«.[12] Das zog sich ein gutes Jahr hin, erregte bundesweit Aufsehen und sorgte für so einige launige Presseberichte.

In so einem Fall ist es natürlich interessant, zu verfolgen, wie sich dieser Name dann auf das »Kindeswohl« ausgewirkt hat. Im Fall von Philipp Pumuckl H. scheint da nichts Negatives passiert zu sein. Er ist heute Mitte 30, betreibt mit seinem Bruder ein Restaurant in der Nähe von Koblenz, wobei ihm sein Name auch schon mal als Werbung diene. Und er erinnert sich gern an seine Kindheit. »Ich wurde in der Schule nicht damit gehänselt. Ein paar Freunde nennen mich heute noch so«, sagte er 2014 im Interview mit der »Nassauischen Neuen Presse«[13]. Und wenngleich sich der »Philipp« doch durchgesetzt habe, stehe der zweite Name auch auf seiner Visitenkarte. Dass immer etwas genauer hingesehen werde, wenn er den Personalausweis vorzeige, das störe ihn nicht. Er sei vielmehr stolz auf diesen Namen und wolle ihn auch seinen Kindern weitervererben.

Durchgesetzt in der breiten Masse hat sich der Name aber natürlich nicht. Dafür steht er jetzt aber, durch das Gerichtsurteil, in den offiziellen Büchern. Und kaum ein Standesamt verweigert sich somit noch

11 Vgl. »Agfa und Omo«, Der Spiegel 21/1983

12 Vgl. »Pumuckl und Gotlinde«, Nassauische Neue Presse vom 14. Mai 2014

13 Ebenda

dem Wunsch, sollten Eltern ihren Sohn Pumuckl nennen wollen. Das wollen glücklicherweise nicht viele.

Aber ich bekam einige Jahre nach diesem Fall einen Brief von Ellis Kaut. In einem Interview hatte ich Mitte der 1990er-Jahre die Geschichte erwähnt und die Konsequenzen des Urteils erläutert. Frau Kaut schrieb mir daraufhin, sie wünsche nicht, dass mit dem Namen »Pumuckl« Forschung betrieben werde, und sie wolle auch nicht, dass Kinder so genannt werden. Nun, weder das eine noch das andere liegt in meiner Macht. Ellis Kaut erläuterte dann noch, wie der Name entstanden war. Es war ihr eigener Spitzname gewesen, denn ihr Mann habe sie immer so genannt. Pumuckl sei also eigentlich ein weiblicher Name, wenngleich die Kunstfigur natürlich männlich assoziiert wird.

TOP-TEN DER KOSENAMEN

Die Agentur »NAMBOS naming & research« hat bundesweit 1002 Menschen befragt, wie sie ihre Liebsten in der Partnerschaft nennen. Das ist das Ergebnis der besten zehn:

1. Schatz (37 %)
2. Schatzi (9,6 %)
3. Hase (3,9 %)
4. Liebling (3,5 %)
5. Schnuckel/Schnucki (3,1 %)
6. Mausi (2,8 %)
7. Bär/Bärchen/Bärli (2,2 %)
8. Papa/Papi/Papilein (2,0)
9. Abkürzung/Verniedlichung des Vornamens (1,5 %)
10. Kleiner/Kleine/Kleines (1,7 %)

Serien und Seifenopern: gute Namen, schlechte Namen

Da ich wenig Fernsehen schaue, erfahre ich meist erst über die Anfragen zu Vornamen, welche Serien und Filme gerade angesagt sind. So auch von der Fernsehserie »Berlin, Berlin« mit seiner Hauptfigur »Lolle« (gespielt von Felicitas Woll), die im Jahr 2002 überaus bekannt und beliebt wurde. In jenem Jahr bekam ich die ersten Anfragen zu »Lolle«. Mir war bis dahin nur ein entsprechender männlicher Name bekannt, der eine friesisch-niederdeutsche Kurzform von altdeutschen mit »Luit-» gebildeten Namen wie etwa Luitpold ist. Lolle ist in der Serie die Koseform des Vornamens Carlotta. Schon Ende des 19. Jahrhunderts kamen Kurzformen wie »Lolo« oder »Lolla« zum Vornamen Charlotte auf (Carlotta ist eine italienische/spanische Variante von Charlotte). Der ähnliche spanische Vorname Lola ist dagegen eine Kurzform von Dolores, der auf den Beinamen der Jungfrau »Maria Nuestra Señora de los Dolores« (»Unsere Frau der Schmerzen«) zurückgeht.

Weil die Fernsehfigur »Lolle« eindeutig weiblich war, wurde der Name nur noch als weiblicher Vorname eingetragen. Und es zeigte sich hier beispielhaft, wie abhängig solche Namen von Bildschirmpräsenz einer Serie sind. Denn die letzte Anfrage bekam ich 2011. Als »Berlin, Berlin« nicht mehr lief, kam auch der Name Lolle aus der Mode.

Im Jahr 1999 bekam ich eine Anfrage zu »Tokessa«, einem für mich damals völlig neuen weiblichen Vornamen. Eine Schauspielerin in der Seifenoper »Gute Zeiten, schlechte Zeiten«, die 1998 in die Serie einstieg, hieß so. Tokessa Martinius, 1977 in Hamburg geboren, spielte die Serienfigur »Sonja Wiebe«, eine nicht gerade sympathische Frau. Aber ein Beispiel dafür, dass sich werdende Eltern wohl auch mit den Namen der Darsteller auseinandersetzen und den Abspann von Serien und Filmen genau anschauen. Ich selbst habe das früher nicht getan. Erst seit ich in der Namenberatung arbeite, bleibe ich im Kino sitzen und schaue mir die Namen der Mitwirkenden an.

»Tokessa« war für mich damals eine schwierige Anfrage, da der Name nirgends zu finden war. Seiner Form nach ähnelte er einem italienischen weiblichen Vornamen, wo die Endung »-essa« ja recht häufig vorkommt. Im Italienischen ist dieser Name jedoch nicht belegt. Ich habe ihn dann aber als Neubildung bestätigt. Er kann als eine Erweiterung der ähnlichen italienischen weiblichen Vornamen Torquata und Torquessa betrachtet werden. Der Name wurde noch vereinzelt bis 2007 angefragt, ist aber heute fast verschwunden – wie viele dieser Namen, die plötzlich in Verbindung mit Filmen und Serien auftauchen.

Auffällig an »Gute Zeiten, schlechte Zeiten« ist, dass die Macher der Serie meist Vornamen für ihre Helden wählen, die gerade aktuell sind und in den Statistiken immer wieder unter den häufigsten Vornamen zu finden sind. Wie zum Beispiel Philip, Alexander, Paula, Franziska, Tim oder Katrin. Da auch Personen mit türkischem Migrationshintergrund dabei sind, wählte man gängige türkische Vornamen wie Deniz, Tayfun, Selma, Mesut und Ayla. Eine amerikanische Fernsehserie, die auch die deutsche Vornamenlandschaft beeinflusst hat, ist »Charmed – Zauberhafte Hexen«, die 1999 nach Deutschland kam. Hauptfiguren sind darin Phoebe, Prue, Piper und Paige.

Schon bald wurde Phoebe auch in Deutschland als Vorname bei jungen Eltern sehr beliebt, was auch kein Problem war, da der Name ja im »Internationalen Handbuch der Vornamen« stand und schon seit dem 17. Jahrhundert im deutschen Sprachraum zu finden war. Er geht auf den griechischen weiblichen Namen Phoibe zurück, was »die Strahlende, Leuchtende, Glänzende« bedeutet. In der griechischen Sage ist Phoibe der Beiname der Mondgöttin Artemis. Phoebe ist auch der Name einer Schäferin in Shakespeares Theaterstück »Wie es euch gefällt«. Im englischen Sprachraum kam er als biblischer Name im Zuge der Reformation auf.

Ein Problem für die deutschen Eltern war aber die Aussprache. In der amerikanischen Serie wurde Phoebe natürlich englisch ausgesprochen, klang also in etwa »Fibi«. So kam 2002 eine Anfrage zu Fibie und 2003 zu Phiebi aus Berlin auf meinen Schreibtisch. Die Eltern bezogen sich jeweils auf die Serie, die sie toll fanden, aber nur mit dieser Aussprache. Phöbe, so fanden sie, klinge nicht niedlich, sondern nach einer alten Frau.

Die Tendenz, den Namen Phoebe der jeweiligen landestypischen Aussprache auch in seiner grafischen Form anzupassen, gab es schon früh. So gab es im deutschen Sprachraum die Schreibweise Phöbe, im englischen, friesischen und niederländischen Raum zum Beispiel Phebe, Pheby oder Febke sowie im romanischen Raum Febe oder Febea. Ich suchte nach ähnlichen Namen. Im friesischen Raum ließen sich die weiblichen Vornamen Fiebe, Fybe und Phibbe finden – als Kurzformen von altdeutschen zweigliedrigen Namen wie etwa Friedeburg.

Ich habe dann für Fibie und Phiebi jeweils ein positives Gutachten erstellt, schließlich sind auch diese Formen als weiblich erkennbar. Bis heute erhalte ich immer mal wieder Anfragen zu diesem Namen, der mittlerweile auch in den Schreibformen Fibi, Fiby, Fybie, oder Phibie eingetragen wird.

Die Namen Prue, Piper und Paige sind im englischen Sprachraum recht verbreitet. In Deutschland hatten sie aber nicht den Erfolg wie Phoebe. Prue wurde 2010 einmal in Baden-Württemberg eingetragen. Es ist die Kurzform des englischen Vornamens Prudence, der wiederum auf das lateinische Prudentia zurückgeht, was »Klugheit« bedeutet. Der angloamerikanische Vorname Piper, den Frauen und Männer tragen können, bedeutet »Flötenspieler«, war ursprünglich ein Familienname und kam vor allem in den 1990er-Jahren als Vorname in Mode. Wahrscheinlich in Anlehnung an ähnliche Vornamen wie Pipo oder Pippa, Kurzformen von Philippa und Philipp.

Ich bekam im Jahr 2001 eine erste Anfrage zu Piper aus Berlin. Dort wurde er gleich mehrfach eingetragen. In einem Fall auch die

Kombination Piper Phoebe. 2004 erhielt ich die letzte Anfrage. Dieser Name kam schnell aus der Mode, aber auch heute noch wird er jedes Jahr vier- oder fünfmal eingetragen.

Paige war ursprünglich kein Vorname. Er geht auf einen englischen Familiennamen zurück, basierend auf der mittelenglischen Bezeichnung »page«, was »Page« oder »Diener« bedeutet. Als Vorname ist er seit dem 20. Jahrhundert im englischen Sprachraum gebräuchlich, in den USA und Kanada ist er heute recht beliebt – auch in anderen Schreibvarianten wie Page oder Payge. In Deutschland wurde er schon Anfang der 1990er-Jahre in Rheinland-Pfalz und Hessen vergeben, allerdings hatten die Eltern wohl einen amerikanischen Hintergrund. Ich bekam die erste Anfrage dazu im Jahr 2003, die letzte 2013. Paige wird jedes Jahr ein paar Mal eingetragen, gern auch als Zweitname, wie in der Kombination Emma-Paige.

Die sympathische Serien-Figur »Leo« (gespielt von Brian Krause) kam vor allem bei den jungen Zuschauern gut an. Der lateinische Name Leo (bedeutet »Löwe«) kam als Name zahlreicher Heiliger schon im 12. Jahrhundert im deutschen Sprachraum auf. In seiner englischen Aussprache gefiel er vielen Eltern besser. So erhielt ich, mit Verweis auf »Charmed«, im Jahr 2003 eine Anfrage zu Lio. Ich begann zu suchen, und tatsächlich fand ich in Italien den Vornamen Lio, als männliche Form von Lia. Und es kann auch eine hawaiische Variante von Leo sein.

Die Folge ist, dass es neben Leonardo und Leon heute auch die Formen Lionardo und Lion verstärkt gibt – allerdings trug schon der deutsche Schriftsteller Lion Feuchtwanger (geboren 1884) diesen Namen. Dazu kommt heute noch Lionel. Lio gehört heute zu den 150 beliebtesten Vornamen bei Neugeborenen in Deutschland. Manchmal werden damit Doppelnamen gebildet, so wie 2007 Lio-Pharrell.

Auch die Vornamen der vier Schauspielerinnen Alyssa Milano (Phoebe), Shannen Doherty (Prue), Holly Marie Combs (Piper) und

Rose McGowan (Paige) sowie der Nebendarsteller Brian Krause (Leo), Julian McMahon (Cole) und Drew Fuller (Chris) haben einige Eltern in Deutschland bei der Vornamenwahl beeinflusst.

Star Wars

Eine Invasion aus dem All kam 1977 in die Welt der Vornamen. Seit in jenem Jahr der Film »Star Wars« (»Krieg der Sterne«) und in der Folge seine sämtlichen Fortsetzungen und Prequels in die Kinos in aller Welt kam, begeistert und bewegt er die Menschen.

Diese Popularität zeigt sich auch in den zahlreichen »Star-Wars-Vornamen«, die seither in Deutschland eingetragen wurden und immer noch werden. Anders als bei vielen anderen Serien und Filmen wurden hier viele Rollennamen neu erschaffen, es gab sie vorher in dieser Form meist nicht. So lässt sich ein Zusammenhang mit den Filmen hier so klar wie selten feststellen.

Ich kenne mittlerweile alle Figuren der Filme, obwohl ich noch keinen gesehen habe.

Als ich zum Beispiel im Jahr 1998 eine Anfrage zum Vornamen Anakin bekam, konnte ich damit nichts anfangen. Erst später erfuhr ich, dass »Anakin Skywalker« eine der Hauptfiguren in den Star-Wars-Filmen ist. Aber zunächst fand ich diesen Namen nirgends und wusste auch nicht, nach welchen Kriterien er vergeben werden sollte. Ich ging also von einer Neubildung aus, die Vornamencharakter hat. Es ließen sich die biblischen Namen Anak oder Enak nachweisen. Diese ließen sich aus dem hebräischen »anaqim« herleiten, was so viel bedeutet wie »Nacken«, »Langhals« oder »Riese«. In der Bibel war Enak der Stammvater des alten kanaaitischen Riesenvolks. Man kann nun die biblischen Namen mit der männlichen Endung »-in« erweitern und erhält Anakin.

In Indien stieß ich auf die männlichen Namen Ankin und Anak, die zum einen auf das Sanskrit-Wort »ãnaka« zurückgehen, was »himmlische Trommel« bedeutet, zum anderen auf »ankin« (»niederschreiben, aufschreiben«). Mittlerweile wird der Name Anakin in dieser und anderen Schreibformen eingetragen, seit 1998 schon mindestens 185-mal. Oft in Verbindung mit den Vornamen Luke (Anakin-Luke), Lukas oder Sky. Und auch Luke Skywalker haben Standesämter schon akzeptiert.

NAMEN AUS DEM ALL

Es gibt heute kaum einen Namen aus den Star-Wars-Filmen, der nicht auch schon in Deutschland eingetragen wurde. Hier nur einige Beispiele: Darth, Vader, Yoda, Kenobi, Obi, Wan, Jar, Han, Ren, Kylo, Tano, Mace, Boba, Solo, Qui, Gon, Lando, Luke, Poe und Tarkin. Allesamt akzeptiert und genehmigt – mitten in Deutschland. Und es gibt eine Star-Wars-Familie in Ostfriesland, die allen ihren Kindern Namen aus Star Wars gegeben haben: Leia, Jaina, Ben, Jacen, Luke Han und Mara-Jade. Die Eltern heißen Andrea und Holger.

Viele dieser Namen existieren tatsächlich im asiatischen und afrikanischen Raum. Was zeigt, dass sich George Lucas sowie die Autoren und Schöpfer des Star-Wars-Universums von der asiatischen, afrikanischen und lateinischen Namenwelt haben beeinflussen lassen. Die Frauennamen Amidala, Leia, Shmi und Padmé haben zum Beispiel starke Ähnlichkeiten mit Namen aus dem indischen und romanischen Raum.

Im Jahr 2000 erhielt ich eine Anfrage aus Bremen zu Amidala. Der Name ähnelt einer Ableitung vom lateinischen »amãre«(»lieben«). Es gibt ähnliche Vornamen wie etwa Amada oder Amadea. Womöglich aber ist es auch eine Bildung zu Amida, einer japanischen Variante des indischen Amitābha. Dieser Name wiederum stammt aus dem Sanskrit, einem ausgestorbenen Vorläufer der indischen Sprachen, und bedeutet »unermessliches Licht«. Das passt doch gut zu einer Figur aus »Star Wars«. Weil der Name eine sehr wohlklingende Lautstruktur hat, wird er auch heute noch vergeben.

Zum weiblichen Vornamen Padmé erhielt ich 2003 eine Anfrage aus Mönchengladbach. Für mich war der Fall klar: Das musste eine Variante des indischen Namens Padma sein, der auf das Sanskrit-Wort »padmā« zurückgeht, was so viel wie »Lotusblüte« bedeutet. Und es ist ein Name der Göttin Sri oder Lakshmi. Padma war sehr beliebt bei Eltern mit indischem Hintergrund. Das Oberlandesgericht Karlsruhe ließ deshalb im Jahr 1987 die indischen Namen Maitreyi Padma zu. Die Anfrage zu Padmé aber kam von deutschen Eltern, die den Namen der Königin »Padmé Amidala« in den Star-Wars-Filmen gehört hatten.

Im Jahr 1999 erhielt ich eine Anfrage zum weiblichen Vornamen Leia, der seiner Form nach an Lea erinnert, der ausgesprochen ja auch wie »Leja« klingt. Und ich fand eine historische rheinische Kurzform Lei zum altdeutschen Namen Adelheid, an die man lediglich die weibliche Endung »-a« anfügen muss. Auch mit dem spanischen »ley« und mit dem portugiesischen »lei« (»Gesetz'«) kann man den Namen verbinden. Wegen seiner Ähnlichkeit mit dem beliebten Vornamen Lea hat sich Leia in Deutschland mittlerweile durchgesetzt.

Für solche ausgefallenen Vornamen gibt es seit 2007 ein Namenbuch von Robert Schnakenberg mit dem Titel »Sci-Fi Baby Names. 500 out-of-this-world baby names from Anakin to Zardoz«. Hier sind alle bekannten Namen aus Science-Fiction-Filmen und -Serien wie »Star Wars«, »Kampfstern Galactica«, »Star Trek«, »Babylon 5«, »X-Men«, »Planet der Affen«, »Superman« oder »Jurassic Park« versammelt.

Die Namen werden in diesem Buch nach Herkunft und Charakter der Figuren beschrieben, eine Erklärung und etymologische Deutung findet man aber leider nicht. Autor Robert Schnakenberg ordnet die Namen in verschiedene Gruppen:

- Traditionelle Namen (wie etwa Adam, Alfred, Amanda, Brian, Barbara, Charles, David, Daniel, Edward, Emma)
- Männliche Namen (so wie Apollo, Biff, Buck, Cain, Cameron, Cat, Dallas, Freeman, Helmholtz, Hannibal, Hikaru, Juan, Kevin, Snake, Luke, Wally, Jayne, Adama)
- Weibliche Namen (unter anderen Aeryn, Brooke, Deanna, Devon, Dodo, Esmeralida, Ezri, Grace, Gwen, Inara, Jadzia, Janice, Jubilation, Kaylee, Keiko, Leia, Lenina, Lila, Nova, Raven)
- Kraftvolle, starke Namen (zum Beispiel Boris, Bubba, Caesar, Damon, Darryl, Darth, Eros, Humungus, Khan, Lex, Maximilian, Mustapha, Otto, Zarth)
- Intellektuelle Namen (Beverly, Bruce, Cornelius, Genius, Hans, Helena, Holly, Jeremy, Karl, Neo, Spock, Zapp)
- Exotische Namen (Amidala, Anakin, Barbarella, Cayman, Clu, Data, Delenn, Gaff, Hubert, Ian, Jor-El, Lennier, Neelix, Neo, Obi-Wan, Panic, Quark, Qui-Gong)
- Familiennamen als Vornamen (Benson, Connor, Kirk, Logan, Nada, Tako, Taylor, Trent, Wash, Wolff)

Die Zuordnung finde ich mitunter etwas merkwürdig. So werden Helmholtz, Wally, Jayne und Adama als männliche Namen einsortiert. Im deutschen Sprachraum ist »Helmholtz« eigentlich ein Familienname, und Wally, Jayne und Adama wären eher weibliche Vornamen. Auch Zarth wäre wohl hier eher kein »starker Name«. Im englischen Sprachraum hat man auch ein anderes Verständnis für intellektuelle

Namen: Denn Beverly, Jeremy und Bruce werden in Deutschland eher bildungsferneren Schichten zugeordnet.

Leider steht mir dieses Buch erst seit etwa fünf Jahren zur Verfügung. Seither kann ich Anfragen zu den weiblichen Vornamen Deanna, Ezri, Jadzia, Keiko, Zarabeth oder Sela sowie zu den männlichen Namen Neelix oder Sarek eindeutig der Star-Trek-Serie zuordnen. Zuvor habe ich mich etwa noch 1999 doch sehr über die merkwürdige Schreibung des weiblichen Namens Delenn und 2000 über die männliche Form Lennier gewundert. Jetzt weiß ich, dass sie aus »Babylon 5« stammten. Und 2004 wurde bei mir nach dem »Aeryn« aus der Serie »Farscape« gefragt. Ich konnte wenig einwenden, fürchte aber, das Mädchen hätte es später mit der herkömmlichen Schreibweise Erin doch etwas leichter gehabt.

Mit »Planet der Affen« wurden der weibliche Name Nova (von lateinisch »die Neue«) und mit »Matrix« der männliche Name Neo (von griechisch »néos« für »neu«) wiederbelebt. Die ersten Anfragen zu diesen Namen erhielt ich 1999. Neo wird bis heute gern vergeben. Er liegt wegen seiner Lautstruktur und seiner Kürze völlig im Trend. Und Nova wird mittlerweile auch in Kombination mit verschiedenen Endungen, also Novalie, Novalee oder Novaly vergeben. Die ebenfalls mehrfach vergebenen Namenkombinationen Neo-Noel, Neo Phoenix oder Nova Carmen finde ich allerdings doch sehr speziell.

Die Vorliebe für das Außerirdische und Übernatürliche zeigen auch die Anfragen zu Vornamen wie Deacon (eine Figur aus dem 1998 erschienenen Marvel-Spielfilm »Blade«). Ob die Eltern wissen, dass Deacon auf das altenglische »diacon« zurückgeht, was »Geistlicher, Diakon« bedeutet? Seit 2002 bekam ich mehrere Anfragen zu Lestat. Der Titelheld aus dem Roman »The Vampire Lestat« von Anne Rice aus dem Jahr 1976 und dem Film »Interview mit einem Vampir« (mit Brad Pitt und Tom Cruise aus dem Jahr 1994) heißt »Lestat de Lioncourt«. Lester war mir als männlicher Vorname bekannt, aber Lestat war neu. Ich vermute, Anne Rice hat diesen Namen in Anlehnung an das französische »l'estre« gebildet, was in etwa »der/das außerhalb sich Befindende« bedeutet.

Mit der Serie »Twilight« kamen 2009 auch die männlichen Vornamen Emmett und Carlisle nach Deutschland, die für mich allerdings eher weiblich klingen.

Im Reich der »Fantasy«

Seit einigen Jahren werde ich regelmäßig mit den Namen aus der extrem populären Serie »Game of Thrones« konfrontiert. Auch hier finden sich sehr viele ungewöhnliche und oft neu gebildete Namen. So zum Beispiel die weiblichen Vornamen Khaleesi, Daenerys, Sansa und Arya. Die Hemmschwelle, solche neuen Namen zu übernehmen, ist vor allem bei Mädchen geringer geworden. Die erste Anfrage zu Khaleesi erhielt ich 2011, dem Jahr, als die Serie in Deutschland erstmals ausgestrahlt wurde. Dabei ist Khaleesi in der Serie eigentlich gar kein Vorname, sondern ein Titel. Er ist angelehnt an den arabischen Vornamen Khaleesa, was so viel wie »rein, ehrlich, real, wahrhaftig« bedeutet. Der Name Daenerys ist im Unterschied zu Khaleesi für deutsche Ohren doch etwas gewöhnungsbedürftig. Zu diesem Namen bekam ich bereits im Jahr 2010 eine Anfrage. Die Eltern fanden den Namen im Epos »Das Lied von Eis und Feuer« von George R. R. Martin – der literarische Vorlagen für »Game of Thrones«. Vielleicht hat Martin diesen Namen in Anlehnung an den walisischen Namen Nerys gebildet, der »edle, noble Frau« bedeutet. Oder er wurde von Deianeira inspiriert, einem Namen aus der griechischen Mythologie. Sie ist die Tochter des Königs Oineus von Kalydon in Ätolien sowie der Ehefrau des Herakles. Übersetzt werden kann Deianeira in etwa mit »die die Menschen/Männer begeisterte« bzw. »für sie glühte, brannte«.

Der Vorname Sansa wurde schon 2013 eingetragen, ich bekam aber erst zwei Jahre später eine Anfrage dazu. Ich fand den weiblichen indischen Namen Śansā, der aus dem Sanskrit mit »Lob, Lobpreisung«, aber auch mit »Segen«, »Anmut« oder »Wunsch« übertragen wird. Vielleicht wurde er an das lateinische »sancta« (sowie das spanische »santa«) angelehnt, was »heilig« bedeutet. Es gibt auch die ähnlichen Vornamen Sansiba und Sansani. Letzterer ist ein ursprünglich afrikanischer Name aus der Sprache des Volkes der »Hausa« und kann mit »Sonnenkranz« übersetzt werden.

»Arya« wiederum wurde von zahlreichen Standesämtern in Anlehnung an die ähnlichen weiblichen Namen Arja und Aria ohne Probleme eingetragen. Die weibliche Form von Arya fand ich als Variante des niederländischen Vornamens Aria/Arja, der wiederum eine Kurzform von Adriana/Ariana ist. In der Regel wird der Name in seinen verschiedenen Schreibweisen in Deutschland als weiblich verstanden. Bei der Recherche stellte ich jedoch fest, dass er im indischen und persischen Sprachraum männlich ist und sich auf das Sanskrit-Wort »ärya« zurückführen lässt, was »edel, ehrbar, gastfreundlich« bzw. »edler Sucher« bedeutet. Der persische Name Arya wird dagegen mit »Arier« übersetzt. Das Wort, das ja auch gelegentlich sehr fragwürdig eingesetzt wird, leitet sich im Übrigen vom Gebiet Aria in Zentralasien ab, das im heutigen Afghanistan liegt.

In den letzten Jahren kamen auch Namen aus »Die Tribute von Panem«, nach den Romanen von Suzanne Collins (2008–2010 veröffentlicht) und natürlich den Verfilmungen als »The Hunger Games« stark auf. 2013 wurde der weibliche Vorname Katniss in Berlin eingetragen; 2016 bekam ich eine Anfrage zur Variante Catniss. Der Name kann auf den englischen Pflanzennamen »Katniss« (»Pfeilkraut«) zurückgeführt werden. In Berlin scheint es zahlreiche Fans der Filme bzw. Bücher zu geben. Hier wurden auch der weibliche Vorname Primrose und der männliche Vorname Cinna eingetragen.

Und natürlich haben wir gerade erst den Höhepunkt der Tolkien-Welle erlebt. Seitdem die »Herr der Ringe«-Trilogie samt aller Folgegeschichten von J.R.R. Tolkien so populär wurde (wozu natürlich auch die Filme beitrugen), hatten wir unzählige Anfragen zu Namen wie Legolas, Aragorn, Túrin oder Arwen.

Das Spannende hierbei ist, dass Tolkien alle diese Namen selbst kreiert und eine komplett eigene Sprache geschaffen hat. Und dass er die Namen aus dieser erfundenen Sprache heraus auch erklären kann. Dabei bedient er sich aber auch einiger Elemente alter germanischer Sprachen. Arwen zum Beispiel ist bei Tolkien ein Frauenname. Den Namen Arven gibt es aber auch im Germanischen – als Männername. Und er setzt sich wie gewohnt aus zwei Teilen zusammen: »Ar« leitet sich von Arn ab, das heißt »Adler«. Und »ven« heißt im Irischen so viel wie »schön« oder »hell«, im Germanischen bedeutet es »Freund« in Anlehnung an »vin/win. Es ist anzunehmen, dass sich Tolkien bei der Erschaffung seiner Sprache (und auch der Namen darin) unbewusst bei bestehenden Sprachen bedient hat.

Ein Vorname, der bis heute eingetragen wird, ist der männliche Name Atréju aus der »Unendlichen Geschichte« von Michael Ende. Die erste Anfrage erhielt ich zu diesem Namen im Jahr 1999. Der Name Atréju ähnelt seiner Form nach solchen männlichen Vornamen wie zum Beispiel Andre(j)u (eine Form von Andre/Andrej) und Adriju (zu Adri(j)an). Im englischsprachigen Raum ist der Name Atréju auch in der Schreibform Atreyu nachweisbar. Er kann zum einen auf den männlichen Sanskrit-Namen Ātreya, eine patronymische Form von Atri, zurückgeführt werden, und zum anderen mit »kleiner Krieger« in Anlehnung an das griechische atalós in der Bedeutung »kindlich, jugendlich« übertragen werden.

2005 erhielt ich plötzlich Anfragen zu den weiblichen Vornamen Lorelai, Lorlei und Loreley. Ich kannte den Namen nur aus dem Deutschunterricht: die Sage von der Loreley sowie das Gedicht von der Loreley von Heinrich Heine (1824). Die Loreley oder Lore Lay ist ursprünglich der Name eines Schieferfelsens am rechten Rheinufer oberhalb von St. Goarshausen in der Bedeutung »Schieferfelsen, von dem man Ausschau hält«, der in der von Clemens Brentano geschaffenen »Ballade von der Lore Lay«. In Folge wurde der Name dann in der von Josef Freiherr von Eichendorff bzw. Heinrich Heine gestalteten Sage von der »Fee Loreley« in Anlehnung an den weiblichen Vornamen Lore, einer Kurzform von Eleonore/Leonore, umgedeutet. Doch um diesen Namen ging es hier nicht. Die Eltern kannten diese Sage nicht, auch nicht die Ballade, sie bezogen sich auf die amerikanische Serie »Gilmore girls« mit einer Hauptfigur Lorelai. Ohne es zu wissen, haben die Eltern einen alten deutschen Namen wiederbelebt.

Vor zwanzig Jahren wurden mir noch Kopien aus Büchern präsentiert, heute sind es meist Internetadressen. So wurde 1998 der männliche Inuit-Name Samiq gewünscht. Eine Kopie aus dem Buch »Bruder Wind« von Sue Harrison bekam ich dazu. Der Inuit-Name Samiq war mir noch nicht bekannt, dagegen der moslemische männliche Name Samiq. Auch nach dem grönländischen weiblichen Namen Smilla wurde häufig gefragt, vor allem nach der Verfilmung des Romans »Fräulein Smillas Gespür für Schnee« von Peter Høeg im Jahr 1997. Smilla ist eine Ableitung des Inuit-Namens Smillaaraq in der Bedeutung »die ein wenig summt«, in Anlehnung an das dänische smil für »Lächeln«. Noch mehr Anfragen erhielt ich zum männlichen Vornamen Nanuk in dieser sowie in den Schreibformen Nanook, Nanouk, der zuerst als Trickfilmserie, dann durch das Buch »Nanuk, der kleine Eisbär« bekannt wurde. Animations- und Trickfilme scheinen eine magische Wirkung auf zukünftige Eltern zu haben. Der Trickfilm »Findet Nemo« inspirierte Eltern, ihren Sohn Nemo zu nennen. Dabei bekam ich schon 1999 eine Anfrage zu dem männlichen Vornamen Nemo, der auf das lateinische »nemo« in der Bedeutung »niemand« zurückgeht. Die Eltern fanden die literarische Gestalt des Kapitän

Nemo in »20.000 Meilen unter dem Meer« von Jules Verne so toll, dass sie ihren Sohn so nennen wollten.

Der Trickfilm »König der Löwen« erschien im Jahr 1994. Auch ich schaute mit meinen Kindern diesen Film, der in Afrika spielt. Vor allem Mädchen wurden nach im Film vorkommenden Tieren mit den Namen Kiara, Nala, Sarafina und Zazu benannt. Dabei habe ich Kiara anfänglich noch als falsche Schreibweise des italienischen weiblichen Vornamens Chiara abgelehnt.

Seit 2005 wird immer mal nach dem männlichen Namen Findus gefragt. Klingt wie ein männlicher Vorname, stammt aber aus der schwedischen Kinderbuchreihe »Pettersson und Findus« (schwedisch »Pettson och Findus«) von Sven Nordqvist. Findus ist hier der Name eines jungen, immer zu Streichen aufgelegten Katers. Pettersson hat ihn in einer Schachtel mit dem Aufdruck »Findus grüne Erbsen« (Findus ist der Name eines großen schwedischen Lebensmittelkonzerns) gefunden und Findus genannt. Das wusste ich damals noch nicht, fand aber die ähnlichen, ursprünglich irischen männlichen Namen Findanus/Fintanus bzw. Findan/Fintan. Findus kann somit auch als Kurzform von Findanus verstanden werden.

Im Jahr 2004 erhielt ich einen Anfrage zu einem männlichen Vornamen Caillou. Was ist das für ein Name, sieht französisch aus, dachte ich. Die Eltern hörten bzw. sahen den Namen in einer Zeichentrickserie, die auf den Büchern der Autorin Christine L'Heureux und der Zeichnerin Hélène Desputeaux basierte. Caillou kommt aus dem Französischen und bedeutet »Kieselstein«. Das erinnerte mich an eine Anfrage aus dem Jahr 2002 zum weiblichen Namen Pebbles, ein Name aus der Zeichentrickserie »Familie Feuerstein«. Dieser Name geht auf das englische »pebble(s)« in der Bedeutung »Kieselstein(e)«, auch »Bergkristal« zurück. In Deutschland wird dieser Name seit 1993 als weiblicher Vorname eingetragen. Das Amtsgericht Bayreuth erkannte den Namen Pebbles 1993 als weiblichen Vornamen an. Es fällt auf, dass die Namen von kleinen niedlichen Tieren und von Kleinkindern gern übernommen werden, auch wenn deren Namen von den in Deutschland gängigen Vornamen teilweise stark abweichen. Erst kürzlich erhielt ich eine Anfrage zum männlichen Namen Mogly. Die Mutter bezog sich auf die Figur des Mowgli (Mogli) in »Das Dschungelbuch« von Rudyard Kipling. Dieser bildete den Namen Mowgli in Anlehnung an das englische Wort cow »Kuh« für »heilige Kuh«, die in Indien verehrt wird. Die Geschichte spielt ja in Indien. In Deutschland wird dieser Name schon seit 2002 in der Schreibform Mogli als männlicher Vorname eingetragen. Ich bekam erst jetzt eine Anfrage zu diesem Namen und auch nur wegen der abweichenden Schreibweise. In den letzten zwei Jahren bekam ich immer wieder Anfragen zu japanischen Vornamen wie zum Beispiel Goku, Son Goku oder Momonosuke. Das sind Namen einer neuen Generation, der Manga-begeisterten Eltern. Ob die Kinder mit diesen Namen dann auch noch begeistert sein werden, bleibt dahingestellt.

NAMEN-SPRICHWÖRTER

- Mein Name ist Hase, ich weiß von nichts.
- Alles was Rang und Namen hat.
- Was Hänschen nicht lernt, lernt Hans nimmermehr.
- Dem Kind einen Namen geben.
- Die Dinge beim Namen nennen.
- Seinen Namen für etwas hergeben.
- Sich zum Horst machen …

Musik

Natürlich haben viele singende Popstars und -sternchen wie auch veritable Größen des Musik-Business die Vornamengebung in Deutschland ebenfalls beeinflusst.

Im Jahr 2002 etwa wurde die Kolumbianerin »Shakira« in Deutschland bekannt. Und prompt gab es Anfragen zu ihrem Namen. Ganz neu war der Name in Deutschland jedoch nicht. Eintragungen gab es schon in den 1990er-Jahren. Die Eltern hatten allerdings einen arabischen oder kolumbianischen Bezug. Ich selbst kannte die Sängerin schon vorher aus Lateinamerika, wo sie vor allem in Kuba bereits sehr bekannt war. Ab 2002 aber gab es sehr viele Anfragen. Eine Mutter aus Thüringen wünschte sich sogar die abweichende Schreibform »Jaquira«, wohl in Anlehnung an Jacqueline. Erstaunt reagierten die Eltern, wenn ich ihnen mitteilte, dass Shakira ein arabischer Vorname ist und es auch eine männliche Form Shakir gibt. Im Arabischen bedeutet er »dankbar, erkenntlich« – Shakira kann also mit »die Dankbare« übersetzt werden. Der vollständige Name der Sängerin lautet übrigens »Shakira Isabel Mebarak Ripoll«. Den ersten Familiennamen »Mebarak« bekam sie von ihrem Vater, der aus dem Libanon stammt. Der zweite Familienname »Ripoll« kommt von ihrer kolumbianischen Mutter, die spanisch-katalanische Wurzeln hat.

Mittlerweile hat sich der Rummel um die Sängerin etwas gelegt. Es gibt quasi keine Anfragen mehr, und der Name wird auch nur noch vereinzelt eingetragen. So schnell und heftig wie er kam, so ist er schon wieder fast verschwunden – ein Phänomen, was wir nicht selten bei solchen Namen erleben.

Dafür gab sie mit der Geburt ihrer Söhne Milan und Sasha wieder neue Impulse für die Namengebung in Deutschland. Milan wurde zwar schon Ende des 19. Jahrhunderts in Deutschland als slawischer

Name eingetragen, war aber nie so beliebt wie heute. Schon 2001 gab es einen ähnlichen Boom mit dem weiblichen Vornamen Millane, der durch die deutsch-indonesische Sängerin Millane Fernandez bekannt wurde. Bis 2007 bekam ich zahlreiche Anfragen dazu. Aber heute ist auch dieser Vorname schon wieder fast vergessen.

Namen von bekannten Sängerinnen werden gern vergeben, aber wenn diese Namen zu bekannt werden, ändert man oft auch die Schreibweise. Seit 1997 erhielt ich zahlreiche Anfragen zum weiblichen Vornamen Shania, der bekannt wurde durch die kanadische Sängerin Shania Twain. Sie hieß eigentlich »Eillin Regina« mit Vornamen, änderte diese dann aber zum indianischen Ojibwa-Namen Shania, was »Ich bin auf meinem Weg« bedeutet. Bis 2009 gab es immer wieder Anfragen dazu, auch zu den Abwandlungen Shanaya, Shenaya oder Chanaya.

Der Name der irischen Sängerin »Enya« wurde dagegen kaum verändert. Bei der ersten Anfrage im Jahr 1997 habe ich den Namen als Schreibvariante der niederdeutsch-friesischen Namen Enje und Enja bestätigt. Mir fehlte zu diesem Zeitpunkt noch die einschlägige Literatur, um ihn als englische Form des irischen Namens Eithne zu erkennen, was »kleines Feuer« bedeutet. Erst 1998, mit einer irischen Quelle, war dies möglich. Im Jahr 2000 kam dann noch der Name Enie dazu, der durch Enie van der Meiklokjes, der Moderatorin des damaligen Musiksenders VIVA, bekannt wurde. Dabei ist es gar nicht ihr richtiger Vorname. Eigentlich heißt sie ja Doreen Grochowski und stammt aus Potsdam. Enie hat sich bis heute als weiblicher Vorname etabliert, enthält er doch alles, was ein wohlklingender weiblicher Vorname enthalten soll.

Auch der Name der 2001 verunglückten afroamerikanischen Sängerin Aaliyah wird – auch in anderen Schreibformen – bis heute gern vergeben. Er ist einerseits eine weibliche Bildung zum arabischen männlichen Vornamen Ali, was so viel wie »erhaben, edel« bedeutet.

Häufig werden verschiedene Namen von Sängerinnen noch gekoppelt. Ich kenne Eintragungen von Aaliyah Celine, Destiny Aaliyah oder Aaliyah Beyoncé.

Apropos »Beyoncé«: Das ist zwar ein eher exotischer Name, die Sängerin »Beyoncé« ist aber längst so populär, dass mittlerweile auch Mädchen in Deutschland nach ihr benannt wurden. Erstmals übrigens im Jahr 2003.

Manche Namen von besonders herausragende Figuren des Musikbusiness halten sich über Jahrzehnte. So wird bis heute auch der Name des Rockmusikers Elvis Presley, der 1977 starb, eingetragen. Die Herkunft und Bedeutung des Namens Elvis ist nicht eindeutig geklärt, aber er wird in der Regel auf einen irischen oder schottischen Familiennamen sowie den englischen Rufnamen Elves zurückgeführt. Der wiederum geht auf das altfranzösische Helois sowie althochdeutsche Heilwidis zurück, der aus den althochdeutschen Elementen »heil« (gesund) und »wit« (weit) oder »widu« (Wald, Holz) gebildet wurde.

Der Name Elvis (bzw. die Variante Alvis) wurde in den 1930er-Jahren in Großbritannien gebräuchlich. Alvis soll auf den Namen des Zwerges »Alviss« (kann mit »der Allwissende« übersetzt werden) zurückgehen, der in der nordischen Mythologie Thors Tochter zur Frau begehrte. In Deutschland wurde der Name Elvis schon 1961 in der ehemaligen DDR eingetragen.

Seit 2004 bekomme ich auch Anfragen zu Pharrell, der durch den Sänger Pharrell Williams bekannt geworden ist. Es ist ein afroamerikanischer Vorname, eine Variante des irischen Namens Farrel. Der geht auf das irische »fearghal« zurück, was so viel bedeutet wie »der Tapfere, Mutige, Heldenhafte«.

Auch Lenny, nach dem Sänger Lenny Kravitz, ist heute ein bekannter und beliebter männlicher Vorname. Er ist im englischen Sprachraum schon Mitte des 20. Jahrhunderts belegt und in Deutschland in den 1990er-Jahren aufgekommen. Es ist eigentlich eine Kurzform von Leonard. Ein bekannter Namensträger ist zum Beispiel der amerikanische Komponist Leonard Bernstein, der Lenny genannt wurde. Im »Internationalen Handbuch der Vornamen« wird Lenny auch als weiblicher Vorname in den Niederlanden und in Schweden angegeben.

Manche Eltern geben ihren Kindern gleich Namen von mehreren Idolen. So hat ein Vater seinem Sohn alle Vornamen der »Beatles« gegeben: Paul, John, George und Ringo. Und es gibt auch sehr musikalische Familien. So erzählte mir zum Beispiel ein Vater aus Leipzig: Er und seine Frau sind Musiker und musizieren mit den Kindern zu Hause. Die Kinder selbst wurden nach bekannten Komponisten benannt: Felix, Robert, Johann. Für die jüngste Tochter war es etwas schwieriger, einen passenden Namen zu finden, es gab in der Vergangenheit weniger bekannte Frauen unter den Komponisten. Die Eltern entschieden sich dann für Clara nach Clara Schumann.

A BOY NAMED SUE – WIE MÄDCHEN ZU MÄDCHEN UND JUNGEN ZU JUNGEN WERDEN

In der Spielerstatistik der ersten Saison der Fußballbundesliga im Jahr 1963/64 taucht bei Preußen Münster eine gewisse Dagmar Drewes auf, die im linken Mittelfeld alle 30 Spiele bestritt, den Abstieg des Vereins jedoch nicht verhindern konnte. Wohlgemerkt, wir sprechen hier von der Männer-Bundesliga. Ganz abgesehen davon, war es den Frauen damals seitens des Deutschen Fußballbundes gänzlich verboten, überhaupt Fußball zu spielen. Bei näherem Hinsehen erweist sich diese Dagmar Drewes dann aber doch als ein Mann, genauer gesagt als Dagmar-Ernst Drewes, geboren im Dezember 1937. Was viele heute nicht mehr wissen: Dagmar (oder auch Dagomar) war früher ein überaus männlicher Vorname, der dann jedoch zum reinen Frauennamen wurde.

DER JUNGE SUE

Einer der bekanntesten Songs von Johnny Cash heißt »A Boy Named Sue«. Darin geht es um eine wahre Geschichte, die Shel Silverstein, der Komponist und Texter, in dem Lied verarbeitete. Der Richter Sue Kerr Hicks, der 1980 starb, wurde nicht wegen seines durchaus erfolgreichen beruflichen Wirkens berühmt, sondern weil er den Vornamen eines Mädchens hatte.

Cashs Lied handelt davon, wie ein Jungen mit einem Mädchennamen aufwächst, deshalb natürlich in jeder Phase seiner Kindheit und Jugend umfassend gehänselt wird und sich dann als Erwachsener aufmacht, seinen Vater zu suchen, der für diesen Namen verantwortlich ist und die Familie verließ, als Sue drei Jahre alt war. Er findet ihn in einem Saloon beim Kartenspielen, stellt ihn zur Rede, und beide landen schließlich draußen und prügeln sich. Letztendlich verrät der Vater dem Sohn, warum er ihn Sue nannte. Er habe schon bei dessen Geburt gewusst, dass er als Vater nicht lange bleiben würde und wollte ihn so fürs Leben wappnen – ihn quasi abhärten. Das leuchtet Sue ein, und er vergibt seinem Vater.

Im Jahr 2008 veröffentlichte die »New York Times« einen Text zur Psychologie dieses Themas. Der Autor war John Marion Tierney, und er berichtete somit auch von eigenen Erfahrungen. In seinem Text »A Boy Named Sue, and a Theory of Names« berichtet er unter anderem von einem Buch der Autoren Michael Sherrod and Matthew Rayback mit Namen »Bad Baby Names«. Darin untersuchten die Autoren die Lebensgeschichten von Menschen mit üblen Namen vom Jahr 1790 bis 1930. Sie entdeckten Namen wie Garage Empty, Hysteria Johnson oder Ima Hogg (klingt wie »I'm a hog« heißt »Ich bin ein Schwein«). Sie interviewten Menschen mit Namen wie Candy Stohr (»candy store«

für »Süßwarenladen«), Mary Christmas, River Jordan, Rasp Berry (»raspberry« für »Himbeere«) oder Happy Day. Und entdeckten eine überraschende Gemeinsamkeit. »Sie waren sehr stolz auf ihre Namen, fast schon übermäßig stolz. Wir fragten, ob das eine Reaktion darauf sei, dass sie geärgert wurden, als sie klein waren. Sie sagten aber, sie wurden nicht viel geneckt. Sie waren etwas müde, immer die gleichen Witze zu hören, mochten es aber, einen ungewöhnlichen Namen zu haben, der sie zu etwas Besonderem machte.«[14]

In Bezug auf die weiblichen Vornamen zitiert Tierney den Wissenschaftler Kent Evans, der festgestellt hat, dass Männer mit einem Vornamen, der sowohl männlich als auch weiblich sein kann, wie zum Beispiel Leslie, keinerlei negative Auswirkungen verspüren. »Aber sie haben an sich selbst eine wichtige positive Eigenschaft entdeckt: Ein besseres Gefühl für Selbstbeherrschung. Sie können Dinge besser an sich vorbeiziehen lassen, ohne sich aufzuregen.«[15]

Aber auch ganz ohne seltsame Einstellungen des Vaters zur seelischen Entwicklung des Sohnes oder sehr, sehr altertümliche Herleitungen gibt es mitunter Verwirrung, ob ein Kind nun Junge oder Mädchen ist. In Italien heißen viele Männer Andrea. Junge? Mädchen? So genau lässt sich das nicht immer sagen. Früher war es oft nötig, dem Kind noch einen zweiten, geschlechtseindeutigen Namen mitzugeben. In manchen Fällen ist das heute nicht mehr erforderlich.

So wie bei Luca. Da entschied das Oberlandesgericht Hamm im Jahr 2005, dass Eltern ihrem Sohn den Vornamen Luca ohne Hinzufügung eines den Zweifel über das Geschlecht ausräumenden Vornamens geben können. In der Begründung hieß es: »Der Vorname ›Luca‹ bzw. ›Luka‹ sei ausweislich der Namensstatistiken der letzten

14 »A Boy named Sue, and a Theory of Names«, New York Times vom 11. März 2008
15 Ebenda

Jahre ganz überwiegend als Vorname für Jungen ausgesucht und nur selten als Mädchenname benutzt worden. Damit sei eine eindeutige Geschlechtszuordnung im allgemeinen Bewusstsein der Bevölkerung anzunehmen, sodass ein weiterer Vorname nicht notwendig sei. Nur wenn ein Vorname geschlechtsneutral – also nicht eindeutig männlich oder weiblich – sei, müsse dem Vornamen ein weiterer geschlechtseindeutiger Vorname beigefügt werden. Bei der Beurteilung, ob ein Vorname geschlechtsneutral sei, müsse auch berücksichtigt werden, in welchem Umfang der Vorname für Jungen einerseits und Mädchen andererseits gewählt worden sei. Denn wenn ein Vorname überwiegend für ein Geschlecht gewählt werde, sei dieser Vorname gerade nicht geschlechtsneutral. Einer Beigebung eines weiteren Vornamens bedürfe es dann nicht.« (Beschluss des Oberlandesgerichts Hamm vom 18.01.2005 – 15 W 343/04).

Damit gilt der Name Luca genau wie beispielsweise Sascha, Robin, Matti, Mika, Hauke, Toni und Kai als männlicher Vorname. Wobei all die genannten Namen einstmals auch als weiblich galten und auch heute noch, wenn auch selten, für ein Mädchen eingetragen werden. Dann aber meist in Verbindung mit einem eindeutig weiblichen Vornamen.

Der Name Luca ist nun also auch per Gerichtsbeschluss eindeutig männlich. Er ist in den letzten Jahren als männlicher Vorname immer beliebter geworden. Bis zum Jahr 2002 war Luca noch nicht unter den zehn häufigsten Vornamen zu finden. Dann rückte er auf Platz 10 und bis 2008 auf Platz 5 aller vergebenen männlichen Vornamen in Deutschland vor.

Luca ist eine italienische Variante des lateinischen männlichen Namens Lucas oder Lukas, der wiederum eine Erweiterung des römischen Vornamens Lucius ist. Dieser Name kann aus dem Lateinischen mit »der Lichte, Glänzende, Leuchtende« oder »der am Tag, bei Tagesanbruch Geborene« übersetzt werden. Die Namen enthalten das lateinische Bedeutungselement »lux« für »Licht«. Im südslawischen Sprachraum entspricht dem italienischen Luca die Schreibform Luka.

Bis zu Beginn der 1990er-Jahre wurde in Deutschland noch zwischen dem eindeutig männlichen Vornamen Luca und dem eindeutig weiblichen Vornamen Luka unterschieden. Bis zur Jahrtausendwende kam Luca aber durch amerikanischen Einfluss auch als weiblicher Vorname auf, während Luka auch als männlicher Vorname eingetragen wurde. Heute werden beide Formen als männlicher Vorname verstanden. Der Trend der letzten Jahre bestätigt das. Ein Umschlagen in eine andere Richtung ist nicht zu erwarten. Es gibt heute in Deutschland sogar Regionen (vor allem im west- und nordwestdeutschen Raum), in denen die weiblichen Vornamen Luca und Luka nicht bekannt sind und auch nicht eingetragen werden.

Die deutsche Rechtsprechung orientiert sich in der Regel an der Gebräuchlichkeit eines Namens. Auch unsere Beratungsstelle entscheidet mittlerweile nach der Beleglage und Gebräuchlichkeit eines Vornamens. Oder in Zahlen ausgedrückt: Im Jahr 2008 wurde der Name Luca mindestens 3770-mal als männlicher Vorname und nur viermal als weiblicher Vorname eingetragen. Damit ist die Beleglage klar.

Das Kriterium der Geschlechtseindeutigkeit bei Vornamen hat aber noch immer seine Gültigkeit. Aus der Erfahrung mit deutschen Standesämtern weiß ich, dass viele Standesbeamte auf eine Zuordnung zu einem Geschlecht achten. Allerdings zeigt die Rechtsprechung eine Tendenz zur Beachtung der überwiegenden Gebräuchlichkeit eines Namens. Generell ist aber eine Liberalisierung hinsichtlich der Geschlechtseindeutigkeit erfolgt, so wie wir es beispielsweise auch in den Niederlanden oder Frankreich finden.

Aber: Traditionell eindeutige Namen wie Sabine und Karl sind im anderen Geschlecht nicht eintragungsfähig. Und das wird wohl auch so bleiben.

NA GEWUSST?

Diese Namen sind Beispiele für sogenannte Unisex-Namen, sie sind also nicht eindeutig einem männlichen oder weiblichen Kind zuzuordnen: Alex, Toni, Tony, Jamie, Charlie, Charly, Chris, Conny, Lee, Isa, Jule, Joan, Jo, Kim, Luca, Luka, Mika, Robin, Sam, Sascha, Toby, Ulli ...

PARIS UND ORLANDO REISEN NACH SAN DIEGO – STÄDTE ALS VORNAMEN

Es war vor rund 20, 25 Jahren, als ein junges Mädel den heute boomenden Markt der Z-Promis mit eröffnete und gleichsam revolutionierte. Es war die Zeit, als Menschen berühmt wurden, die nun wirklich gar nichts zu bieten hatten, als vielleicht sich selbst und ein ansehnliches Äußeres. Sie konnte nicht singen, nicht schauspielern, hat keinen Nobelpreis gewonnen und auch ansonsten hatte sie kein relevantes Talent, das man erkennen konnte – die Rede ist von Paris Hilton (geboren 1981).

Man wunderte sich über sie und anfangs auch über den Vornamen. Schließlich kannte man Paris vornehmlich als Hauptstadt von Frankreich. Menschen mit humanistischer Bildung wussten vielleicht noch, dass es bei Paris auch um den Sohn des Priamus aus der griechischen Mythologie handelt. Paris war also durchaus ein sehr alter Vorname, wenn auch ein männlicher.

Schon wenige Jahre zuvor hatte man gestutzt, als man den Namen der Tochter des neuen US-Präsidenten erfuhr: Chelsea Clinton hieß wie ein Londoner Stadtteil, der vor allem durch seinen Fußballklub weltweit bekannt und Fans sehr geläufig ist. Und anders als bei Paris ist der Ursprung dieses Vornamens ausschließlich auf eben jenen

Londoner Stadtteil zurückzuführen. Was im angloamerikanischen Sprachraum jedoch seit Langem gängig ist: Chelsea ist in den USA ein durchaus populärer Name, wie man auch an den vielen Prominenten sieht, die ihn tragen: Bereits 1942 wurde die Schauspielerin Chelsea Quinn Yarbro geboren, die Skirennläuferin Chelsea Marshall (geboren 1986) oder die Schauspielerin Chelsea Handler (geboren 1975) sind in Deutschland ebenfalls ein Begriff. Vor allem aber wurde der Name oft genannt durch das Schicksal der Whistleblowerin Chelsea Manning (geboren 1987), der in den letzten Jahren immer wieder durch die Nachrichten ging – zuletzt durch die Begnadigung seitens Barack Obamas im Januar 2017.

Fußball und Stadtteil sind auch Schlagwörter beim Sohn des Fußballstars David Beckham und seiner mondänen Gattin Victoria. Der Junge heißt Brooklyn. Die Legende wollte es bald so, dass er angeblich so genannt wurde, weil er in eben jenem Stadtteil gezeugt worden sein soll. Das jedoch stimmt laut Victoria Beckham so nicht, vielmehr habe sie sich für den Namen entschieden, weil ihr der weibliche Vorname Brooke immer schon sehr gut gefallen und sie sich zudem in New York aufgehalten habe, als sie von ihrer Schwangerschaft erfuhr. Wie auch immer: In den Jahren nach Brooklyn Beckhams Geburt (im März 1999) verzeichneten die Behörden allein in den USA einige Tausend Babys mit Namen Brooklyn. Jedoch meist Mädchen, wohl wegen des eher femininen Klangs des Namens.

Diese Beispiele machten die Benennung von Kindern nach Städten, Stadtteilen oder Gegenden auch in Deutschland zum Thema. Was im Grundsatz aber leider (oder zum Glück) verboten ist. Duisburg Müller oder Buxtehude Meyer wird es nicht geben. Vorerst zumindest.

Verona Feldbusch etwa, das Äquivalent zu Paris Hilton im deutschen Sprachraum und Trägerin des Namens einer italienischen Stadt, nannte ihren erstgeborenen Sohn »San Diego«. Nun ist Diego ein absolut gängiger Vorname in den iberischen und südamerikanischen Ländern. In Verbindung mit »San« jedoch absolut unüblich. San aber ist ebenfalls ein türkischer Vorname. Dass San Diego nun nichts anders heißt als »Heiliger Diego« und zudem der Name einer amerikanischen Großstadt ist (und vieler anderer Orte im spanischen Sprachraum), ist der andere Aspekt dieser Namengebung.

OHNE GOOGLE GEHT NICHTS

Die Eltern, die ihrem Sohn den Vornamen Borna gaben, sollten jedoch nicht so früh gescholten werden. Zwar ist es der Name einer gänzlich unglamourösen Kleinstadt in Sachsen, kann jedoch nicht in eine Reihe mit Zwickau oder Plauen gestellt werden, was nun ziemlich fragwürdige Vornamen wären. Denn Borna ist eben auch ein Vorname persischen Ursprungs, die neu-persische Variante des altpersischen männlichen Namens Burna in der Bedeutung »jung(er), der Junge, Junior«. Und so muss man in der Namenberatung immer erst einmal Lexika und Verzeichnisse wälzen (oder Google bemühen), bevor man sich eine Einschätzung oder gar ein Urteil erlauben kann. In der Welt gibt es eben fast nichts, was es nicht gibt.

Aber nicht nur eindeutig identifizierbare Ortsnamen werden zu Vornamen. Manchmal ist es auf den ersten Blick gar nicht zu erkennen, dass es Vornamen aus Ortsbezeichnungen oder Ländernamen sind. Meist kommen diese Vornamen aus dem englischen Sprachraum schon als etablierte Vornamen zu uns nach Deutschland, und der ursprüngliche Orts- oder Familienname, aus dem der Vorname entstanden ist, wird nicht wahrgenommen. Die Namensträger sind Vorbild (auch in zahlreichen amerikanischen Filmen und Serien) und der Klang der Namen (abgesehen von der abweichenden Schreibform) wichtig.

Der beliebte englische Name Ashley zum Beispiel leitet sich vom altenglischen »aesclēah« ab, was »Eschenhain« oder »Eschenlichtung« bedeutet. Der Name kam im englischen Sprachraum Ende des 19. Jahrhunderts als männlicher Vorname auf und gelangte nach Deutschland in den 1990er-Jahren, obwohl er wegen seiner Herkunft als Orts- und Familienname zuerst abgelehnt wurde. Mittlerweile werden zahlreiche Namen, die aus englischen Orts- und Familiennamen entstanden sind, auch in Deutschland zugelassen. Meist als weibliche Vornamen.

Ähnlich verhält es sich mit dem in Deutschland immer populärer werdenden Harley. Auch dieses Wort entstammt dem Altenglischen (»Haralēah«) und bedeutet so viel wie »Hasenhain, Hasenlichtung« oder »Felslichtung«. Auch Hailey gehört zu dieser Art Namen, kommt aus dem Altenglischen und setzt sich aus den Wörtern für »Heu, getrocknetes Gras« (»hīeg«, »hēg«) und »Hain, Feld, Wald, Lichtung, Landstück« (»lēah«) zusammen. Als weiblicher Vorname ist Hailey in den 1960er-Jahren populär geworden.

Auch Whitney, ein Vornamen der durch die Sängerin Whitney Houston bekannt wurde, war ursprünglich ein mittelalterlicher Örtlichkeitsname. Er entstand aus dem mittelenglischen Wörtern »atten whiten ey«, was so viel heißt wie »bei der weißen Insel«. Shelby wiederum setzt sich zusammen aus den Worten für »Weide« (altenglisch »sealh«) oder »Felsen, Vorsprung, Rand; Turm« (»scylf«) und »by« (»Haus, Hof, Siedlung, Dorf«). Shelby heißt also so viel wie »Fels- oder Randsiedlung«.

Andere in englischsprachigen Ländern gebräuchliche Vornamen wie Hadley, Kingsley, Courtney, Wesley, Riley oder Lindsay sind in ähnlicher Weise auf Ortsnamen, Gegenden oder geografische Stellen zurückzuführen. Auch Britney, der Vorname einer der bekanntesten Popstars unserer Zeit, gehört ebenfalls in diese Reihe. Heißt es doch nichts anderes als: »Frau aus Britannien«. Frau Spears allerdings ist durch und durch Amerikanerin.

HIGHLIGHTS AUS ALLER WELT

Schon vor Beginn meiner Arbeit in der Namenberatung, während meines Studiums in der ehemaligen Sowjetunion, konnte ich Namen und Namensysteme anderer Völker kennenlernen. In meinem Studienort Kasan, der Hauptstadt der Tatarischen Autonomen Republik, traf ich nicht nur auf russische, sondern auch auf tatarische, baschkirische, armenische und zahlreiche andere Namen der Völker der Sowjetunion.

Dies waren ganz neue und unbekannte Namen für mich. So hieß einer der Dozenten zum Beispiel Enver Machmudovič Achunzianov, die Betreuerin meiner Diplomarbeit Almira Aschatovna Aminova. Meine Kommilitonen trugen Vornamen wie Sagida, Dschamilja, Insaf, Rachim oder Gusel.

»Fallbeispiele« von Chile bis USA

Chile

In Chile waren 2016 Sofía und Augustín die beliebtesten Vornamen für Neugeborene. Aber auch hier hinterlassen Film und Fernsehen ihre Spuren: Nach einer türkischen Telenovela wurden die türkischen Namen Mega (als Kurzform von Medcezir), Yaman, Mira und Selim populär. Fußballbegeisterte Eltern nannten ihre Kinder Alexis, Gary, Arturo und Vidal (nach einheimischen Starkickern), aber auch Neymar, Beckham und Zlatan. Darüberhinaus wurden in dem südamerikanischen Staat 2016 folgende Vornamen eingetragen: Jack Daniel, Hashtag Follow, Shakespeare Mozart Armstrong und Adolfo Hitler.

China

Auch wenn es schwer ist, bei fast anderthalb Milliarden Menschen noch einzigartige Vornamen zu finde, so müssen auch chinesische Ämter ihre Bürger mitunter bremsen. Findige Eltern wählten als Vornamen »@« aus, weil es der chinesischen Zeichenschrift entsprechend so ähnlich wie »Liebe« aussieht. Das sei ein Verfall der Sitten, argumentieren die Behörden.

Costa Rica

Hier gibt es den Vornamen Mister Rambo.

Frankreich

Sehr eigentümliche Vorstellungen haben Eltern auch mitunter in Frankreich. Hier sollte ein Kind »Nutella« heißen. Das zuständige Amt lehnte das ab, denn auch in Frankreich gibt es den berühmten Brotaufstrich, und ein Kind sollte so nicht heißen müssen. Die Beamten änderten ihn einfach in Ella um.

Großbritannien

Besonderer Humor und Hang zum Skurrilen wird den Bewohnern des britischen Königreichs zwar nachgesagt, aber der Vorname »3rd/09« wurde dennoch nicht genehmigt, auch wenn die Mutter sich als Science-Fiction-Anhängerin und der Vater sich als Informatiker outeten. »Fish and Chips« wurde in Großbritannien ebenfalls abgelehnt. Ganz empfindlich ist man auf der Insel bei royalen Anklängen. Namen wie Majesty, Royal-Rule, Admiral, Prince und Corporal hatten keine Aussicht auf Zulassung.

Indien

In Indien ist so manches anders. Auch bei einigen Vornamen weiß man hierzulande nicht recht, ob man belustigt oder schockiert sein soll. So gibt es im Bundesstaat Meghalaya im Nordosten des Subkontinents einen Politiker mit Namen Adolf Lu Hitler Marak. Das Verhältnis zu diesem deutschen Tabunamen ist in Indien generell entspannt. In Ahmadebad gibt es zum Beispiel ein Bekleidungsgeschäft namens »Hitler«. Aber auch andere Politiker der »State Assembly« des Staates Meghalaya tragen interessante Namen: Kenedy Marak, Kennedy Cornelius Khyriem, Jhim Carter Sangma, Lenin R. Marak, Stalin L. Nangmin oder Frankenstein W. Momin.

Diese kuriose Wahl der Vornamen, vor allem nach Politikern, hat in dieser Gegend Indiens eine lange Tradition. »Ich glaube nicht, dass es einen speziellen Grund für diese lustigen Namen gibt. Aber diese Praxis gibt es hier schon seit Langem«, sagt Joshua Thomas dazu, der Regionaldirektor des »Indian Council of Social Science Research« in Shillong, der Hauptstadt von Meghalaya. Seine Frau, sagt Thomas, sei Ärztin, und sie hatte jüngst ein Elternpaar bei sich, das seine Tochter Anasthesia nannte, weil eine Betäubung (Anästhesie) während der Geburt nötig war.[16]

Generell seien die Bewohner des hübschen Bergstaates Meghalaya, zumeist Christen der Völker der Khasis, Jaintias und Garos,

16 Vgl. »Hitler and Frankenstein contest India vote«, von Subir Bhaumik, www.aljazeera.com vom 17. Februar 2013

sehr gelassene und fröhliche Menschen. Man lache sehr viel dort oben, auch übereinander, weil man glaubt, dass Lachen gesund sei und den Menschen ein langes Leben garantiere. Es gibt auch »Lachklubs« an fast jeder Ecke. Und diese Mentalität drücke sich eben auch bei der Wahl der Vornamen für die Kinder aus. Auch da nähme man das Leben nicht allzu ernst. Und deshalb hier, zur Steigerung der Laune, noch ein paar Namen aus Meghalaya, allesamt aus der offiziellen Kandidatenliste zur Wahl 2013: Wonderlyne Lapang, Founder and Sounder Cajee (zwei Brüder), Adamkid Sangma, Billykid Sangma, Bomber Singh Hyniewta, Romeo Phira Rani, Hopingstone Lyngdoh, Field Marshal Mawphniang, Moonlight Pariat and Finelynes Bareh.

Italien

Auch in Italien wurde ein Gericht in Rom tätig und untersagte den Vornamen Venerdi. Das heißt »Freitag«, was als Vorname zwar ungewöhnlich, aber weltweit gesehen und im Kontext all der in diesem Buch aufgeführten Absonderlichkeiten gar nicht so ungewöhnlich ist. Zumal selbst in Italien zuvor der Vorname Mercoledi, also »Mittwoch«, bereits genehmigt worden war. Die italienischen Richter sahen jedoch eine starke Verbindung zum »Freitag« aus »Robinson Crusoe«, der ein Sinnbild für Unterwürfigkeit sei.

Katar

Dass der Fußball-Weltverband FIFA die Fußball-WM 2022 dem arabischen Emirat Katar überlässt, verstört die Fans nachhaltig. In Katar selbst ist man reichlich dankbar, was sich an den Eltern zeigte, die ihren Sohn Fifa nennen wollten. Daraufhin meldete sich sogar der Papst. Der heilige Vater appellierte an die Eltern in aller Welt und forderte sie auf, die Vornamen für die Neugeborenen doch lieber in der Bibel zu suchen.

DER LÄNGSTE VORNAME

Der laut Guinnessbuch längste bekannte Vorname wurde angeblich 1904 im Hamburg-Bergedorf eingetragen und lautete so:

»Adolph Blaine Charles David Earl Frederick Gerald Hubert Irvin John Kenneth Lloyd Martin Nero Oliver Paul Quincy Randolph Sherman Thomas Uncas Victor William Xerxes Yancy Zeus Wolfeschlegelsteinhausenbergerdorffwelchevoralternwarengewissenhaftschaferswess enschafewarenwohlgepflegeundsorgfaltigkeitbeschutzenvorangre ifendurchihrraubgierigfeindewelchevoralternzwolfhunderttausendjahresvorandieerscheinenvondererersteerdemenschderraumschiffgenachtmittungsteinundsiebeniridiumelektrischmotorsgebrauchlichtalsseinursprungvonkraftgestartseinlangefahrthinzwischensternartigraumaufdersuchennachbarschaftdersternwelchegehabtbewohnbarplanetenkreisedrehensichundwohinderneuerassevonverstandigmenschlichkeitkonntefortpflanzenundsicherfreuenanlebenslanglichfreudeundruhemitnichteinfurchtvorangreifenvorandererintelligentgeschopfsvonhinzwischensternartigraum.« Die Familie des Trägers dieses Namens-Ungetüms wanderte schon wenige Jahre nach seiner Geburt am 29. Februar 1904 nach Philadelphia aus, und Hubert, wie er sich nannte, verstarb dort auch Anfang der 1990er-Jahre. Seinen Namen hatte er jedoch stark vereinfacht: Er nannte sich »Mr. Wolfe+585«.

Der Vornamen beginnt mit 26 »normalen« Namen, die aber der Reihe nach mit allen Buchstaben des Alphabets beginnen – von A wie Adolph bis Z wie Zeus. Dann folgt dieser Buchstaben-Bandwurm, an dessen Bedeutung schon allerlei herumgerätselt wurde.

Kolumbien

Kuriose Vornamen bringt man oft mit mangelnder Bildung in Verbindung. In Kolumbien fand ich das Gegenteil. Dort gibt es einen Anwalt mit dem Namen John Fitzgerald Kennedy Pinzón Vélez. Sein Vater war ein Verehrer des damaligen amerikanischen Präsidenten und benannte den Sohn 1963 nach ihm. Am Anfang hatte der junge Mann noch Probleme mit der Schreibweise seines Namens. Er vergaß immer das »z«. Ein Lehrer verlangte die Geburtsurkunde, weil er glaubte, der Junge mache sich über ihn lustig. Als er seine ersten Visitenkarten als Anwalt mit dem Namen John Pinzón Vélez ausstellen ließ, war sein Vater sehr verärgert. Deshalb änderte er diese in John F. Kennedy Pinzón. Der einzige Nachteil, den der Anwalt mit diesen Namen hatte: Er bekam kein Visum für die Vereinigten Staaten.

Eine angesehene Familie in Kolumbien nannte ihre Kinder in Verehrung der historischen Persönlichkeiten Beethoven, Darwin, Sócrates, Galileo, Lincoln, Benhur und Tirza. Die Kinder haben studiert und sind heute angesehene Wissenschaftler. Sie sagen, sie hätten mehr Vorteile mit ihren Namen. Die Eltern heißen übrigens Jesús und Dioselina. In der Hauptstadt Bogotá gibt es einen Tierschützer mit Namen Batman Roberto Camargo. Sein Bruder heißt übrigens Pink Floyd Flash Roberto Camargo. Beide sind Geschäftsleute, und sie sagen, dass ihnen ihre Namen viele Türen geöffnet hätten. Ebenfalls in Kolumbien nachgewiesen ist der Name Jesucristo Hitler Paracelso Zeppelin Montoya Gonzalez.

Kuba

Interessant waren die Namen der kubanischen Studenten, mit denen wir zusammenarbeiteten. Die waren zwar nicht ganz so exotisch, aber in den 1980er-Jahren in der DDR auch noch nicht so bekannt: Jorge, Luis, Gloria, Dolores oder Orlando. Aber auch in diesen Ländern bemerkt man seit den 1980er-Jahren den englischen Einfluss mit Namen wie William, Joel, Percy oder Arleen. Eine kubanische Kommilitonin von mir nannte ihre Tochter Berdichev (nach einer russischen Stadt) und den Sohn Yenisey (ein Fluss in Russland).

In Kuba wurden in dieser Zeit auch viele russische Vornamen populär, wie zum Beispiel Katiuska, Olga, Katia, Natasha und Boris.

Ebenfalls in der Karibik (und insbesondere in Kuba) kamen in den 1970er- und vor allem in den 1980er-Jahren ganz neue Namen auf. Man spricht von der »Vornamen-Generation Y«, da Vornamen wie Yuleisy, Yudivian, Yurisander, Yudmila, Yakelin oder Yoel neu gebildet oder anders geschrieben wurden, eben mit »Y«.

Auch Namen und Namenteile der Eltern werden zu neuen Vornamen kombiniert. Ich habe Familien kennengelernt, die das auf kuriose Art praktiziert haben. So nannten die Eltern Mari und Eddy ihre Töchter Marieddy und Eddymari, Deisy und Daniel ihre Tochter Daneisy. Oder der Name eines Elternteils wird einfach von hinten gelesen: Reinaldo wird zu Odlainer, Nelson zu Noslenis und Zenaida zu Adianez. Auch fremdsprachige Wörter werden gern kombiniert: Das Mädchen Dayesi verdankt ihren Namen dem russischen und englischen Wort für »Ja« (»da« und »yes«). Bei der kleinen Yesdasí kam noch die spanische Variante dazu (»sí«).

Der US-amerikanische Einfluss zeigt sich in vielen lateinamerikanischen Ländern auf kuriose Weise. Gibt es doch auch Vornamen wie Bisté (das umgangssprachliche Wort in Kuba für Beefsteak) oder Dansisy (aus »dance easy«).

Weitere Eintragungen in Kuba: Usmail, Última (»die Letzte«), Telésforo, Damisela, Neisy, Oxígeno (»Sauerstoff«, weil dieser der Mutter und ihrem Kind während der Geburt das Leben rettete), Marienglis und Marilenis (in Anlehnung an Marx, Engels und Lenin), Closet, Dislan, Pedrisnailis, Ollantay, Wedayessi oder Daylen.

In der Namenberatung erhalte ich ab und zu auch Anfragen zu Vornamen aus Kuba und aus der Karibik. So gab es einmal deutsche Eltern, die Urlaub in der Dominikanischen Republik gemacht hatten und von dort den weiblichen Vornamen Yuleysis mitbrachten. Sie hielten ihn bis zur Geburt der Tochter geheim, aber auf dem Standesamt kannte man den Namen nicht und wollte ihn nicht eintragen. Zum Glück konnte ich da helfen. So gelangten auch die kubanischen bzw. karibischen männlichen Vornamen Yanier, Orlis, Eliades sowie die weiblichen Vornamen Yipsi, Albendis, Leyda oder Yulicia nach Deutschland.

Oft sind es natürlich auch Eltern mit kubanischem Hintergrund, die ihre Kinder entsprechend nennen. Eine kubanische Mutter wollte ihre Tochter Zujaily nennen. Sie selbst hieß Zuleidy, ihre Schwester Zuleiky und ihre Mutter Zunilda. Solche Namenreihen findet man oft in kubanischen Familien.

»USNAVY«, EIN MONDÄNER NAME

Und natürlich »Usnavy«. Usnavy ist mittlerweile in ganz Lateinamerika als weiblicher und auch männlicher Vorname verbreitet. Er kam in Hafenstädten zuerst auf, denn dort war es durchaus üblich, dass sich schwangere Frauen im Hafen inspirieren ließen, wenn sie nach einem Namen für ihr Kind suchten. Denn die Schiffe trugen doch meist sehr schöne Bezeichnungen, oft aus anderen, weit entfernten Teilen der Welt. Und in Zeiten ohne Internet wurden diese oft als exotisch und verheißungsvoll empfunden. Und als immer mehr Schiffe anlegten, die den vermeintlichen Namen »US NAVY« auf dem Rumpf stehen hatten, verbreitete sich dieser Vorname schnell.

Malaysia

Natürlich ist bei der Namensvergabe immer auch zu beachten, dass manch ein für uns wohlklingender Begriff in der Landessprache ganz anders besetzt sein kann. In Malaysia heißt Tow so viel wie »Stinkender Kopf«, weshalb er von den dortigen Behörden natürlich umgehend als Vornamen abgelehnt wurde. Auch die Anträge für Sor Chai« (»geisteskrank«), Woti (»Geschlechtsverkehr«), Ah Chwar (»Schlange«) und Khiow Khoo (»der Bucklige«) wurden natürlich abgelehnt.

Mexiko

In Mexiko sind angloamerikanische Vornamen im Kommen: So wurden 2015 und 2016 zum Beispiel Kimberly in verschiedenen Kombinationen eingetragen: Kimberly Daniela, Kimberly Guadalupe, Kimberly Naomi, Kimberly Yedith, Kimberly de Guadalupe, Kimberly Adriana, Kimberlín Alexandar, Kimberli Zamantha, Kimberli América, Kimberly Vianney, Kimberly, Kimberly Yamileth, Kimberly Liliana, Kinberly Chantal und Kimberly Nicole. Unter den männlichen Vornamen finden sich solche Vornamen wie Dylan Emiliano, Kevin Michel Gabriel, Byron Tadeo, Bryan Jesús, Jeicob Gabriel und Antuan Eduardo. Seit 1953 werden englische Vornamen in Mexiko eingetragen. Die häufigsten sind Kevin, Brayan und Britany. Eine Mutter wollte ihren Sohn Pokémon Pikachu nennen. Dies wurde abgelehnt. Ähnliche Fälle gab es mit den Namen Cristiano Ronaldo und Lionel Messi. Beckham und Zidane wurden dagegen eingetragen. Mexiko ist ein wahrer Fundus an kuriosen Namen. Eingetragen wurden unter anderem die Vornamen Leydi Diana, Máximo Vladimir (nach dem Film »Gladiador«), Michael Jordan, Bill Clinton, Robbie Williams, Bruce Willis, Varón de Dios (»Junge Gottes«), Marcial Ita (»kriegerische Ita«), Ricky Martin, Aceituno, Diamantina, Marciana (»Marsmädchen«), Olvido (»Vergesslichkeit«), Regla (»Regel«), Al Power, Barney Francfort, Winston Churchil, Anal Rafael, Chinchin De, Virus Margarita, Elton John, Bruce Lee Antonio, Toshiba Fidelina, Parasito, Chicle (»Kaugummi«), Kaisser Azrael, Izcalichpochtzintli, loe Chanel oder Mazda Al Tagracia.

Neuseeland

In Neuseeland haben die Behörden bei der Zulassung von Vornamen das letzte Wort. Und auch hier verfügt man über Listen, die am Verstand und an der Sorgfaltspflicht mancher Eltern erheblich zweifeln lassen. So mussten Sex Fruit, Yeah Detroit und Kennan got Lucy untersagt werden. Auch für »Stallion« gab es keine Zulassung, hat das englische Wort für »Hengst« bzw. »Zuchthengst« doch eine eklatante pornografische Konnotation. Auch das Elternpaar, das sein Kind »4real« nennen wollte (von »for real«, was so viel wie »in echt« oder »tatsächlich« bedeutet), musste sich etwas anderes überlegen. Auch wenn das ihr erster Gedanke beim Blick auf den Wonneproppen gewesen sein mag.

Genehmigt wurde dagegen Benson und Hedges für Zwillinge, Midnight Chardonnay, Violence (heißt »Gewalt«) und Number 16 Bus Shelter (»Bushaltestelle 16«). Allesamt absurde Namen, bei denen sich der Verdacht aufdrängt, die Umstände, Genussmittel und Orte der Zeugung könnten eine Rolle gespielt haben. Warum sie aber zugelassen wurden, bleibt das Geheimnis der neuseeländischen Behörden.

Neuseeland II

Wozu so ein Name führen kann, zeigt der Fall der kleinen »Talula Does The Hula From Hawaii« (was so viel heißt wie »Talula tanzt den Hula aus Hawaii«). Auch dieser Name wurde in dem Staat am Ende der Welt genehmigt. Als das Mädchen allerdings neun Jahre alt geworden war, zog es vor Gericht. Jahrelang hatte es sich für ihren Namen geschämt, sich selbst nur »K« genannt, aus Angst, gehänselt und verspottet zu werden. Der Richter hatte vollstes Verständnis. Und urteilte extrem hart: Den Eltern wurde das Sorgerecht entzogen, und das Kind durfte sich selbst einen neuen Namen aussuchen. »Das Gericht ist bestürzt über das mangelhafte Urteilsvermögen der Eltern bei der Namengebung«, sagte Richter Rob Murfitt in seiner Urteilsbegründung. »Dieser Name hat einen Narren aus dem Kind gemacht und ihr ganz unnötig ein soziales Handicap beschert.«[17]

---

17 Vgl. »Talula does the Hula From Hawaii klagt gegen ihren Vornamen«, Spiegel Online, 24. Juli 2008

Niederlande

Im Jahr 2000 bekamen in den Niederlanden viele Mädchen die Vornamen Millenia oder Milleni und Jungen die Namen Millenio oder Millenyen. Ich erhielt schon 1999 eine Anfrage zu Millenia und 2000 eine Anfrage zu Milenia.

Schweden

Er ist ein klassisches One-Hit-Wonder, denn seinem Chart-Erfolg »Save Tonight« im Jahr 1997 folgte nicht mehr sonderlich viel: Eagle-Eye Cherry hieß der Sänger. Natürlich dachten damals viele (und tun es heute noch), dass das von vorn bis hinten ein leicht ins alberne lappender Künstlername ist. Irgendwas zwischen »50 Cent« und »H.P. Baxxter«. Heißt es doch übersetzt so viel wie »Adlerauge Kirsche«. Was wenige wissen: Der Mann, der 1968 in Stockholm geboren wurde, heißt tatsächlich Eagle-Eye Lanoo Cherry. Sein Vater ist der Jazzmusiker Don Cherry, was schon mal die »Kirsche« erklärt. Und der gab ihm (gemeinsam mit der Kindsmutter Monika Karlsson) diesen poetischen Namen. Weil er fand, die Augen seines Sohnes sehen aus wie die eines Adlers. Übrigens habe ich den Namen Eagle-Eye im Jahr 1998 als männlichen Vornamen abgelehnt.

Auch schwedische Ämter sind Kummer gewohnt, mussten sie sich doch bereits mit den Vornamen Google, Lego, Q, Ikea, Metallica und Veranda auseinandersetzen. 1982 war dort ein Namengesetz eingeführt worden, vorher waren schwedische Eltern ziemlich frei in ihrer Namenswahl.

1991 bekamen nun Elisabeth Hallin und Lasse Diding einen Sohn und weigerten sich aus Protest gegen dieses für sie freiheitsraubende Gesetz, dem Sohn einen Namen zu geben. Im Jahr 1996, also fünf Jahre später, wurden sie schließlich mit Verhängung einer Geldbuße dazu verdonnert, dem Sohn endlich einen Namen zu geben. Sie entschieden sich für: »Brfxxccxxmnpcccclllmmnprxvclmnckssqlbb11116«. Ausgesprochen werden sollte der Name etwas einfacher: Albin. Kaum überraschend war, dass die Behörden diesen Namen respektive die von den Eltern erdachte Schreibweise so nicht akzeptierten. Genauso wenig wie Elisabeth Hallins Alternativvorschlag »A«. Der Junge heißt nun auch offiziell Albin. Er wird darüber nicht unglücklich sein.

SKURRILES WELTWEIT

Im Jahr 2005 startete »Spiegel Online« eine große Umfrage unter seinen Lesern und bat darum, wunderliche Namen einzusenden, die ihnen überall auf der Welt begegnet waren. Das ist natürlich unter wissenschaftlichen Gesichtspunkten mit äußerster Vorsicht zu behandeln, schließlich hätte hier jeder auch frei etwas erfinden können. Aber als nette Randnotiz seien hier einige Geschichten nacherzählt. Ein Leser zum Beispiel berichtete von Freunden aus Atlanta/Georgia, deren Nachbarsjunge auf den gewöhnungsbedürftigen Vornamen »abcd« hörte. Ausgesprochen werde das in etwa »Äbcede«. Ein anderer erzählte davon, dass er in Ecuador einen Zahnarzt gehabt habe, der mit Vornamen Lenin hieß, einen Kollegen namens Stalin hatte und einen Hausangestellten, der sich Hitler rufen ließ. Ebenfalls in dem Artikel genannt sind die Lesereinsendungen Donnertrud, Gurke und Lennox Tattanka-Tattonka.[18]

Schweiz

Für Eltern, die ganz neue Wege abseits aller Bücher, Listen und Verzeichnisse gehen wollen, bietet der Schweizer Marc Hauser mit seiner Agentur »erfolgswelle« einen ganz besonderen Service an: Er erfindet einen völlig neuen Namen für das Kind. Das Verfahren ist aufwendig,

18 Vgl. »Wenn Cinderella mit Messias spielt«, Spiegel Online vom 20. Dezember 2005

und eigentlich ist sein Hauptjob, neue Namen für Konsumprodukte zu kreieren. Hauser erschuf schon Namen für Longines, kraft foods oder das Schweizer Fernsehen. Als eines Tages ein Kunde, der so einen Produktnamen in Auftrag gegeben hatte, von einem Streit mit seiner Frau über den Namen des Babys erzählte und im Spaß zu Hauser sagte, er solle das doch übernehmen, da war die Geschäftsidee geboren. »An der Namensfindung sind bis zu 20 freie Mitarbeiter beteiligt. Wir arbeiten eng mit den Eltern zusammen und besuchen sie auch zu Hause. Manche möchten zum Beispiel, dass der Name Bezug auf die Wurzeln der Familie nimmt, andere wollen das auf keinen Fall. Der Kulturkreis und die Werte der Eltern sind wichtig, genauso wie Phonetik, Rhythmus und Takt«, erzählte Hauser in einem Interview mit Spiegel Online[19]. Der Kundenkreis für Hausers Dienstleistung dürfte jedoch eher sehr exklusiv sein, kostet ein Kinder-Vorname doch rund 28.000 Schweizer Franken. Wie so ein Name aussieht und wer ihn bestellt, das verschweigt er natürlich. Denn die Kunden würden niemals wollen, dass bekannt wird, wie der Name des Kindes entstanden ist. Deshalb liefert Hauser gegen Aufpreis auch eine (frei erfundene) Mythologie des Namens mit.

Singapur

Hier wurden die Namen Batman bin (arabisch »Sohn«) Superman 1990 als männliche Vornamen eingetragen. Ich hatte schon eine Anfrage zum Namen Superman, den ich aber abgelehnt habe.

Ukraine

Auch Ukrainer mögen das iPhone. Der 20 Jahre alte Olexander Turin wollte in Herbst 2016 auch eines haben, genau genommen ein iPhone 7. Da kam es ihm sehr gelegen, dass ein großer Elektronikmarkt in

19 Vgl. »Schweizer erfindet Baby-Name für 28.000 Franken«, Spiegel Online vom 9. Mai 2016

der Hauptstadt Kiew fünf davon verschenken wollte: an Kunden, die ihren Namen in »iPhone Sieben« (auf ukrainisch: »Ajfon Sim«) ändern lassen. Olexander Turin, respektive Ajfon Sim, tat das gern. Auch weil eine Namensänderung in der Ukraine vergleichsweise leicht und günstig ist: Sie kostet nur etwa zwei Euro. Das begehrte Mobiltelefon dagegen etwa 780 Euro. Diese Rechnung machten auch vier weitere Kunden: drei ältere Herren und eine Frau.[20]

»EREIGNISREICHE« NAMEN

In Albanien erhielt ein Junge den Namen Eklips. Er wurde am Tag einer Sonnenfinsternis geboren. Solche Ereignisnamen kommen auch in Deutschland vor. Nach dem schlimmen Hochwasser 2002 wurden viele Mädchen Unda, Undina oder Undine genannt, nach dem lateinischen Wort »unda« für »Welle«. Auch Namen wie Ozeana oder Oceanus wurden früher oft Kindern gegeben, die während einer Seereise zur Welt kamen.

Uruguay

Eingetragen wurden hier der männliche Vorname Email und die weiblichen Vornamen Disney Landia.

USA

Nicht ganz so lustig ist die Geschichte der Kinder der Familie Campbell aus Easton im Bundesstaat New Jersey in den USA. Der Fall wurde bekannt und machte weltweit Schlagzeilen, als der Vater Heath Campbell bei einer Konditorei eine Geburtstagstorte für seinen Sohn in Auftrag

20 Vgl. »Ein Ukrainer heißt jetzt offiziell iPhone 7«, Die Welt Kompakt, 31. Oktober 2016

gegeben hatte. Der Chef der Konditorei »Greenwich ShopRite« weigerte sich jedoch, den Namen des Sohnes auf die Torte zu schreiben: Adolf Hitler Campbell hieß der damals Zweijährige. Damit nicht genug, der Chef informierte die Behörden, und eine Lokalzeitung berichtete. Dabei erfuhr die einigermaßen entsetzte Öffentlichkeit auch die Namen der beiden jüngeren Schwestern des bedauernswerten Buben: JoyceLynn Aryan Nation und Honszlynn Hinler Jeannie. Bei letzterer war wohl die Ähnlichkeit zu Heinrich Himmler, dem Holocaust-Veantwortlichen und Reichsführer-SS seitens der Eltern durchaus erwünscht. Die Aryan Nation ist eine 1970 gegründete Neonazi-Organisation.

»Man muss einen Namen doch akzeptieren«, klagte der Vater. »Ein Name ist ein Name. Das Kind wird nicht aufwachsen und tun, was Hitler getan hat.«[21] Er argumentierte, dass er deutsche Vorfahren habe und ihm dieser Name gefalle, weil er »einzigartig auf der Welt« sei. Ob das Kind tatsächlich so unbeschadet aufgewachsen wäre, ist zumindest zweifelhaft. Der Vater habe schon mehrfach versucht, bei besagter Konditorei Torten mit Hakenkreuz-Motiven zu beauftragen. Auch hat er ein Hakenkreuz-Tattoo und trug auch schon mal ein Hitler-Bärtchen. Die Geburtstagsfeier fand zwar statt, weil eine andere Konditorei weniger Skrupel hatte. Der Junge jedoch wurde den Eltern Heath und Deborah Campbell zwei Jahre später entzogen, wie auch die beiden Schwestern und später das vierte Kind mit Namen Heinrich Hons, das 2011 geboren wurde. Es gab wohl Hinweise auf häusliche Gewalt.[22]

Anders als in Deutschland ist es in den USA etwas üblicher und auch leichter möglich, seinen Vornamen zu ändern. Lloyd Bernard Free wurde am 9. Dezember 1953 in Atlanta/Georgia geboren und avancierte zu einem der erfolgreichsten Basketballprofis der weltbesten

21 Vgl. »Keine Geburtstagstorte für Adolf Hitler«, Spiegel Online, 17. Dezember 2008

22 Vgl. »Adolf Hitlers Vater will seinen Sohn sehen«, Spiegel Online, 4. Juni 2013

Liga NBA. Von 1975 bis 1988 spielte er dort unter anderem für die »Philadelphia 76ers«, die »San Diego Clippers« und die »Cleveland Cavaliers«, erzielte dabei in 886 Spielen 17.995 Punkte und wurde 1980 ins All-Star-Team berufen – eine hervorragende Karriere-Bilanz. Richtig berühmt wurde er aber, weil er im Dezember 1981, einen Tag vor seinem 28. Geburtstag, seinen Vornamen änderte. Aus Lloyd wurde World, den zweiten Namen kürzte er mit »B.« ab, sodass er fortan offiziell »World B. Free« hieß. Was »world be free« gesprochen wird und so viel heißt wie »die Welt sei frei«. Aber das unleugbare politische Statement war für Free zweitrangig. Vielmehr sei er von seinen Kumpels schon in der Jugendzeit »World« genannt worden.

Auch dieser Name brachte wenig Erfreuliches mit sich: Denn »Marijuana Pepsi Jackson« aus dem Städtchen Beloit in Wisconsin/USA machten ihre Vornamen natürlich seit früher Kindheit Probleme und sorgten für Belustigung. Marijuana Pepsi wurde 1972 geboren, ihre Mutter Maggie suchte den Namen aus. Der Vater hatte keine Chance, dagegen zu argumentieren. Der Name sei ein Auswuchs der Post-Woodstock-Ära erfuhr das Mädchen irgendwann von seiner Tante. Wobei ihre ältere Schwester Kimberly und die jüngere Robin getauft wurde, völlig handelsübliche Vornamen also.

Was genau die Mutter sich dachte, bleibt wohl ihr Geheimnis. In der Schule wurde Marijuana natürlich gehänselt, kaum ein Lehrer begriff, dass sie wirklich so hieß. Daran änderte sich später im Leben wenig. Wann immer sie ihren Namen nennen oder buchstabieren musste, kamen ähnlich belustigte, entsetzte oder erstaunte Reaktionen. In der Highschool allerdings war der Name dann auch irgendwie cool. Zumindest bei den Mitschülern. Ohnehin lernte sie ihren Namen ob seiner Einzigartigkeit schon bald auch zu schätzen. Denn niemand, der so heißt, geht unter, er sticht immer heraus. Und dient auch als Symbol für den Kampf gegen Hindernisse auf dem Weg zum Erfolg. Marijuana möchte Vorbild sein für Kinder, die es schwer haben im Leben – durch welche Umstände auch immer. Heute ist sie Lehrerin, und ein Schild vor ihrem Büro zeigt, dass sie die Sache mit viel Humor nimmt. »Please have a seat here if you are waiting for: MARIJUANA« steht dort. Drogen habe sie übrigens nie genommen, sagte sie im Jahr 2009 der Zeitung »Milwaukee Journal-Sentinel«[23]. Orangenlimonade sei ihr wesentlich lieber.

Der Name der Hawaiianerin »Kawena ulaokalaniahi iakaikapoliopelekawahine aihonuain leilehuaapele« wäre genau um einen Buchstaben zu lang für amerikanische Führerscheine, Pässe und sonstige Identifikationskarten. Aber wohl nicht nur deshalb hat sie ihn geändert in Mary Kawena Pukui.

DAS WUNDER DES LEBENS

Tsambiko und Tsambika sind griechische Vornamen, die heute auch in Deutschland vergeben werden. Sie gehen ursprünglich auf den gleichnamigen griechischen Wallfahrtsort mit dem Kloster »Moní Tsambíkas« auf der Insel Rhodos zurück. Das ist ein Pilgerort für Frauen, die sich Kinder wünschen, aber bisher keine bekamen. Wurde nach einer solchen Pilgerreise diesen Frauen ein Kind geboren, bekam es in der Regel den Namen Tsambika oder Tsambiko.

Auch deutsche Eltern pilgerten zu diesem Ort und benannten die Kinder, die sie nach der Reise bekamen, danach. Viele kennen diese Geschichte gar nicht, finden aber die Namen schön. Eltern, die den Wunsch nach einem Kind schon aufgegeben hatten und dann doch noch Nachwuchs bekommen haben, wollten dies auch im Namen ausdrücken. So wurde letztes Jahr ein Junge Marvel (englisch für »Wunder«) getauft.

23 Vgl. »A woman named Marijuana plays it straight – and wins«, Milwaukee Journal-Sentinel vom 7. März 2009

Das Wunder des Lebens wird schon seit Jahrhunderten und in vielen Kulturen bewusst im Namen zum Ausdruck gebracht, in Namen wie Miracle, Maravilla, Mirabelle oder auch schlicht Wonder.

Auch wenn sich im Lauf der Monate und nach vielen schlaflosen Nächte diese Meinung mitunter leicht verändert, so werden viele Kinder bei ihrer Geburt als Geschenk Gottes betrachtet – und entsprechend genannt. So ist Theodor wie auch die weibliche Variante Dorothea nichts anderes als das griechische Wort für Gottesgeschenk oder Gottesgabe. Der immer noch recht populäre Matthias«bedeutet das Gleiche im Hebräischen.

Manchmal wird auch einfach nur das Neugeborene begrüßt: »Benvenuto« heißt auf Italienisch einfach nur »Herzlich willkommen«.

INDIANERNAMEN

Sich von Winnetou die Zähne begradigen zu lassen, diese Vorstellung mag auch manchem Western-Fan eher seltsam vorkommen. In Berlin aber ist es absolut gängig, sich beim Kieferorthopäden Winnetou Kampmann einen Termin zu besorgen, zählt er doch zu den absoluten Könnern seines Fachs.

Und seinen Namen trägt er mit einigem Stolz. Denn der Kieferorthopäde ist nicht der Erste mit diesem Namen. Schon sein Vater hieß genauso: Winnetou Kampmann. Und der war fast noch berühmter als sein Sohn. Er wurde 1927 als Sohn einer Künstlerfamilie in Berlin geboren. Die Mutter war Karl-May-Fan, und als sie während der Schwangerschaft nach einem geeigneten Namen suchte, da fragte sie auch den älteren Bruder des Ungeborenen – und der schlug den Namen des fiktiven Apachen-Häuptlings aus den Romanen vor. Der war zwar auch damals schon sehr populär, sollte aber erst viel später durch die Verfilmungen in den 1960er-Jahren mit Pierre Brice so allbekannt werden.

Winnetou Kampmann senior wurde Architekt und prägte das Nachkriegs-Berlin nachhaltig. Er war an der Errichtung des Martin-Gropius-Baus in Kreuzberg, des Bröhan-Museums in Charlottenburg, des Hamburger Bahnhofs an der Invalidenstraße und der Philharmonie beteiligt.

Die indianische Kultur und Geschichte fasziniert viele Menschen. Deshalb möchten einige Eltern ihrem Kind einen Namen bekannter historischer Persönlichkeiten mitgeben. Diese Eltern sind ein Beispiel dafür, dass ich Menschen manchmal persönlich kennenlernen muss, um ein Namengutachten zu erstellen und eine Einschätzung abzugeben. Wenn nämlich das Äußere, die Erscheinung und das Umfeld, in das das Kind hineinwachsen wird, durch und durch zum Namen passen, kann man schon mal ein positives Gutachten ausstellen, wo es andernfalls negativ ausgefallen wäre.

Ich hatte vor einigen Jahren den Fall einer Leipziger Familie, die kamen in Indianerkostümen in mein Büro. Die lebten ein regelrechtes Indianerleben, waren in einem entsprechenden Verein, bauten sich in ihrer Freizeit Tipis, saßen am Lagerfeuer, kleideten sich stilecht, und der Vater hatte sogar die Sprache der Cheyenne gelernt. Diese Eltern wollten ihrem Sohn nun den Erstnamen Lloyd und Zweitnamen Monewata geben. Ein Name aus dem Volk der Cheyenne, der so viel heißt wie »Kleiner Vogel, der fliegt«. Nun könnte man das ablehnen und sagen, so ein Name ginge gar nicht. Das Kind wird nun aber zumindest in den ersten Lebensjahren in einem Umfeld aufwachsen, wo dieser Name absolut nichts Seltsames ausstrahlt. Ganz im Gegenteil: Es ist anzunehmen, dass das Kind für den Namen sogar gelobt und anerkannt wird und viel Freundlichkeit erfährt. Als Jugendlicher oder Erwachsener kann er sich dann ja immer noch davon distanzieren, da er ja noch einen anderen Namen tragen wird. In so einem Fall kann man auch sehr ungewöhnliche Namen positiv begutachten. Ich muss da also jeden Fall einzeln betrachten, analysieren und bewerten. Nach festen Regeln vorgehen, führt einen nicht weiter.

ALTERNATIVEN BITTE!

Mein erster überregional bekannt gewordener Fall hatte 1995 auch einen indianischen Namen als Anlass. Damals sorgte ein Elternpaar für Wirbel, das seinen Sohn »Crazy Horse« nennen wollte. Das wurde abgelehnt. Da es sich hier um einen ausländischen Vornamen handelt, gilt der Grundsatz, dass Bezeichnungen aus fremden Kultur- und Sprachbereichen nur zulässig sind, wenn sie im Herkunftsland als Vornamen gebräuchlich sind. In England ist Crazy Horse aber nur als Pferdename belegt. Und die grundsätzliche Zulassung ausländischer Vornamen steht unter dem Vorbehalt, dass diese den allgemeinen rechtlichen Grundsätzen der Namengebung genügen. Sie dürfen also in der deutschen Umwelt nicht lächerlich wirken. Außerdem gibt es bei ausländischen Namen oft Schwierigkeiten im Hinblick auf die Geschlechtseindeutigkeit, so auch bei Crazy Horse. Zudem ist Crazy Horse einerseits durch seine äußere Form in Deutschland und überhaupt in Europa untypisch für einen Vornamen, da er sich aus Adjektiv und Substantiv zusammensetzt. Andererseits auch durch seine Bedeutung, die bei Unkenntnis des geschichtlichen Vorbilds ungewöhnlich und sogar lächerlich wirkt. Es handelt sich zudem um eine Übersetzung des Lakota-Originalnamens Tashunka Witko, was so viel bedeutet wie »Sein Pferd ist verrückt« oder »Verrücktes, besessenes, tollkühnes Pferd«. Nach einem Gespräch mit den Eltern und Ablehnung des Namens haben sich diese für Tashunka Witko entschieden.

Ein anderer indianischer Name, der in den letzten Jahren sehr populär wurde, ist Cheyenne. Er geht ursprünglich auf einen indianischen Stammes- und Ortsnamen in Wyoming zurück. In den 1970er-Jahren wurde der Name Cheyenne als weiblicher Vorname im anglo- sowie afroamerikanischen Sprachraum populär. Über die Medien (unter anderem, weil auch die Tochter des Schauspielers Marlon Brando so hieß) gelangte der Name nach Deutschland und wurde erstmals 1990 in Pforzheim als weiblicher Vorname eingetragen. 1995 entschied das Amtsgericht München, dass Cheyenne ein eintragungsfähiger weiblicher Vorname sei.

Auch Tecumseh wird seit 1990 in Deutschland als männlicher Vorname eingetragen. Dabei handelt es sich um den Namen eines Häuptlings der Shawnee-Indianer. Er lässt sich auf den ursprünglichen Shawnee-Namen Tikanti zurückführen, was so viel heißt wie »Schlafender Stern«. Allerdings gibt es auch die Übersetzungen »Der zum Sprung sich duckende Puma«, »Der sich niederduckende Berglöwe« und »Ich überquere den Weg«. Poetisch aber ist der Name allemal.

Vor einigen Jahren lernte ich eine Familie kennen, in der die drei Söhne folgende Namen trugen: Tim Tekamthi Osceola, Paul Geronimo Tecumseh und Otto Tikanti Sequoya. Der jeweils gängige deutsche Erstname war der Rufname, weshalb es mit den beiden folgenden Namen auch keine Schwierigkeiten bei der Genehmigung gab. Auch sie sind indianischen Ursprungs: Tekamthi und Tikanti sind abgewandelte Schreibweisen des Namens Tecumseh. Sequoya lässt sich in verschiedensten Schreibformen als ein männlicher und weiblicher Vorname nachweisen. Bekannt wurde dieser Name durch den Cherokee-Indianer Sequoyah, der die Cherokee-Schrift entwickelte und nach dem der Mammutbaum und der Nationalpark in Kalifornien benannt wurden. In Deutschland wurde Sequoyo als männlicher und Sequoya als weiblicher und männlicher Vorname eingetragen. Osceola war ein Häuptling der Seminolen. Es gibt mehrere Orte mit Namen Osceola in den USA.

Auch Dakota und Lakota werden als männliche und weibliche Vornamen seit den 1990er-Jahren in Deutschland genehmigt. Sie gehen auf Stammesnamen zurück. Aber ein wesentliches Vorbild für Eltern, die diesen Namen wählen, ist die US-Schauspielerin Dakota Fanning.

Auch Sioux ist ein weiblicher und männlicher Vorname, der auf einen ursprünglich indianischen Stammes- sowie Sprachfamiliennamen zurückgeht. Der Name ist eine Kurzform von Nadouessioux, einer französischen Form des Algonkin-Namens Natowessiw oder Natowessiwak. Das bedeutet »Kleine Schlangen«. Ausgesprochen wird der Name wie »Su« und tauchte zuerst im englischen Sprachraum, dann auch in Deutschland als weiblicher Vorname auf.

Ein weiterer in Deutschland sehr bekannter Name indianischen Ursprungs ist Pocahontas aus der Sprache der Algonkin-Indianer. Übersetzen könnte man ihn mit »die Verspielte« oder »die, die alles durcheinanderbringt« – was vielen Eltern beim Gedanken an ihr Kind sicherlich gefallen dürfte. Die historische Figur Pocahontas wurde 1595 geboren und wurde bekannt als Vermittlerin zwischen den weißen Einwanderern und dem Stamm der Virginia-Algonkin, dem sie angehörte. Aber richtig berühmt wurde ihr Schicksal und ihr Name erst durch den Disney-Film aus dem Jahr 1995.

Die Schauspielerin Winona Ryder wiederum machte den Namen Winona bekannt, der von den Sioux stammt und so viel heißt wie »Erstgeborene Tochter«. Der Name des Inkaführers Túpac Amaru (»Große, edle Schlange«) wurde in Deutschland durch den afroamerikanischen Rapper Tupac Amaru Shakur als männlicher Vorname populär. Dessen Mutter, Afeni Shakur, benannte ihn nach dem Inkaführer.

EIN BEISPIEL AUS DEM AUSLAND: RUSSISCHE VORNAMEN

Noch bevor ich berufsmäßig mit Personennamen zu tun hatte, wurde ich während meines fünfjährigen Studiums in der ehemaligen Sowjetunion mit russischen Namen konfrontiert. Im slawischen Sprachraum ist es üblich, Menschen mit ihren Vor- und Vatersnamen und nicht mit dem Familiennamen anzusprechen. Einen Vatersnamen gibt es im Deutschen nicht. Aber ich konnte diesen bilden. Mein Vater hieß Rolf. Entsprechend konnte ich offiziell mit »Gabriela Rolfovna« angesprochen werden. In der Regel wurde ich aber Gabi, Gab oder Gabriela gerufen.

Der Vatersname rückt also in den Status eines Rufnamens. Häufig verwendet man auch ihn als Rufnamen, sodass mittlerweile im englischen und auch deutschen Sprachraum ursprüngliche Vatersnamen als eigenständige Vornamen eingetragen werden.

Rein russische weibliche Vornamen enden immer auf »-a«. Es sei denn, sie wurden aus anderen Sprachen entlehnt (also moderne, nicht-russische Namen), wie zum Beispiel Joy, die auf russisch dann zur »Dschoj« oder »Dschoja« wird. Aber in der Regel werden auch diese Namen mit der russischen weiblichen Endung »-a« versehen. So wird Jeannette im Russischen zu »Dschannetta«. Auch die weiblichen

Formen der Vaters- und Familiennamen haben im Russischen immer eine Endung auf »a«, wie zum Beispiel »Dschanetta Borisowna (Tochter des Boris) Iwanowa«.

NAMEN OHNE ENDE

Die männlichen russischen Namen sind in der Regel endungslos. Nur die familiären Kurz- und Koseformen wie etwa Sascha (von Alexander) können auch eine Endung auf »-a« haben. Diese sind aber nicht offiziell und werden auch nicht eingetragen, in Deutschland aber schon. Sascha kann übrigens auch eine Koseform zu Alexandra sein.

Recht bekannt ist der männliche Vorname Nikita. Nicht zuletzt durch den ehemaligen Generalsekretär der Kommunistischen Partei der Sowjetunion, Nikita Sergejewitsch Chruschtschow. Der Name geht auf das griechische Wort »niketas« (was so viel heißt wie »Sieger«) zurück. Es ist einer der wenigen männlichen Vornamen in Russland, die auf »-a« enden. Im angloamerikanischen Sprachraum wurde der Name wegen der Endung als rein weiblich übernommen, wohl auch in Anlehnung an die weiblichen Vornamen Nika und Nike, die auf die griechische Siegesgöttin zurückgehen. Daneben hatte im angloamerikanischen Sprachraum auch der Hindu-Name Nikhita, der mit »ausgezeichnet, vorzüglich; scharfsinnig, gescheit, aufgeweckt« übersetzt werden kann, Einfluss auf die Verbreitung.

Beliebte Vornamen für die Kinder von Spätaussiedlern aus Russland sind neben Nikita vor allem Ruslan und Ruslana, die Entlehnungen aus dem Tatarischen sind und sich an den ursprünglich turksprachigen Namen Arslan, was in etwa »Löwe« oder auch »Held« bedeutet, anlehnen. In Russland kommt der Name in zahlreichen Volksmärchen vor.

Auch Artjom wird häufig bei mir angefragt. Meist geht es um die korrekte Schreibweise des Namens. In Deutschland wird er heute in diversen Varianten eingetragen (unter anderem Artiom, Artöm oder Artom), wobei ich die Form Artjom als die Beste erachte. Der Name geht auf Artemij und damit auf den lateinischen Namen Artemius zurück. Dieser lässt sich wiederum auf das griechische »artemēs« zurückführen, was »frisch« oder »gesund« bedeutet.

Bei einer Anfrage im Jahr 2009 zum männlichen Vornamen Spartak musste ich zuerst an den Sportverein »Spartak Moskau« denken. Dabei ist es auch ein ost- und südslawischer männlicher Vorname, der auf den griechischen Namen Spártakos zurückgeht. Durch »Spartakus«, den thrakischen Führer im dritten römischen Sklavenkrieg, wurde dieser Name bekannt. Auch in Deutschland wird dieser Name noch heute eingetragen. Im romanischen Sprachraum ist er in der lateinischen Form (»Spartacus«) und in Italien auch in der Form Spàrtaco gebräuchlich. Heute gibt es in Italien mindestens 7500 Männer, die Spàrtaco und mindestens 75 Frauen, die Spàrtaca heißen.

Der männliche Vorname Wanja ist eine Kurzform von Iwan. Aber immer wieder wird er als weiblicher Vorname gewünscht. Mittlerweile wird der Name deshalb in verschiedenen Schreibweisen in Deutschland sowohl als männlich wie auch als weiblich eingetragen. Es ließ sich zudem auch der ostafrikanische weiblicher Name Vanya nachweisen, der auf ein Kikuyu-Wort aus Kenia zurückgeht, das »Mädchen« bedeutet. Ähnlich verhält es sich mit den russischen männlichen Vornamen Kolja (der eine Kurzform von Nikolaj ist), Serjoscha (Kurzform von Sergej), Mitja (Kurzform von Dimitrij) sowie Ilja (russische Form des biblischen Namens Elias), die in Deutschland auch schon als weibliche Vornamen eingetragen wurden.

Ursprünglich waren im slawischen Sprachraum zweigliedrige Namen mit griechischen und altslawischen Elementen gebräuchlich.

Wie zum Beispiel Wladimir, Jaromir, Bogdan, Jaromira oder Bogdana. Auch biblische und Heiligennamen wie Iwan, Michail, Katarina, Natalia, Jelena, Aleksandr, Sergej, Dimitrij, Georgij, Pawel, Pjotr und Ilja haben eine lange Tradition.

Politische und regionale Ursprünge

Ab dem 19. Jahrhundert kamen zahlreiche kuriose Vornamen auf, in Anlehnung an politische Ereignisse. Wie zum Beispiel nach der Oktoberrevolution 1917 die gewöhnungsbedürftigen Oktjabrin und Oktjabrina. Oder auch Interna nach der Internationalen Konferenz vom 23. September 1865. Auch Dekabrina nach dem Dekabristen-Aufstand von 1825. Unter meinen Dozentinnen gab es sowohl eine Dekabrina als auch eine Oktjabrina, die mir wegen ihrer Namen schon damals aufgefallen sind.

Ab etwa 1930 wurden Vornamen populär, die bewusst mit politischen Hintergrund gebildet wurden: Barrikada, Ateist, Granit, Traktorina, Metallina, Antenna, Revolju, Brilliant, Kommunar, Elektrina, Mikron, Isoterm, Energij, Industrij, Bastiona, Olimpiada, Demokrat, Raketa oder Granata. Damit nicht genug: Es gab auch die Vornamen Ideal, Stratosfera, Maschina, Energija, Elektrifikazija und Industrija. Und das sind nur die absurdesten und schrägsten.

Auch Länder und Regionen, Städte und Flüsse wurden in die Vornamen der Kinder gepackt: Taigina, Ural, Volga, Bresta, Dagesta, Neva, Main, Indija, Italija, Sizilija oder Irana. Politische Begriffe wurden verkürzt und zu Vornamen geformt: Karm aus »Krasnaja Armija« (»Rote Armee«), Vosmart aus »Vosmoe Marta« (»8. März«), Ljubistina aus »Ljubi istinu« (»Liebe die Wahrheit!«) oder gar Junnata aus »Junyj Naturalist« (»junger Naturist«).

Natürlich wurden in dieser sonderbaren politischen Stimmung auch die Namen der verehrten Führer »verarbeitet«. Aus Lenin wurden die weiblichen Vornamen Leni, Lenina, Ninel (Lenin von hinten gelesen) gebildet, oder auch Edil als Akronym des Satzes »eta devočka imeni Lenina« (»Dieses Mädchen mit Namen Lenin«). Vor diesem Hintergrund erhielt ich 2004 eine Anfrage zu Ninel, der aber natürlich auch eine Ableitung von Nina hätte sein können. Außerdem ist Wladimir Iljitsch Lenin »schuld« an den Vornamen Wladlen und Wladilena.

Zum Namen Stalin wurden die Vornamen Stalina und Stal gebildet. Es erschienen auch Vornamen wie Frunse, Bruno, Wanzetti, Geine (russisch für »Heine«), oder Vilikton (» Wellington«). In der Georgischen Sowjetrepublik bildete man Vornamen wie Marleni aus Marx und Lenin, Melsi aus Marx, Engels, Lenin und Stalin oder Malori aus Marx, Engels, Lenin und der Oktoberrevolution. Nach dem Zweiten Weltkrieg wurden Marklena (aus Marx und Lenin) und Staljinka im ehemaligen Jugoslawien sowie Lenin, Stalin, Molotov, Pravda und Soviet in Albanien als Vornamen vergeben.

Daneben wurden Namen aus anderen Sprachen entlehnt, wenn diese auch im Russischen Sinn ergaben. So etwa Gertruda, den man mit »Geroj Truda« (»Held der Arbeit«) verband. Oder Renata mit »revoljuzija, nauka, trud« (»Revolution, Wissenschaft, Arbeit«),

Viele dieser abstrusen Modenamen blieben glücklicherweise auf den Raum der ehemaligen Sowjetunion beschränkt. Auch wenn in Deutschland der weibliche Vorname Traktora im Jahr 1965 vom Landgericht München mit wohl mäßigem Bedauern abgelehnt wurde.

ES GRÜNT SO GRÜN – PFLANZENNAMEN

Ein Vorname, der vielen Kindern geläufig ist und einen besonders mystisch-geheimnisvollen Klang entfaltete, ist der der Fee »Amaryllis« aus den Geschichten vom Räuber Hotzenplotz.

Übrigens: Den Namen seiner Hauptfigur, Hotzenplotz, hat der aus Schlesien stammende Autor Ottfried Preußler (1923–2013) einer tschechischen Kleinstadt entlehnt. Osoblaha liegt im Osten des heutigen Staatsgebiets und trug bis Anfang 1945 den deutschen Namen. Als Vorname allerdings setzte sich Hotzenplotz, anders als andere literarische Vorlagen, dann aber nicht durch.

Zurück zu Amaryllis. Preußler wählte sicherlich mit Hintersinn einen Blumennamen für die Gestalt der Fee aus. Geheimnis, Anmut, Schönheit … all das sollte Amaryllis natürlich sein.

Im deutschen Sprachraum ist man mit der Zartheit und Anmut, die botanische Namen auch haben, eher zurückhaltend. Der weibliche Vorname Birke ist zum Beispiel eher ein knorriger Baum denn eine zarte Blüte. Auch die Heidekrautgewächse, die man unter dem Namen Erika kennt, sind in ihrem botanischen Ursprung ein eher biederes Blümchen. Allein die Rose/Rosa verströmt etwas Prätentiöses. Allerdings gehen die Vornamen Birke, Erika, Heide, Linde und Rose nicht ursprünglich auf diese Pflanzenbezeichnungen zurück, auch wenn sie heute mit ihnen in Verbindung gebracht werden. Sie stimmen nur zufällig in ihrer lautlichen Form überein. So ist Erika eigentlich eine weibliche Bildung zum männlichen Namen Erik. Rose und Rosa sind Kurzformen von Roswitha oder Rosamunde. Heide, Linde und Birke sind Kurzformen von altdeutschen zweigliedrigen Namen mit den Elementen »heid« (Adelheid), »lind« (Sieglinde) und »burg« (Burgilind) oder »ber« (Bergund).

Zudem kamen aus anderen Sprachen Namen wie Jasmin (arabisch) oder Viola (lateinisch für »Veilchen«) zu uns und wurden recht populär. Aber dies auch erst von einigen Jahrzehnten.

Aber bei genauerem Hinsehen findet man in länger zurückliegender Vergangenheit schon einige weibliche Vornamen aus der Welt der Botanik. So sind Bluma und Bloma schon als altdeutsche weibliche Namen nachweisbar. Sie gehen auf das althochdeutsche blōma zurück, was »Blume« bedeutet. Im Mittelalter erscheinen Bluma, Blume, Blümchen und Blümlein vereinzelt als weibliche Vornamen. Im 19. Jahrhundert wurden diese Namen dann wieder neu belebt, und es kamen noch weitere Ableitungen wie etwa Blumina und Blumine dazu. Ab 1846 wurden auch die schwedischen Formen Blomma und Bloma in Deutschland als weibliche Vornamen eingetragen.

In der Neuzeit kamen dann noch ausländische Namen mit ähnlicher Bedeutung dazu. So wie die französischen weiblichen Vornamen Fleur, Florence oder Florie, die italienischen Fiore, Fiorentina oder Fiorenda, die spanischen Flora, Florina oder Florinda sowie die englischen Florence, Flower oder Blossom.

Margareta und Margarete gehen auf das lateinische »Margarita« zurück, was so viel wie »Perle« bedeutet. Der Vorname wird dabei oft mit dem Blumennamen »Margarite« gleichgesetzt. Dieser kommt aus dem Französischen, wo »marguerite« so viel wie »Gänseblümchen« oder »Maßliebchen« bedeutet.

EIN DUFTENDER NAME

Im Jahr 2016 sollte ich zum Namen »Zimtblüte« eine Einschätzung abgeben. Ich habe ihn abgelehnt. Der Name geht auf den biblischen Namen Kezia zurück, was so viel bedeutet wie »Würzrohr, Duftharz, Zimtduft«. Neben »Kezia« enthält auch Cinnamon das Element »Zimt«. Schon im Alten Rom war der Personenname Cinnamus aus dem Pflanzennamen »Cinnamomum« bekannt. In Deutschland wurde Cinnamon schon mehrfach als weiblicher Vorname eingetragen.

Viele Namen mit botanischem Ursprung stammen aus dem asiatischen, afrikanischen, arabisch-persischen und polynesischen Sprachraum. Dort sind Blumennamen für Mädchen sehr verbreitet. So geht zum Beispiel der arabische Vorname Fallah auf den Namen eines Strauches mit weißen Blüten zurück. Auch die polynesischen Vornamen Paia und Pua lassen sich auf einen Blumennamen (»Hawaiische Lilie«) zurückführen.

Der japanische weibliche Vorname Sakura bedeutet »Kirschbaum, Kirschblüte«, verkörpert »Schönheit, Aufbruch und Vergänglichkeit« und steht für den »Frühling«. Die Namen Lotus, Lotussa und Lotos sind im französischen und englischen Sprachraum nachweisbar. Es handelt sich dabei um Namen, die auf den Lotus aus der Gattung der Seerosengewächse zurückgehen. Auch im chinesischen und vietnamesischen Sprachraum bedeutet der weibliche Name Liên so viel wie »Lotosblüte«, ähnlich wie im indischen Raum Padma und Pema.

Der chinesische weibliche Name Hua bedeutet »Blume« oder »Blüte«, und er wird in verschiedenen Kombinationen gebraucht, wie etwa Kuai Hua (»sanfte, aufgehende Blüte«), Chu Hua (»Chrysantheme«) oder Li Hua (»Birnenblüte« oder »schöne, hübsche Blüte«).

In Afrika ließen sich die weiblichen Namen Imbali (im Zulu »Blüte«), Ayanna (»wunderschöne Blume) sowie Taluma (»Baumknospe«) nachweisen.

WEIHNACHTLICHE VORNAMEN

- Noel und Noelle stammen vom französischen Wort »Noël« für Weihnachten ab.
- Natalie kommt vom lateinischen »nātālis« für den »Tag der Geburt«. Die Namensträgerin ist also »die am Geburtstag Christi Geborene«.
- Der schottische Name Yule bedeutet ebenfalls Weihnachten.
- Angela oder Angelika stammen ab vom lateinischen »angelus« für »Bote/Engel«.
- Joy (englisch für »Freude«), Stella oder Estelle (italienisch oder französisch für »Stern«) oder Lucia (lateinisch »lux« für »Licht«) treffen ebenfalls durch ihre Bedeutung weihnachtliche Themen.

WER IST EIGENTLICH MARY KRISMES?

KLANGLICHES – WARUM ES OKAY IST, NAMEN EINZUDEUTSCHEN

Es war 1984 und noch vor meiner Zeit in der Namenberatung. Ich lag im Krankenhaus, weil ich demnächst meinen Sohn bekommen sollte, und teilte das Zimmer mit einer anderen schwangeren jungen Frau. Wie es so üblich ist, kommt man über dies und das ins Gespräch, und natürlich spricht man auch viel über das Kind. Ich fragte sie also, wie sie es nennen wolle.

»Pamela«, antwortete sie, und weil sie wie ich aus Sachsen stammte, sprach sie es auch sehr sächsisch aus. Ich dachte mir dennoch nichts dabei. Ein paar Tage später wurde die junge Frau von einer Schwester nach dem Namen des Kindes gefragt, und sie sollte den Namen für ein Formular buchstabieren. Die junge Frau fing also an: B - Ä - M - M … sie wollte ihr Kind »Bämmela« nennen, weil sie diesen Namen nie gedruckt oder geschrieben gesehen hatte, sondern immer nur gehört. Und zwar in der Fernsehserie »Dallas«, die damals natürlich auch bei uns im Osten geliebt wurde. Und dort wurde »Pamela« (der Rollenname von Schauspielerin Victoria Principal als Frau von »Bobby Ewing«) eben tatsächlich so ähnlich ausgesprochen wie »Bämmela«. Ich lag damals in den Wehen, war etwas benommen, dachte aber nur:

»Um Gottes willen«. Und der Name ist dann glücklicherweise so auch nicht durchgegangen.

Das Phänomen war in der DDR weit verbreitet. Viele Namen wurden quasi eingedeutscht und nach Gehör aufgeschrieben. Der Schauspieler Devid Striesow, bekannt als »Tatort«-Kommissar und aus vielen anderen Rollen, wurde 1971 auf Rügen in Mecklenburg-Vorpommern geboren und ist in Rostock aufgewachsen. Seine Eltern waren Atheisten und wollten nicht, dass der Name ihres Sohnes wie David aus der Bibel ausgesprochen wird, sondern wie im Englischen. Um das sicherzustellen nannten sie ihn also »Devid«. Das kam immer mal wieder vor, auch die Schreibweise »Deivid« ist mir bekannt. Aber auch heute noch gibt es diese Motivation bei Eltern, und das in allen Teilen der Bundesrepublik. Mir sind Schreibweisen wie »Maikel«, »Gorden«, »Kiara«, »Saimen« (»Simon«, englisch ausgesprochen) oder »Judschin« (statt »Eugene«) bekannt.

JACQUELINE MIT »SCH«

Mitte 2014 sorgte ein Fall aus Eschweiler bundesweit für reichlich Schlagzeilen und Gelächter. In der Stadt in der Nähe von Aachen hatte ein Elternpaar darauf bestanden, seine Tochter Schaklin zu nennen. Und es wurde ihnen erlaubt. »Phonetisch ist es gleich, also können wir das nicht ablehnen«, sagte damals Alexandra Hoven vom Standesamt in Eschweiler[24]. Die Eltern seien aber über die »übliche« Schreibweise des Namens Jacqueline aufgeklärt worden und mussten das auch per Unterschrift bestätigen.

24 Vgl. »›Schaklin‹ ist ebenso erlaubt wie ›Anton Saskia‹«, Aachener Zeitung vom 14. Mai 2014

Die andere Variante ist das unbeabsichtigte »eindeutschen« von Vornamen aus einer anderen Sprache. Der Hintergrund ist ähnlich wie früher: Die Eltern sehen den Namen nicht gedruckt oder geschrieben, sie kommen aus einer eher bildungsfernen Schicht und lesen nicht, oder sie können gar nicht richtig lesen und schreiben. Bei mir in der Namenberatung hatte ich einmal eine Mutter sitzen, die ihr Kind »Kessryn« nennen wollte. Ich ließ es mir buchstabieren und konnte damit wenig anfangen, denn den Namen gibt es so nicht. Ich konnte ihn auch nicht herleiten. Bis wir im Gespräch langsam darauf kamen, dass die Frau eine amerikanische Schauspielerin bewunderte, die mit Vornamen eben Catherine hieß.

Nicht nur der Wohlklang der Namen spielt eine Rolle, einige Eltern verzieren die Namen noch mit Sonderzeichen, damit sie schön aussehen – diese gibt es aber in der deutschen Sprache nicht. Dabei haben alle Sonderzeichen eine bestimmte Funktion. Sie können in den romanischen Sprachen unter anderem einen offenen, geschlossenen oder betonten Vokal kennzeichnen. Fremde Namen sollten in der Regel in ihrer ursprünglichen Schreibweise übernommen werden: so zum Beispiel die französischen männlichen Vornamen André, René oder Désiré sowie die entsprechenden weiblichen Bildungen Andrée, Renée und Désirée. Oft wurden die Namen eingedeutscht durch Weglassung der Akzente. Wenn aber die Jungen Renée, Rennee, Andree und Andrée genannt werden oder für die Mädchen die Namenformen Nadiné, Nadinè Joliné, Michellé, Michellè, Louisé, Celiné und Celinè gewählt werden, ist dies falsch und unsinnig. Die französischen weiblichen Vornamen Nadine, Joline, Michelle, Louise, Celine werden ohne »e« am Ende gesprochen – Eindeutschungversuche gibt es mittlerweile genug: Nadin, Jolin, Michell, Celin, Louis. Setzt man die Akzente, dann muss auch der Auslaut mitgesprochen werden. Wünschen Eltern solche abweichenden Schreibformen, dann frage ich sie immer erst, wie sie denn den Namen aussprechen möchten. Dann kläre ich sie über die Funktion der Zeichen auf. Sie sind meist erstaunt darüber. Einige bestehen aber auf die Schreibweise, weil »es doch so schön aussieht«. Die Standesbeamten sind oft mit solchen Schreibvarianten überfordert, deshalb werden immer wieder Namen falsch eingetragen.

Nun gibt es immer viele, die sich über die Eindeutschung lustig machen oder sich aufregen. Ich finde aber, dass es durchaus in Ordnung ist, wenn Eltern die Namen ihrer Kinder auf diese Weise eindeutschen. Die deutsche Sprache zeichnet sich ja als eine der wenigen auch dadurch aus, dass ein Großteil so geschrieben wird, wie man es spricht. Und das ist bei vielen englischen Namen eben nicht so. Und es ist schließlich seit Jahrhunderten gängige Praxis – auch viele der ersten biblischen, griechischen und lateinischen Namen wurden eingedeutscht, wenn ihre Phonetik für die einfachen Menschen zu kompliziert war. So entstanden ja erst Formen wie Klaus (statt Nikolaus), Hans (statt Johannes) oder Vinzenz (statt Vincentius).

Oft kommen solche Eltern aus einem Umfeld, in dem es völlig normal ist, eigene Schreibweisen zu entwickeln. Natürlich kann es zu Schwierigkeiten kommen, sollte das Kind später in andere Kreise geraten. Dem kann ich aber entgegnen, dass man nie weiß, was in 20 oder 30 Jahren sein wird. Das, was vor 100 Jahren noch als unmöglich galt, ist heute schon normal. Vielleicht ist »Schaklin« dann die gängige Schreibweise des Namens Jacqueline. Vielleicht setzt sich etwas ganz anderes durch. Namen und ihre Schreibung sind immer in Bewegung, und da Prognosen abzugeben, ist relativ unmöglich.

In manchen anderen Ländern ist es schon immer völlig normal, fremde Namen in eine eigene Schreibweise zu gießen. Zum Beispiel in Russland, denn auch dort gibt es Jacqueline, aber in russischer Schreibweise und Aussprache – mit einem »Dsch« vorn. Oder auch im slawischen Raum, also in den Staaten des ehemaligen Jugoslawien und auf dem Balkan. Auch andere osteuropäische Länder haben diese Praxis. Die aus Ungarn stammende deutsche Fußball-Nationalspielerin Dzsenifer Marozsán heißt eben nicht Jennifer mit Vornamen.

FIFI TRIXIBELLE, EMMA TIGER UND WILSON GONZALES – WAS PROMIS UND BILDUNGSFERNE SCHICHTEN VERBINDET

Auf den ersten Blick gibt es wenig Gemeinsamkeiten oder Verbindungen. Hier die Welt der Superstars, oftmals sehr wohlhabend, nicht wenige auch superreich, Millionen kennen und lieben sie … Und dort die Hartz-IV-Empfänger, mit denen es das Leben ab und an weniger gut meint. Keine Gemeinsamkeiten auf den ersten Blick.

Und doch gibt es eine: Denn bei der Wahl der Vornamen für ihre Kinder stehen sich diese beiden Gruppen extrem nah. Denn niemand geht auf so absurde Pfade bei der Betitelung des Nachwuchses wie eben die »bildungsfernen Schichten« … und Promis.

Bleiben wir bei den Stars und Sternchen. Es gibt bereits ganze Listen von Namen, die von Prominenten an ihre Kinder vergeben wurden. Da nehmen sich auch internationale und nationale Stars wenig, wenngleich international wegen fehlender Regularien noch größere Freiheiten bestehen. Die »Süddeutsche Zeitung« schrieb zur Namengebung bei Showbiz-Eltern einst launig: »Promi-Kinder dürfen offensichtlich auf keinen Fall Namen im herkömmlichen Sinne tragen. Vielmehr muss es sich um eine Art Prophezeihung handeln. Oder ein Symbol.«[25]

Ganz vorn in der Schrägheits-Skala liegt sicherlich der 1993 verstorbene britische Musiker Frank Zappa, der stets extravagant agierte und sich bei den Namen seiner Kinder natürlich nicht lumpen lassen wollte. Seine älteste Tochter nannte er Moon Unit. Die anderen Kinder heißen Dweezil, Ahmet Emuukha und Diva Muffin. Derlei Extravaganz hat die Kinder übrigens nicht verstört. Oder gerade doch? Jedenfalls nannte Moon Unit Zappa ihre Tochter Mathilda Plum Doucette, während Dweezil seiner Tochter den Namen Zola Frank gab.

Schauspieler Nicolas Cage und Alice Kim nannten ihren 2006 geborenen Sohn Kal-El. Das ist der eigentliche Name der Comic-Figur Superman. Denn Clark Kent kommt ja von einem anderen Planeten und wurde dort so genannt. Aus einer früheren Beziehung hat Cage noch einen Sohn namens Weston Coppola Cage. Coppola ist sein eigentlicher, Cage nur der Künstlername.

Weniger bekannt als der Oscar-Gewinner ist Serien-Darstellerin Shannyn Sossamon (u. a. »Sleepy Hollow«), umso verdrehter deshalb vielleicht der Name ihres Sohnes: Audio Science (Audio-Wissenschaft). Ähnlicher Drang in die erste Reihe mag der Grund für Schauspielerin Beth Riesgraf (u. a. »Leverage«) und den Profi-Skateboarder Jason Lee gewesen sein, ihren Sohn Pilot Inspector zu nennen. Angeblich habe sie ein Lied der Band Grandaddy dazu inspiriert: »He's simple, he's dumb, he's the pilot«[26]. Auch nicht gerade charmant, heißt das doch in etwa: »Er ist simpel, er ist dumm, er ist der Pilot«. Nicht zu vergessen das mit Kindern mit fantasievollen Namen reichlich gesegnete Ex-Traumpaar Angelina Jolie und Brad Pitt (»Brangelina«). Ihre Kinder,

25 Vgl. »Heiliger Bimbam«, Süddeutsche Zeitung vom 8. Dezember 2015

26 Vgl. »Pax, Knox & Co.«, Der Tagesspiegel vom 20. Juli 2008

teils leiblich, teils adoptiert, heißen: Knox Leon, Vivienne Marcheline, Pax Thien, Zahara Marley, Maddox Chivan, Shiloh Nouvel.

Starkoch Jamie Oliver musste sich schon dafür rechtfertigen, dass er seine Kinder während seiner Kochshow am Herd auf dem Arm balancierte. Nicht rechtfertigen musste er sich bislang für die Namen: Poppy Honey, Daisy Boo und Petal Blossom Rainbow. »Poppy« ist der Mohn, »Honey« der Honig, »Daisy« das Gänseblümchen und »Petal« das Blütenblatt.

Ebenfalls botanisch orientierten sich Gwyneth Paltrow und der Sänger Chris Martin (»Coldplay«). Ihre Tochter heißt Apple Blythe. Die Schauspielerin dazu: »Äpfel sind so süß, so gesund und so biblisch.«[27]

Die Geschichte zu Brooklyn, dem ältesten Sohn von David und Victoria Beckham wurde bereits an anderer Stelle erzählt. Ebenfalls bemerkenswert sind die Namen seiner Geschwister: Romeo, Cruz und Harper Seven (benannt nach der Rückennummer des Vaters, der »7«). Ihre vormalige Bandkollegin bei den »Spice Girls« wollte Victoria nicht nachstehen. Sie nannte ihre Tochter Bluebell Madonna. Einerseits habe ihr ihre Mutter erzählt, dass Glockenblumen (»bluebells«) immer seltener würden, andererseits verehre sie Madonna, die Sängerin. Und ebenjener Superstar, Madonna, benannte seine Tochter auch nach einem Ort, einem französischen Wallfahrtsörtchen: Lourdes Maria.

Ihr Kollege Bob Geldof, der mit den »Boomtown Rats« zwar nur einen richtig großen Hit hatte (»I Don't Like Mondays«), immerhin aber weltberühmt wurde als Organisator des Live-Aid-Konzerts 1985, war sehr einfallsreich, was die Namen seiner Töchter betraf, die er zusammen mit der im Jahr 2000 verstorbenen Paula Yates hatte: Fifi Trixibelle, Peaches Honeyblossom, Pixie Frou-Frou. Eine weitere Toch-

27 Vgl. »Pax, Knox & Co.«, Der Tagesspiegel vom 20. Juli 2008

ter hatte Paula Yates noch mit Michael Hutchence (Sänger der Band »INXS«; 1997 gestorben). Ihr Name: Heavenly Hirany Tiger Lily.

Das Vermächtnis des 2016 verstorbenen David Bowie ist nicht nur reichlich faszinierende Musik, sondern auch sein Sohn, den er in den geschmackstechnisch schon etwas wilden 1970er-Jahren Zowie nannte, Zowie Bowie. David Bowie jedoch hieß in Wirklichkeit David Jones und sein Sohn eigentlich Duncan, also Duncan Jones. Mit 16 bestand jener darauf, nun auch so genannt zu werden, da die Hänseleien in der Schule doch überhandnahmen. Heute ist Duncan Zowie Haywood Jones ein bekannter Filmregisseur (u. a. »Moon«).

Ebenfalls im Musikbusiness ist Sharleen Spiteri unterwegs, die Sängerin der Band »Texas«. Ihre Tochter nannte sie Mysty Kyd. Und wo wir schon in der Hitparade sind: Auch Dandelion (Sohn von Rolling-Stones-Gitarrist Keith Richards), Elijah Bob Patricius Guggi Q (Sohn von Bono, dem Sänger und Mastermind von »U2«) und Rufus Tiger (Sohn von »Queen«-Schlagzeuger Roger Taylor) werden ihren Vätern vielleicht nicht immer uneingeschränkt für deren Fantasie dankbar sein.

Die Schnittstelle zwischen den beiden Schichten, die ihren Kindern solche Namen geben sind diejenigen Promis, die eigentlich für nichts berühmt sind. In den USA ist das zum Beispiel Kim Kardashian. Die nannte ihre 2013 geborene Tochter North (»Norden«), was allein schon seltsam genug gewesen wäre. Da aber der Kindsvater auch noch der Musiker Kanye West ist, ergibt sich der reichlich alberne Gesamtname »North West« – Nordwest. Als 2015 der kleine Saint (»Der Heilige«) West dazu kam, wunderte man sich schon nicht mehr sehr.

Man könnte schier endlos so weitermachen …

BEST OF HOLLYWOOD UND CO.

- Aleph (Sohn von Natalie Portman und Benjamin Millepied)
- Apple Blythe (Tochter von Gwyneth Paltrow und Chris Martin)
- Bear Blu (Sohn von Alicia Silverstone und Christopher Jarecki)
- Bingham »Bing« Hawn Bellamy (Sohn von Kate Hudson und Matt Bellemy)
- Blue Ivy (Tochter von Beyoncé und Jay-Z)
- Bronx Mowgli (Sohn von Ashlee Simpson und Pete Wentz)
- Elijah Bob Patricius Guggi Q (Tochter von Ali Hewson und Bono)
- Ford Linston (Sohn von Owen Wilson und Jade Duell)
- Heavenly Hirani Tiger Lily (Tochter von Paula Yates und Michael Hutchence)
- Nahla Ariela (Tochter von Halle Berry und Gabriel Aubry)
- Mirabelle Bunny (Tochter von Bryan Adams, an Ostern geboren)
- Moon Unit und Dweezil (Kinder von Frank Zappa und Gail Zappa)
- Moroccan Scott und Monroe (Zwillinge von Mariah Carey und Nick Cannon)
- Rosalind Arusha Arkadina Altalune Florence (Tochter von Uma Thurman und Arpad Busson)
- Sage Moonblood und Seargeoh (Kinder von Sylvester Stallone und Sasha Czack)
- Sophia Rose, Sistine Rose und Scarlett Rose (Kinder von Sylvester Stallone und Jennifer Flavin)
- Sparrow James Midnight und Harlow Winter Kate (Kinder von Nicole Richie und Joel Madden)
- Sunday Rose (Tochter von Nicole Kidman und Keith Urban)

Von »Jayden Gil« bis »Jax Llewyn«

Aber auch im strenger reglementierten Deutschland findet sich bei den Promis eine bunte und mitunter verquere Namenswelt. Da wären die deutschen Stars, die durch eine Heirat mit einem Amerikaner zu jener »etwas anderen« Namenszene Zugang bekamen. Den Anfang machte Tennislegende Steffi Graf, deren Kinder mit der anderen Tennislegende Andre Agassi Jayden Gil und Jaz Elle heißen. Nicht minder bekannt sind Sänger Seal und Top-Model Heidi Klum und ebenso berüchtigt die Namen ihrer Kinder: Henry Günther Ademola Dashtu, Johan Riley Fyodor Taiwo und Lou Sulola. In diesen Namen finden sich einige der Vorfahren der beiden Elternteile wieder.

Auch die schrill-schräge Sängerin Nina Hagen war bei ihren Kindern sehr einfallsreich. Aus ihrer Beziehung mit Ferdinand Karmelk stammt die inzwischen selbst leidlich bekannte Cosma Shiva. Cosma, weil Mama Nina ein Ufo gesehen haben wollte, als sie schwanger war. Und dazu kam noch der relativ konventionelle Name einer indischen Gottheit. Etwas profaner verlief die Namensfindung bei ihrem kleinen Bruder. Otis heißt so, weil Nina Hagen kurz vor dessen Geburt in einem Aufzug jener Marke stecken geblieben war.

Die Söhne von Uwe und Natascha Ochsenknecht erlangten erst durch ihre skurillen Namen Bekanntheit: Wilson Gonzalez und Jimi Blue. Später wurden die beiden selbst berühmt und spielten in einigen Kinder- und Jugendfilmen wie etwa »Die wilden Kerle« mit. Ihre jüngere Schwester Cheyenne Savannah ist bislang – außer mit ihrem Namen – noch nicht nachhaltig in Erscheinung getreten.

In seiner Autobiografie »Was bisher geschah« schildert Uwe Ochsenkencht den Prozess der Namensfindung. Schon beim ersten Sohn war klar, dass er zwei Rufnamen bekommen sollte: »Der erste sollte Musik betreffen, der zweite den Ablauf der Geburt. So bekam er als ersten Namen Wilson, wegen des großen, von mir verehrten Wilson Pickett, dessen Weltklasse Song ›In the midnight hour‹ ich bei meinem allerersten Live-Auftritt als Sänger performte. Und Gonzalez wurde Wilsons Zweitname, weil seine Geburt so schnell ablief, als wäre er Speedy Gonzales, die schnellste Maus von Mexiko.«[28]

Auch beim zweiten Sohn, Jimi Blue, steckt eine Geschichte hinter den (wiederum) zwei Rufnamen: »Wir nannten ihn Jimi, wegen meiner Liebe zu Jimi Hendrix, und Blue, weil er bei der Entbindung die Nabelschnur um den Hals hatte und ganz blau im Gesicht zur Welt kam.«[29] Diese Konsequenz der zwei Namen, die eine Geschichte erzählen, behielten die Ochsenknechts auch beim dritten Kind, ihrer einzigen Tochter bei: »Ihr erster Name sollte Cheyenne sein. In diesen Namen waren wir verliebt, seit wir in L.A. in einem Supermarkt gehört hatten, wie eine Mutter ihre Tochter bei diesem Namen rief. Als Zweitnamen bekam sie Savannah, weil sie bei der Geburt so ruhig wie die Savanne war.«[30]

Auch Uwe Ochsenknechts Kollege Til Schweiger hat mit seiner Exfrau Dana vier Kinder, bei denen zumindest die beiden jüngsten ungewöhnliche Namen bekommen: Lilli Camille und Emma Tiger folgten den relativ »normal« benamten Valentin Florian und Luna Marie. Interessant ist, dass der erste große Filmauftritt von Emma Tiger Schweiger in »Keinohrhasen« als ein Kind mit dem Namen Cheyenne Blue war. Auch interessant, dass im Jahr 2004 das Amtsgericht und das Landgericht Hannover einem Elternpaar verbot, seine Tochter Emma

28 Vgl. »Wilson Gonzalez und Co. – das steckt hinter den skurrilen Namen der Ochsenknecht-Kinder«, Focus Online vom 15. Oktober 2013

29 Ebenda

30 Ebenda

Tiger zu nennen. Das Kindeswohl sei gefährdet.[31] Das Urteil wurde später allerdings vom Oberlandesgericht Celle aufgehoben.

Schon lange nichts mehr gehört hat man von Emile Ratelband. Der gelernte Bäckermeister und spätere Motivationstrainer aus den Niederlanden erschien mit anderen »Du-kannst-es-schaffen«-Gurus vor rund 20 Jahren recht plötzlich im deutschen Fernsehen und verschwand genauso schnell wieder. Bekannt wurde Ratelband vor allem durch seinen Ausruf »Tsjakkaa!« (oder auch »Tschakka!«). Er hat sieben Kinder: Georgine, Charles, Minou, Ninette Corita Emily Chanal und Emile Senna heißen fünf von ihnen. Wobei schon das allein auf eine gewisse Motivation und Leidenschaft hinweist, nämlich die für Autos und Motoren – war Ayrton Senna doch einer der besten Formel-1-Fahrer aller Zeiten. Ratelband aber setzte noch einen drauf: Einen Sohn nannte er Rolls, eine Tochter Royce. Ob sich Rolls und Royce vertrugen, ist nicht bekannt.

Eine besondere Rolle in der Vornamengebung bei deutschen Promis hat Sarah Connor. Die Sängerin aus Delmenhorst, die eigentlich Sarah Lewe heißt, brachte im Januar 2017 ihr viertes Kind auf die Welt. Und der Name verwunderte dann doch sogar die »Bunte«- und »Gala«-Öffentlichkeit: Jax Llewyn ist Connor/Lewes zweites Kind mit Florian Fischer. Bereits die 2012 geborene Delphine Malou bekam einen reichlich ungewöhnlichen Namen. Die »Süddeutsche Zeitung« ließ sich darüber launig aus: »Irgendwo auf der Welt mag Delphine ein gängiger Vorname sein, in einer Grundschule in Berlin, dem Wohnort der Sängerin, wird ihre Tochter sich aber mit ziemlich hoher Wahrscheinlichkeit einige Tierwitze anhören müssen. Gewagte Wahl.«[32]

31 Vgl. »›Emma Tiger‹ kein Name«, Die Welt/dpa vom 16. Juli 2004

32 Vgl. »Sarah Connors Sohn – ein Name wie ein Schluckauf«, Süddeutsche Zeitung vom 18. Januar 2017

Ihre beiden Kinder mit Marc Terenzi heißen übrigens Summer Antonia Soraya und Tyler Marc.

Zurück zum Jüngsten: Auch zu Jax Llewyn hat die Süddeutsche eine klare Meinung: »Das klingt ein bisschen wie ein Schluckauf.«[33] Woher der Name komme, das wollte die vierfache Mutter nicht verraten. Immerhin weiß man, dass in der Serie »Sons of Anarchy« die Hauptfigur »Jax Teller« heißt (gespielt von Charlie Hunman). Für den zweiten Namen gibt es die Vermutung, er könnte mit dem Film »Inside Llewyn Davis« von den Coen-Brüdern zu tun haben, der im Jahr 2013 in den Kinos lief. Man sieht, dass sich auch Promis nur schwer dem Einfluss aktueller TV-Serien und Filme entziehen können.

Die Sängerin hat mit der Wahl der Vornamen für ihre Kinder auch die Vornamengebung in Deutschland nachhaltig beeinflusst. Jedes Jahr werden Summer, Tyler, Malou und Soraya mehrfach als Vornamen eingetragen. Auch Jax kommt jetzt dazu.

33 Ebenda

GEDANKEN ZUM ABSCHLUSS

Wir leben in einer Welt voll Namen. Kaum auf der Welt, bekommt das Neugeborene einen oder mehrere Vornamen und einen Familiennamen. Der Vorname wird von den Eltern ausgesucht. Der Familienname wird vererbt. Die Verantwortung der Eltern bei der Wahl des Vornamens ist groß, da das Kind diesen Namen ein Leben lang tragen muss. Das, was am Anfang noch niedlich und exotisch klingt, kann für den erwachsenen Namensträger zur Belastung werden und zu Schwierigkeiten im Umgang mit anderen Menschen führen. Ein heutiger Modename kann in einigen Jahren schon als unschöner oder altmodischer Name wahrgenommen werden. Ein Kind wächst mit seinem Namen auf. Egal wie exotisch der Name ist, egal wie negativ oder positiv das Verhältnis zu diesem Namen ist, der Namensträger verwächst mit diesem Namen, er ist ein Teil seiner Identität. Manche Namensträger versuchen, ihrem Namen mit ihrem Verhalten gerecht zu werden. Viele Menschen glauben, dass der Name Einfluss auf das Schicksal des Trägers haben kann.

Die Geschichte der Menschheit ist verbunden mit dem Glauben der Einheit von Person und Namen. Die Redewendung »nomen est omen« – der Name ist Schicksal – verwendet man bis heute. Und tatsächlich können Namen einiges über einen Menschen aussagen, auch ohne ihn real vor sich zu sehen. Sie können uns einiges über die Eltern, die den Vornamen gewählt haben, und unter Umständen auch über Verwandtschaftsbeziehungen mitteilen – auch über die Zeit und Region, in der der Träger des Namens geboren wurde.

Die Eltern möchten dem Kind in der Regel einen besonderen Namen geben. Die einen suchen lange nach einem geeigneten Namen für ihr Kind, der nicht zu häufig, aber auch nicht zu ausgefallen sein sollte. Sie nehmen ihre Verantwortung dem Kind gegenüber sehr ernst. Andere versuchen, ihre eigenen Wünsche, Träume und Vorlieben über die Vornamen auf das Kind zu übertragen. Und wieder andere begeistern sich für exotische Namen und machen sich wenig Gedanken, ob das Kind mit so einem ausgefallenen Namen unbeschadet durch das Leben kommen wird.

Mit jedem Namen werden Personen assoziiert, denen man begegnet ist, von denen man gehört hat, die man gesehen hat. Mit Namen verbinden sich aufgrund solcher Begegnungen viele positive und negative Eindrücke, Gefühle und Stimmungen. Auch Zukunftsvorstellungen werden mit den Namen verbunden. Ob nun bewusst oder unbewusst werden den Kindern von ihren Eltern Namen mit einer Geschichte auf den Lebensweg mitgegeben. Heute sind die Motive bei der Wahl der neuen Namen nicht immer eindeutig erkennbar. Die Lebensgeschichte der Eltern vor der Geburt spielt eine große Rolle. Unbewusstes spielt mit hinein.

Elternschaft wird heute bewusst erlebt. Das Kind wird zu einem Element der Selbstverwirklichung der Eltern. Das besondere Kind soll einen einzigartigen Vornamen bekommen. Ein Zusammenhang zwischen Namengebung und Sozialstatus ist heute oft erkennbar. Die meisten Eltern suchen nach einem klangvollen und möglichst zeitlosen Namen, der keinen Anlass zu Hänseleien gibt.

In meiner Beratungstätigkeit habe ich bemerkt, dass die Mütter sich oft mehr Gedanken über den zukünftigen Namen für das Kind machen. Auch das Alter der Eltern und der Bildungsstand haben Einfluss auf die Namengebung. Gebildete Eltern greifen eher zu traditionellen Vornamen. Junge Eltern geben eher neue und ausgefallene Vornamen. Söhnen gibt man eher bodenständigere Vornamen, Mädchen bekommen dagegen hübsche, schöne, wohlklingende Namen.

Jeder Mensch macht seine eigenen Erfahrungen mit Namen. Mag er eine Person nicht, dann mag er auch ihren Namen nicht und umgekehrt. Namen können Gefühle auslösen. Ohne einen Menschen gesehen zu haben, hat man ein Bild des Namensträgers im Kopf und stellt sich diese Person mit bestimmten Eigenschaften vor. Neben dem subjektiven gibt es ebenso ein kollektives Empfinden von Namen.

In den letzten Jahren wurden zahlreiche Studien zur Wahrnehmung von Vornamen durchgeführt, die zeigen, dass es in einer Sprachgemeinschaft ähnliche Vorstellungen anhand des Namens über den Namensträger gibt. So werden über den Namen die Attraktivität, das Alter und die Intelligenz des vermeintlichen Namensträgers bestimmt. Eine Isabella stellt man sich als schön und attraktiv, eine Bärbel dagegen als einfach und weniger schön vor. Ein Gottlieb muss ein älterer Mann sein, ein Jimmy dagegen noch recht jung. Hinter einem Cornelius vermutet man einen intelligenten Mann und hinter einer Chantal eine eher einfältige Frau.

Diese Erfahrungswerte gewinnen wir im Laufe des Lebens über die Menschen, die wir kennenlernen. Das geht schon in der Familie und im Freundeskreis los. Unbewusst speichert man mit den Vornamen Informationen über den Menschen.

Es entstehen Vorurteile, die objektiv nicht zu begründen sind, aber unser Verhalten beeinflussen können.

Untersuchungen zu diesem Phänomen gibt es mittlerweile einige.[34] Auch am Namenkundlichen Zentrum der Universität wird dazu geforscht. Thomas Liebecke, Absolvent des Faches Namenforschung, hat dazu ein sogenanntes »Onogramm« entwickelt, das auf einer zeitlich unbegrenzten Online-Befragung basiert. Aus den abgegebenen Stimmen werden Onogramme, das heißt onomastische Assoziationsdiagramme erstellt. Diese zeigen besonders ausgeprägte Konnotationen. Abgefragt wird, ob ein Name vertraut oder fremd, wohlklingend oder nicht wohlklingend, altmodisch oder modern klingt. Beim Träger des Namens wird erfasst, ob dieser männlich oder weiblich, jung oder alt, sympathisch oder unsympathisch, sportlich oder unsportlich, unabhängig oder angepasst, gesellig oder eigenbrötlerisch, arm oder reich, attraktiv oder nicht attraktiv, religiös oder nicht religiös, intelligent oder nicht intelligent ist.

[35]

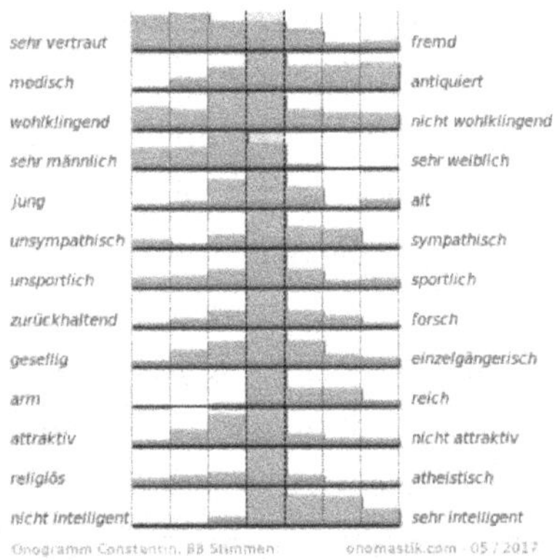

34 U. Rudolph, R. Böhm, M. Lummer: Ein Vorname sagt mehr als 1000 Worte. Zur sozialen Wahrnehmung von Vornamen; In: Zeitschrift für Sozialpsychologie 38, 2007, S. 17-31; U. Utech (2011): Rufname und soziale Herkunft. Studien zur schichtenspezifischen Vornamenvergabe in Deutschland

35 www.onomastik.com; www.namenberatung.eu

Aus den Ergebnissen sollen über einen längeren Zeitraum der Wandel im sprachlichen Zeitgeist, das Empfinden von Wohlklang und Namenmoden und Veränderungen in der Wahrnehmung sichtbar gemacht werden. Erste Ergebnisse für den Durchführungszeitraums 2007 bis 2014 mit über 500.000 Teilnehmern liegen schon vor. So werden zum Beispiel Kevin, Murat, Ali, Ricky und Mandy als »unzuverlässig«, Moritz als »sehr frech«, Cornelius als »sehr intelligent« und Dörte als »nicht wohlklingend, unattraktiv und unsportlich« eingeschätzt. Leider sind auch schon Vorurteile wie »arm« und »nicht intelligent« gegenüber Namen mit Migrationshintergrund sowie sogenannten Ostnamen wie zum Beispiel Peggy und Jacqueline zu erkennen.[36]

Ein paar Empfehlungen für die Namengebung

Vornamen können ein Indikator für die Zugehörigkeit der *Namengeber* zu einer bestimmten sozialen Gruppe sein, was wiederum die Entwicklungschancen der *Namensträger* beeinflusst. Eltern setzen mit der Wahl eines Namens ein Zeichen. Sie signalisieren dem Umfeld, wie sie sich selbst innerhalb der Gesellschaft sehen. Das Wertesystem der Namengeber fungiert dabei als Filter für potenziell infrage kommende Namen der Kinder, sodass Vornamen immer auch Rückschlüsse auf die Werte der Namengeber, der Eltern, zulassen.

- Stellen sie sich vor, Sie selbst tragen den Vornamen, den Sie für Ihr Kind gewählt haben. Wie fühlen Sie sich dabei?

36 www.onomastik.com; www.namenberatung.eu

- Betrachten Sie Ihr Neugeborenes. Passt der Vorname zu diesem Kind?
- Ein zeitloser Vorname mit einer langen Tradition wird auch noch Jahrzehnte später als wertneutraler Name empfunden.
- Wählen Sie einen doch eher ausgefallenen Vornamen, dann geben Sie Ihrem Kind mit einem Zweitnamen eine Alternative, wenn es mit diesem Namen doch nicht so recht zufrieden sein sollte.
- Beachten Sie die Kombination aus Vor- und Familienname. Sie sollte stimmig sein. Ein kurzer Vorname passt zu einem langen Familiennamen und umgekehrt. Der Vorname sollte nicht mit dem gleichen Buchstaben enden, mit dem der Familienname beginnt.
- Vermeiden Sie Namenkombinationen, die man von bekannten Persönlichkeiten kennt. Wie z.B. die Verbindung von Dustin und Hofmann oder Richard und Wagner.
- Informieren Sie sich über den Ursprung des Vornamens. Die Eintragung von verschiedenen Varianten eines Namens wie zum Beispiel Maria, Mia, Miriam, Annemarie nebeneinander ist nicht zu empfehlen.
- Wählen Sie eine einfache Schreibweise des Namens. Bei Kurz- und Koseformen wie zum Beispiel Paulchen sollte man den Ausgangsnamen (hier Paul) eintragen lassen und die Koseform mündlich verwenden.
- Bei geschlechtsneutralen Vornamen empfiehlt sich ein eindeutiger Zweitname.

Bedenken Sie, dass Ihr Kind ein Leben lang mit dem Vornamen zurechtkommen muss.

Ein Gutachten

Bedenke wohl, eh du sie taufst!
Bedeutsam sind die Namen;
Und fasse mir dein liebes Bild
Nun in den rechten Rahmen.
Denn ob der Nam den Menschen macht,
Ob sich der Mensch den Namen,
Das ist, weshalb mir oft, mein Freund,
Bescheidne Zweifel kamen;
Eins aber weiß ich ganz gewiß:
Bedeutsam sind die Namen!
So schickt für Mädchen Lisbeth sich,
Elisabeth für Damen;
Auch fing sich oft ein Freier schon,
Dem Fischlein gleich am Hamen,
An einem ambraduftigen,
Klanghaften Mädchennamen.

Theodor Storm, deutscher Dichter (1817–1888)

ANHANG

Zugelassene »besondere« Vornamen

Männlich

- Adermann
- Anderson
- Andréson
- Birkenfeld
- Buckminster
- Camino Santiago Freigeist
- Caruso
- Chance
- Domino
- Don Armani Karl-Heinz
- Frieden Mit Gott Allein Durch Jesus Christus
- Godot
- Hertzberg
- Jazz
- Junior
- Kraft
- Kreuzwendedich
- Lafayette
- Lio
- Löwenherz
- Loki
- Maier
- Mikado
- Minzius
- Morgenstern
- Napoleon
- Ozean
- Prinz-Gold
- Pumuckl
- Roi
- Sexmus Ronny
- Siebenstern
- Speedy

- Sundance
- Taifun
- Tarzan
- Violino
- Waldmann
- Waldhold
- Wannek

Weiblich

- Alke
- Bavaria
- Biene
- Berolina
- Blauregen
- Champagna
- Colonia
- Cosma-Schiwa
- Domino Carina
- Emelie-Extra
- Estonia
- Galaxina
- Himmelblau
- Melodie
- Minza
- Morgen
- Nazi
- November
- Pebbles
- Perle
- Prestige
- Püh
- Po
- Popo
- Schneewittchen
- Schnuckelpupine
- Schokominza
- Sizilia
- Soja
- Sonne
- Stern
- Sundance
- Uragano-Mary

Abgelehnte Vornamen

Männlich

- Bierstübl
- Borussia
- Cezanne
- Crazy Horse
- Grammophon
- Heydrich
- Hitler
- Liebknecht
- Martin-Luther-King
- McDonald,
- Megwanipiu
- Millenium
- Navajo
- Porsche
- Rasputin
- Rumpelstilzchen
- Satan
- Schmitz
- Schröder
- Sputnik
- Stone
- Störenfried
- Superman
- Verleihnix
- Waldmeister
- Whisky
- Wikileaks
- Woodstock

Weiblich

- Borussia
- Gastritis
- Januar
- Joghurt
- Kirsche
- La Toya
- Moewe
- Möhre
- Pfefferminze
- Pilulla
- Pushkin-Marie
- Rosenherz
- Scheißerle
- Schnuckel
- Seerose
- Sonne
- Uragamo
- Usedom

Namenmoden im Wandel der Zeit

In den folgenden Listen finden Sie häufige Vornamen in Deutschland seit Anfang des 20. Jahrhunderts – aus der Datenbank der Namenberatung der Universität Leipzig.

Anfang des 20. Jahrhunderts

Weiblich

- Anna, Anni, Anneliese
- Berta/Berthe
- Elfriede
- Elisabeth
- Else
- Erika
- Erna
- Frieda/Frida
- Gertrud
- Gisela
- Hedwig
- Helga
- Herta/Hertha
- Ingeborg
- Irmgard
- Käte/Käthe
- Lieselotte/Liselotte Margarethe/Margarete Margot
- Maria/Marie
- Martha/Marta
- Ruth
- Ursula
- Waltraud/Waltraut

Männlich

- Alfred
- Arthur/Artur
- Bruno
- Erich
- Ernst
- Franz
- Friedrich
- Fritz
- Georg
- Gerhard

- Günter/Günther
- Heinz
- Helmut
- Hermann
- Horst
- Joachim
- Karl/Carl
- Karlheinz/Karl-Heinz
- Klaus/Claus
- Kurt/Curt
- Manfred
- Max
- Otto
- Paul
- Richard
- Rudolf
- Walter/Walther
- Werner
- Wilhelm
- Willi/Willy
- Wolfgang

1950er-Jahre

Weiblich

- Angelika
- Brigitte
- Gabriele
- Ingrid
- Karin
- Monika
- Renate
- Sabine
- Ursula
- Ute

Männlich

- Bernd
- Hans
- Jürgen
- Klaus/Claus
- Michael
- Peter
- Rainer/Reiner
- Ralf
- Thomas
- Wolfgang

1960er-Jahre

Weiblich

- Andrea
- Anja
- Birgit
- Claudia
- Heike
- Kathrin
- Kerstin
- Petra
- Sabine
- Susanne

Männlich

- Andreas
- Frank
- Jens
- Michael
- Peter
- Ralf
- Stefan
- Thomas
- Thorsten
- Uwe

1970er-Jahre

Weiblich

- Anja
- Christina/Christine
- Daniela
- Julia
- Kathrin
- Melanie
- Nicole
- Sandra
- Stefanie/Stephanie
- Yvonne

Männlich

- Alexander
- Andreas
- Christian
- Daniel
- Marco/Marko
- Markus/Marcus
- Michael
- Stefan/Stephan
- Sven
- Thomas

1980er-Jahre

Weiblich

- Anna/Anne
- Christine/Christina
- Franziska
- Julia
- Katharina
- Nadine
- Nicole
- Sabrina
- Stefanie/Stephanie

Männlich

- Alexander
- Christian
- Daniel
- Martin
- Matthias
- Michael
- Patrick
- Robert
- Sebastian
- Stefan/Stephan

1990er-Jahre

Weiblich

- Anna/Anne
- Julia
- Katharina
- Laura
- Lisa
- Maria/Marie
- Michelle
- Sarah
- Sophie/Sofie

Männlich

- Alexander
- Christian
- Daniel
- Florian
- Kevin
- Lukas/Lucas
- Maximilian
- Michael
- Paul
- Philipp

Ab 2000

Weiblich

- Anna/Anne
- Emily
- Julia
- Laura
- Lea/Leah
- Lena
- Leonie
- Marie/Maria
- Sophie/Sofie

Männlich

- Alexander
- David
- Felix
- Jonas
- Leon
- Luca/Luka
- Lukas/Lucas
- Maximilian
- Paul
- Tim

Ab 2010

Weiblich

- Anna/Anne
- Emilia
- Emma
- Hannah/Hanna
- Johanna
- Marie/Maria
- Mia
- Sophie/Sofie

Männlich

- Alexander
- Ben
- Elias
- Jonas
- Leon
- Luca/Luka
- Luis/Louis
- Lukas/Lucas
- Maximilian
- Paul

Beliebte Vornamen in anderen Ländern (2014/2015)*

Österreich

Weiblich

- Anna
- Sophie
- Maria
- Emilia
- Elena
- Emma
- Lena
- Sarah
- Mia
- Laura

Männlich

- Lukas
- David
- Jakob
- Elias
- Maximilian
- Alexander
- Jonas
- Paul
- Tobias
- Leon

* Nach Wichtigkeit sortiert.

Schweiz

Weiblich

- Mia
- Emma
- Lara
- Lena
- Sofia
- Mila
- Anna
- Elena
- Laura
- Lina

Männlich

- Noah
- Liam
- Luca
- Gabriel
- Leon
- David
- Matteo
- Elias
- Louis
- Levin

Niederlande

Weiblich

- Emma
- Julia
- Sophie
- Anna
- Mila
- Eva
- Tess
- Lotte
- Sara
- Zoë

Männlich

- Liam
- Sem
- Lucas
- Luuk
- Noah
- Milan
- Daan
- Levi
- Finn
- Jesse

Belgien

Weiblich

- Louise
- Emma
- Chloé
- Lola
- Inès
- Manon
- Jade
- Alice
- Lina
- Léa

Männlich

- Léo
- Gabriel
- Adam
- Timéo
- Raphaël
- Lukas
- Louis
- Arthur
- Nathan
- Hugo

Dänemark

Weiblich

- Sofia
- Freja
- Ella
- Alma
- Anna
- Emma
- Laura
- Clara
- Ida
- Isabella

Männlich

- William
- Noah
- Lucas
- Emil
- Oliver
- Oscar
- Victor
- Malthe
- Alfred
- Carl

Norwegen

Weiblich

- Emma
- Nora(h)
- Sara(h)
- Sofie/Sophie
- Olivia
- Sofia/Sophia
- Emilie
- Ella
- Lea(h)
- Maja/Maia/Maya

Männlich

- William
- Mat(h)ias
- Oliver
- Jacob/Jakob
- Lucas/Lukas
- Filip/Philip
- Liam
- Aksel/Axel
- Emil
- Oskar/Oscar

Schweden

Weiblich

- Elsa
- Alice
- Maja
- Saga
- Ella
- Lilly
- Olivia
- Ebba
- Wilma
- Julia

Männlich

- William
- Lucas
- Liam
- Oscar
- Elias
- Hugo
- Oliver
- Charlie
- Axel
- Vincent

Finnland

Weiblich

- Venla
- Sofia
- Aada
- Aino
- Elsa
- Helmi
- Emma
- Eevi
- Ella
- Emilia

Männlich

- Leo
- Elias
- Onni
- Eino
- Oliver
- Niilo
- Väinö
- Eetu
- Leevi
- Daniel

Island

Weiblich

- Margret
- Anna
- Emma
- Isabella
- Eva
- Hekla
- Kristin
- Viktoria
- Emilia
- Katrin

Männlich

- Aaron
- Alexander
- Viktor
- Kristjan
- Jon
- Guðmundur
- Kristofer
- Gunnar
- Ólafur
- Benedikt

Frankreich

Weiblich

- Louise
- Jade
- Emma
- Léa
- Chloé
- Lola
- Lilou
- Camille
- Juliette
- Manon

Männlich

- Lucas
- Raphaël
- Nathan
- Louis
- Jules
- Gabriel
- Léo
- Arthur
- Mathis
- Timéo

Italien

Weiblich

- Sofia
- Giulia
- Aurora
- Giorgia
- Martina
- Emma
- Greta
- Chiara
- Sara
- Alice

Männlich

- Francesco
- Alessandro
- Lorenzo
- Andrea
- Leonardo
- Mattia
- Matteo
- Gabriele
- Riccardo
- Tommaso

Spanien

Weiblich

- Lucía
- María
- Martina
- Paula
- Sofia
- Daniela
- Alba
- Julia
- Carla
- Sara

Männlich

- Hugo
- Daniel
- Pablo
- Martín
- Alejandro
- Adrián
- Álvaro
- David
- Lucas
- Mario

Portugal

Weiblich

- Maria
- Leonor
- Matilde
- Beatriz
- Carolina
- Mariana
- Ana
- Ines
- Margarida
- Sofia

Männlich

- João
- Martim
- Rodrigo
- Santiago
- Francisco
- Afonso
- Tomas
- Miguel
- Guilherme
- Gabriel

England und Wales

Weiblich

- Amelia
- Olivia
- Emily
- Isla
- Ava
- Jessica
- Ella
- Isabella
- Poppy
- Mia

Männlich

- Oliver
- Jack
- Harry
- George
- Charlie
- Jacob
- Thomas
- Noah
- William
- Oscar

Schottland

Weiblich

- Emily
- Sophie
- Olivia
- Isla
- Jessica
- Ava
- Emilia
- Ella
- Lucy
- Lily

Männlich

- Jack
- Oliver
- James
- Lewis
- Alexander
- Charlie
- Lucas
- Logan
- Harris
- Daniel

Irland

Weiblich

- Emily
- Emma
- Ava
- Sophie
- Amelia
- Ella
- Lucy
- Grace
- Chloe
- Mia

Männlich

- Jack
- James
- Daniel
- Conor
- Sean
- Adam
- Noah
- Michael
- Charlie

USA

Weiblich

- Emma
- Olivia
- Sophia
- Ava
- Isabella
- Mia
- Abigail
- Emily
- Charlotte
- Harper

Männlich

- Noah
- Liam
- Mason
- Jacob
- William
- Ethan
- James
- Alexander
- Michael
- Benjamin

Kanada

Weiblich

- Emma
- Olivia
- Sophia
- Zoe
- Emily
- Avery
- Isabella
- Charlotte
- Lily
- Ava

Männlich

- Liam
- Jackson
- Logan
- Lucas
- Noah
- Ethan
- Jack
- William
- Jacob
- James

Australien

Weiblich

- Ava
- Amelia
- Charlotte
- Olivia
- Chloe
- Ella
- Sophie
- Mia
- Emily
- Lily

Männlich

- Oliver
- Noah
- Jack
- Jackson
- William
- Thomas
- Mason
- Lucas
- Henry
- Liam

Neuseeland

Weiblich

- Olivia
- Charlotte
- Harper
- Sophie
- Emily
- Ella
- Isla
- Mia
- Amelia
- Isabella

Männlich

- Oliver
- Jack
- William
- James
- Benjamin
- Mason
- Hunter
- Charlie
- Liam
- Jacob

Brasilien

Weiblich

- Alice
- Sophia
- Júlia
- Laura
- Isabella
- Manuela
- Luiza
- Helena
- Valentina
- Giovanna

Männlich

- Miguel
- David
- Arthur
- Pedro
- Gabriel
- Bernardo
- Lucas
- Mattheus
- Rafael
- Heitor

Russland

Weiblich

- Sofia
- Maria
- Anna
- Anastasia
- Viktoria
- Elizabeta
- Polina
- Alisa
- Darja
- Aleksandra

Männlich

- Aleksandr
- Maksim
- Artjom
- Michail
- Daniil
- Iwan
- Dimitri
- Kirill
- Andrej
- Igor

Tschechische Republik

Weiblich

- Eliška
- Tereza
- Anna
- Adéla
- Natálie
- Sofie
- Karolina
- Viktorie
- Nela
- Kristýna

Männlich

- Jakub
- Jan
- Adam
- Tomáš
- Matyáš
- Filip
- Matej
- Ondrej
- David
- Vojtéch
- Lukáš
- Daniel

Polen

Weiblich

- Zuzanna
- Lena
- Julia
- Maja
- Zofia
- Hanna
- Amelia
- Aleksandra
- Alicja
- Natalia

Männlich

- Jakub
- Antoni
- Szymon
- Jan
- Filip
- Kacper
- Aleksander
- Franciszek
- Mikolaj
- Wojciech

Türkei

Weiblich

- Elif
- Zeynep
- Hiranur
- Miray
- Zehra
- Ecrin
- Azra
- Eylül
- Defne
- Nehir

Männlich

- Yusuf
- Eymen
- Mustafa
- Ömer
- Berat
- Miraç
- Ayaz
- Ahmet
- Mehmet
- Muhammed

Japan

Weiblich

- Sakura
- Riko
- Aoi
- Wakana
- Sara
- Rin
- Azuna
- Hinata
- Yuna
- Kaede

Männlich

- Minato
- Tatsuki
- Ren
- Haruto
- Haruki
- Souta
- Yuuma
- Arata
- Ryou
- Yuuto

Südafrika

Weiblich

- Iminathi
- Minenhle
- Rethabile
- Bokamoso
- Karabo
- Amogelang
- Tshegofatso
- Lesedi
- Amahle
- Thandolwethu

Männlich

- Junior
- Bandile
- Kungawo
- Siyabonga
- Lethabo
- Khayone
- Mpho
- Bokamoso
- Kamogelo
- Thato

ONOGRAMME: VORNAMENLEXIKON

Das Image von Namen – zwischen Wahrnehmungen und Wirklichkeit[37]

Vornamen wecken Erwartungen, evozieren Bilder und ermöglichen eine Vorstellung darüber, wer der Namenträger sein könnte. Sie sind also mit vielfältigen Konnotationen behaftet. Gelenkt werden diese Konnotationen durch bisherige Erfahrungen mit Menschen dieser Namen. Berühmte Persönlichkeiten haben dabei natürlich eine besonders große Strahlwirkung, aber es braucht sie nicht unbedingt. Auch die Menschen, denen man alltäglich begegnet, prägen das Image eines Namens. Mehrheitlich getragene Konnotationen können mit Onogrammen, grafischen Wirkungsprofilen zu Namen, sichtbar gemacht werden. Dafür werden Namen zu 13 Kriterien bewertet, die dann zeigen, ob dem Namenträger bestimmte Eigenschaften anhängen. Wichtig ist, dass die Einschätzungen natürlich nicht für einzelne Namenträ-

37 Text von Thomas Liebecke, www.onomastik.com

ger gelten, sondern wiedergeben, welche Vorstellung beim Hören des Namens mehrheitlich auftreten.

Diese Wirkungsprofile sind das Ergebnis der fortlaufenden Online-Befragung »Das Image von Namen« und wandeln sich daher im Laufe der Zeit. Die hier abgebildeten Onogramme zeigen einen Ausschnitt bis Mai 2017. Jeweils aktuelle Ergebnisse finden Sie auf www.onomastik.com. Sie können dort ebenfalls Namen bewerten.

Wie sind die Onogramme zu lesen

Die Balken zeigen an, wie die Befragungsteilnehmer einen Namen bislang bewertet haben. Wenn ein Name im Hinblick auf ein Konnotationspaar unauffällig ist, zeigt der Mittelwert dieses Paares den höchsten Ausschlag. Viele Namen, insbesonders weit verbreitete, lange etablierte Vornamen, wie Stefan, Claudia oder Gabriele, zeigen wenig Auffälligkeiten. Das ist nicht ungewöhnlich.

Je weiter links oder rechts von der Mitte sich die Werte konzentrieren, desto deutlicher ist der Name mit einer übergreifenden Konnotation behaftet. Gottlied evoziert das Bild eines auffällig religiösen Menschen, Willy wird als sehr gesellig wahrgenommen. Auch Abstufungen lassen sich ablesen. Ein Frank wirkt zum Beispiel männlicher als ein Jens, eine Maria attraktiver als eine Ute. Denkbar ist auch, dass sich Werte sowohl links als auch rechts sammeln, wie zum Beispiel die Wahrnehmung des Alters beim Namen Greta. Das spiegelt wider, dass dieser Name gerade eine Renaissance erlebt.

Wir haben Ihnen die häufigsten deutschen Namen aufgelistet. Wenn Ihr Name nicht dabei ist, schauen Sie doch auf www.onomastik.com. Da ist er wahrscheinlich dabei.

Mädchen

Andrea

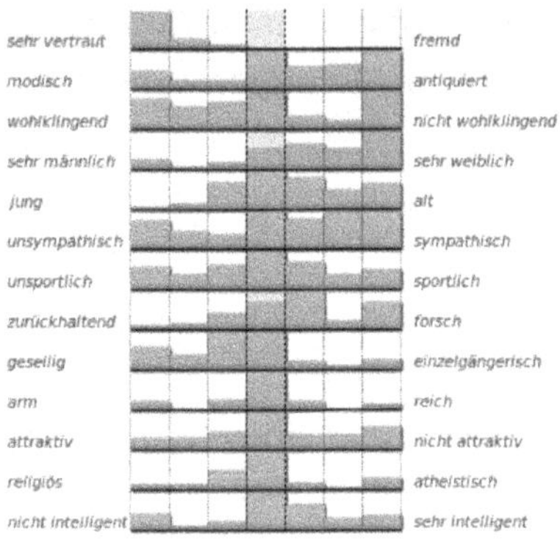

Onogramm Andrea, 112 Stimmen onomastik.com - 05 / 2017

Angelika

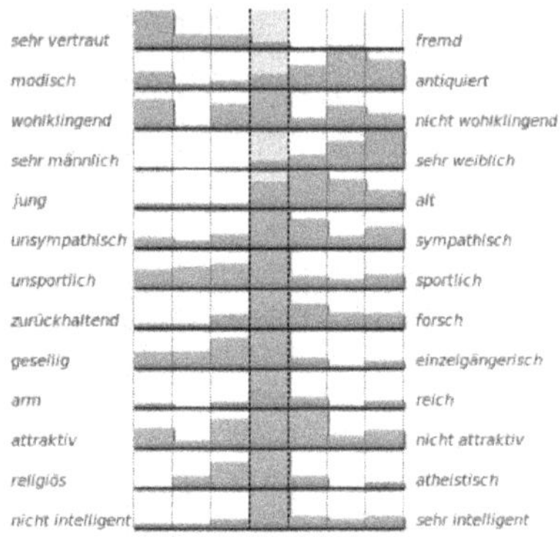

Onogramm Angelika, 90 Stimmen onomastik.com - 05 / 2017

Anna

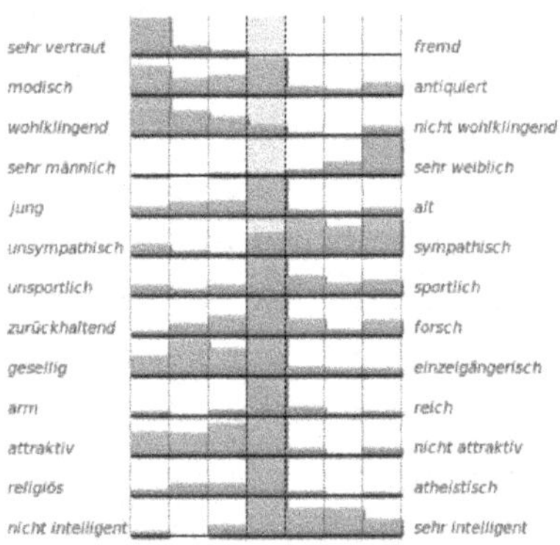

Onogramm Anna, 121 Stimmen onomastik.com - 05 / 2017

Anne

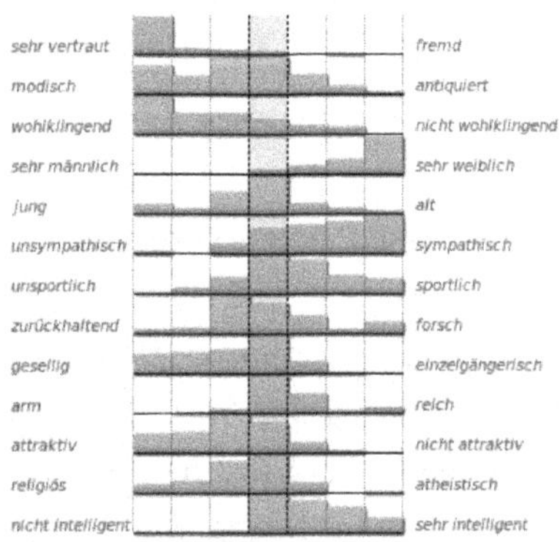

Onogramm Anne, 105 Stimmen onomastik.com - 05 / 2017

Birgit

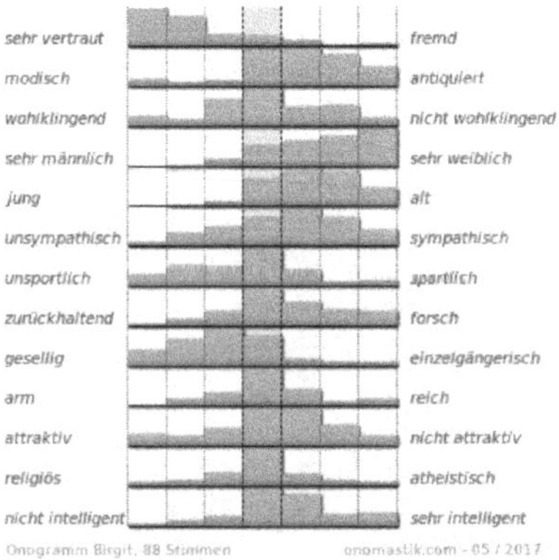

Brigitte

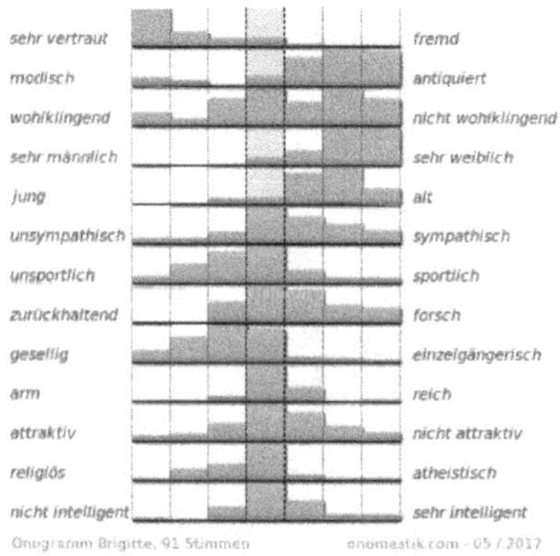

Christina

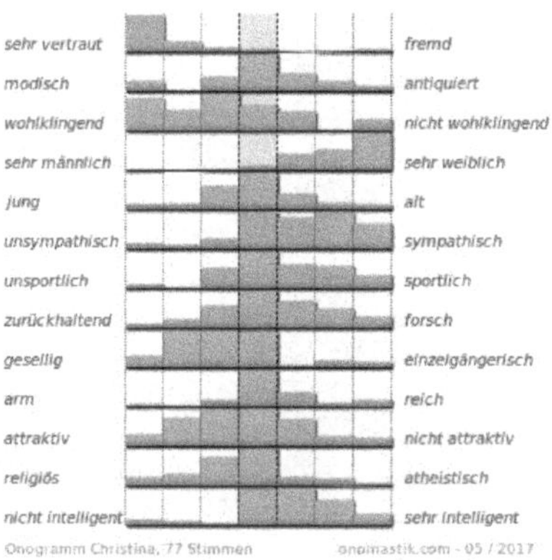

Claudia

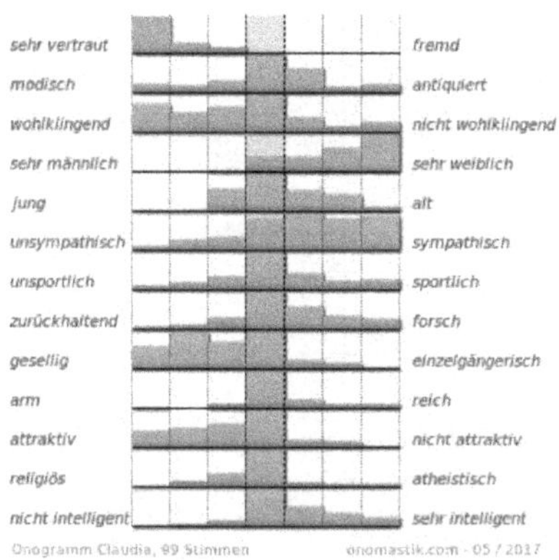

Daniela

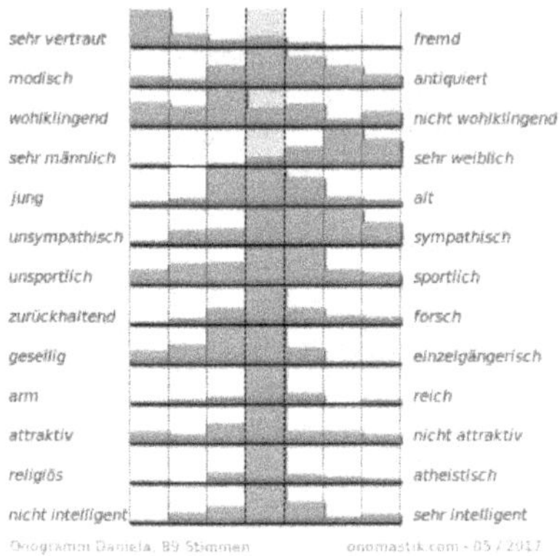

Elija

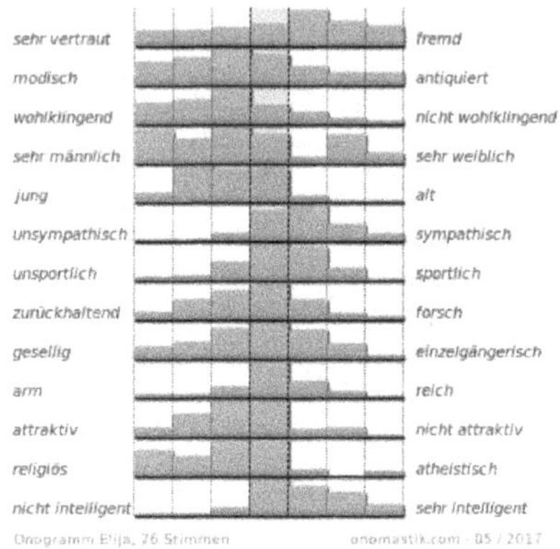

Emely

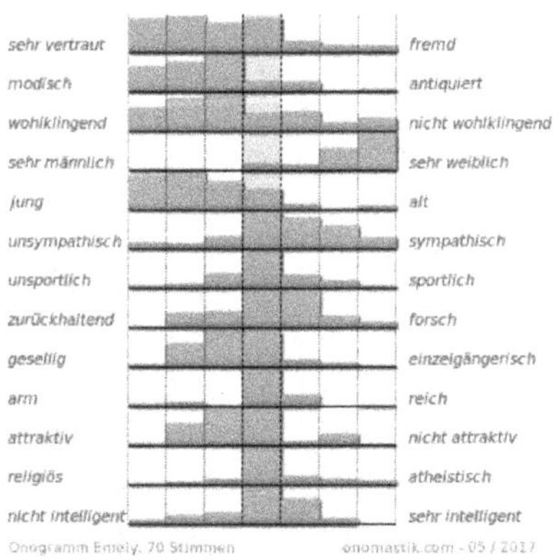

Emilia

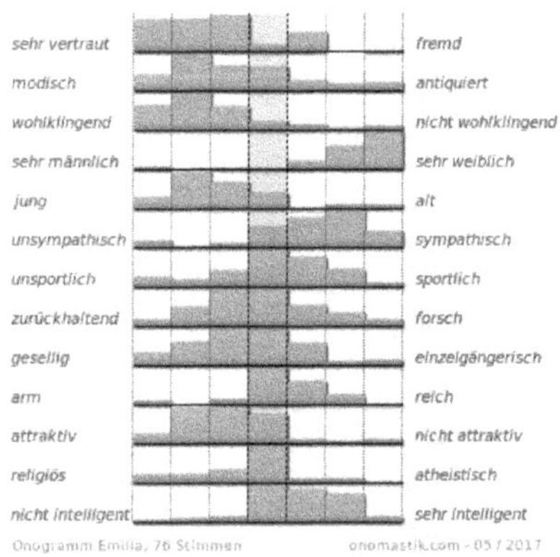

Emma

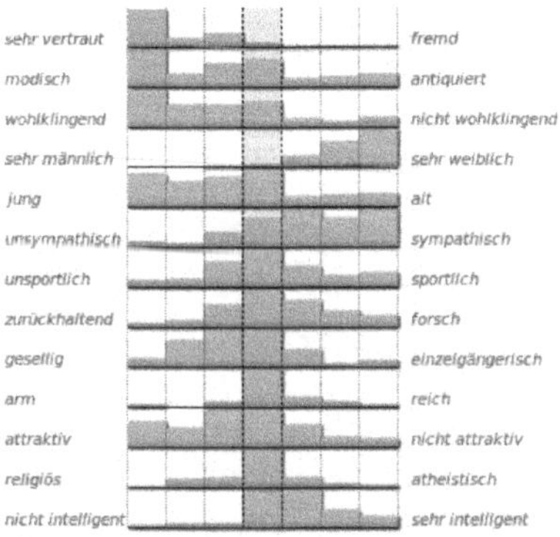

Onogramm Emma, 112 Stimmen onomastik.com - 05 / 2017

Franziska

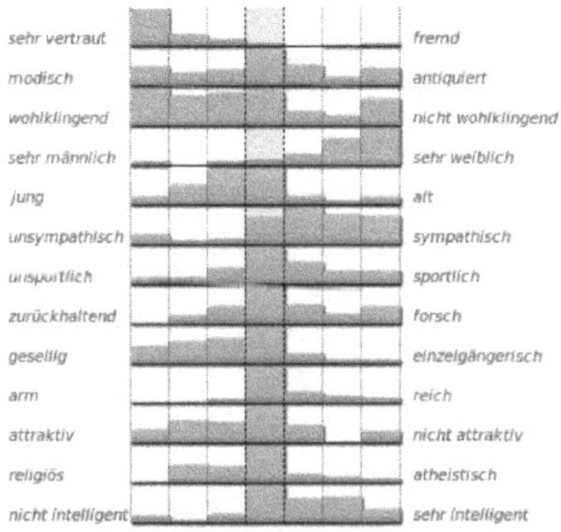

Onogramm Franziska, 119 Stimmen onomastik.com - 05 / 2017

Gabriele

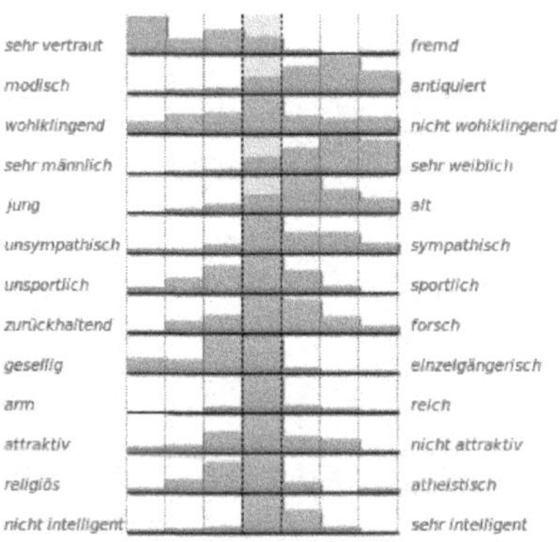

Onogramm Gabriele, 78 Stimmen onomastik.com - 05 / 2017

Hanna

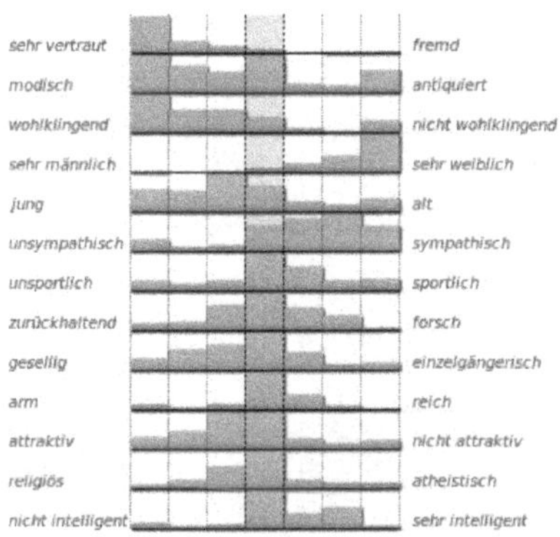

Onogramm Hanna, 113 Stimmen onomastik.com - 05 / 2017

Johanna

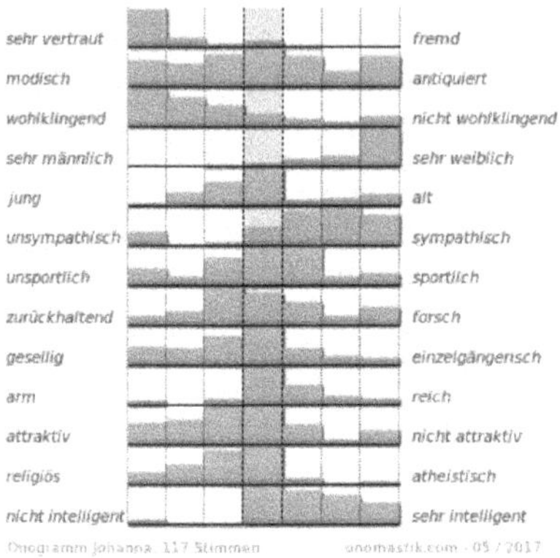

Julia

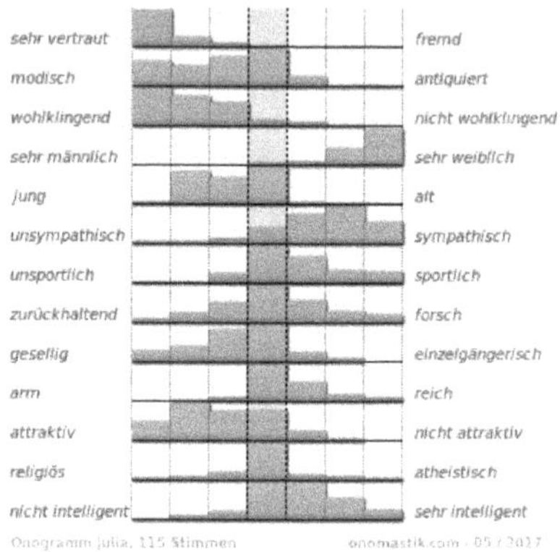

Katharina

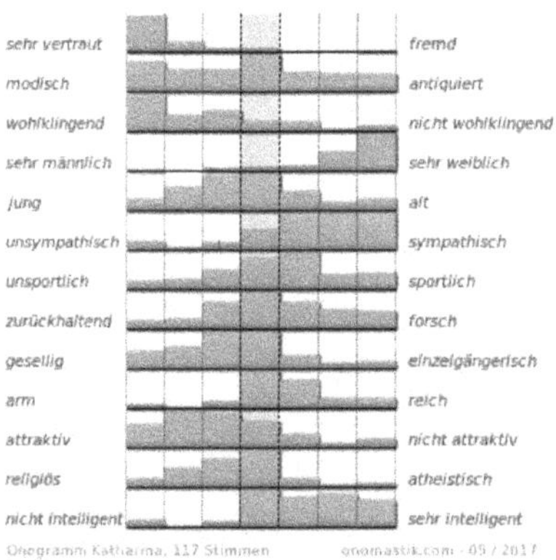

Kerstin

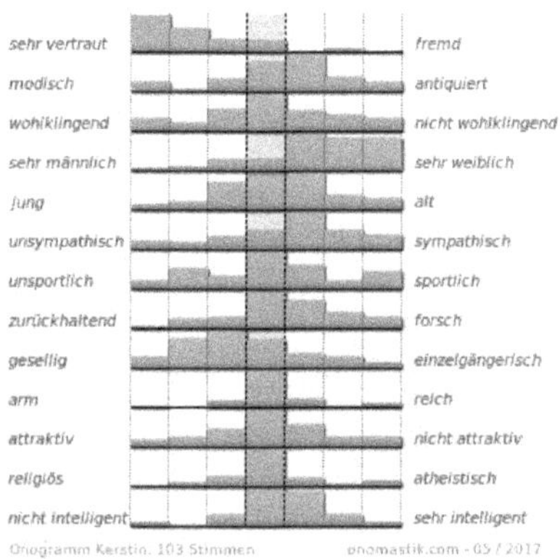

Lea

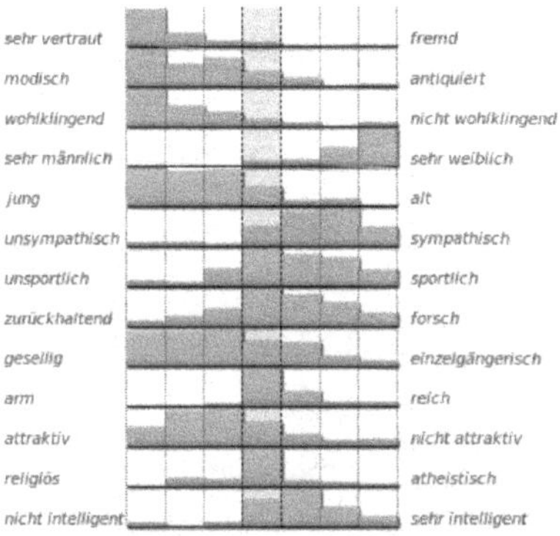

Onogramm Lea, 106 Stimmen onomastik.com - 05 / 2017

Lisa

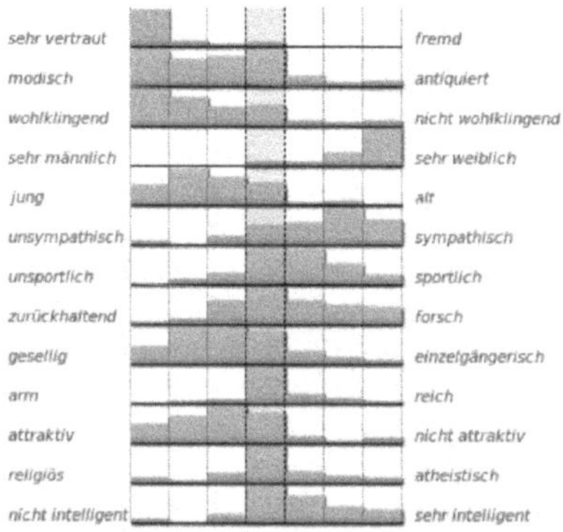

Onogramm Lisa, 113 Stimmen onomastik.com - 05 / 2017

Maria

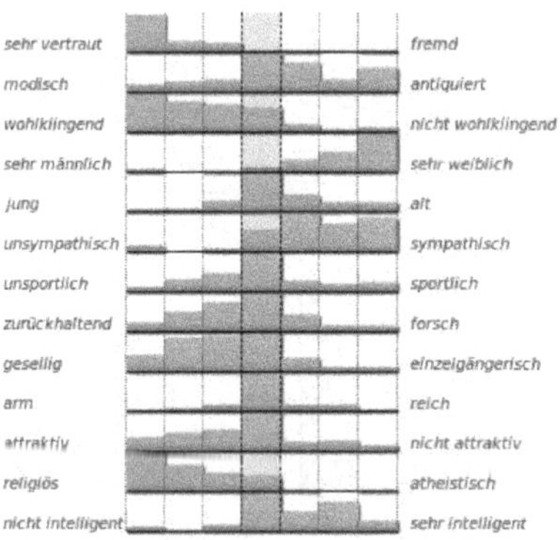

Onogramm Maria, 113 Stimmen onomastik.com - 05 / 2017

Marie

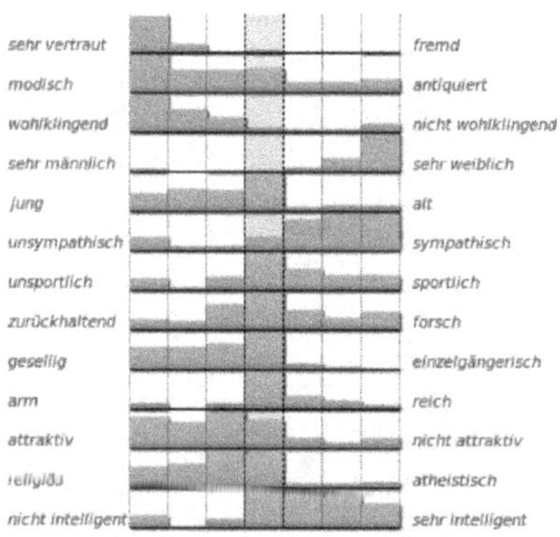

Onogramm Marie, 109 Stimmen onomastik.com - 05 / 2017

Melanie

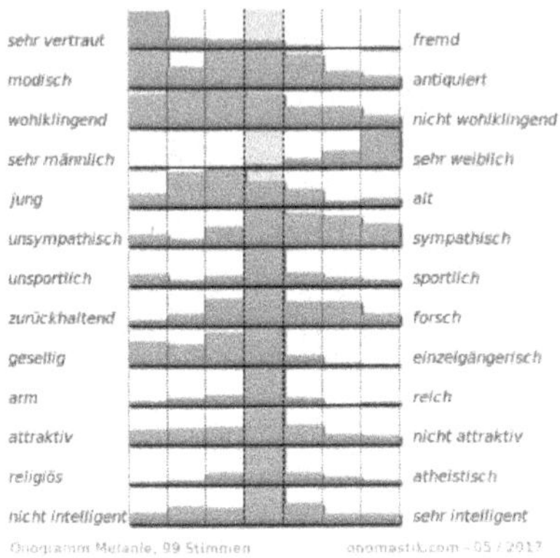

Mia

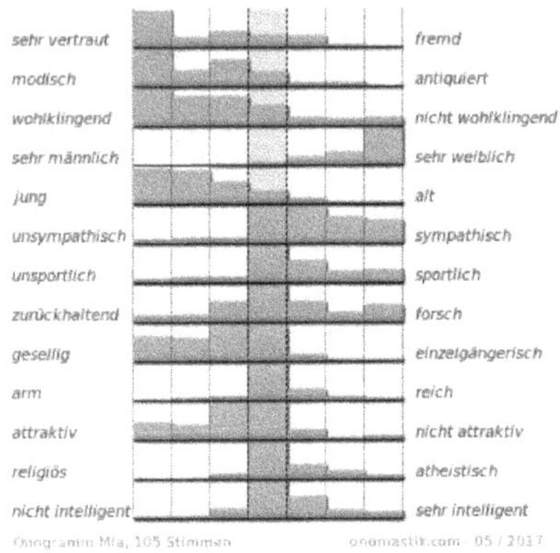

Michelle

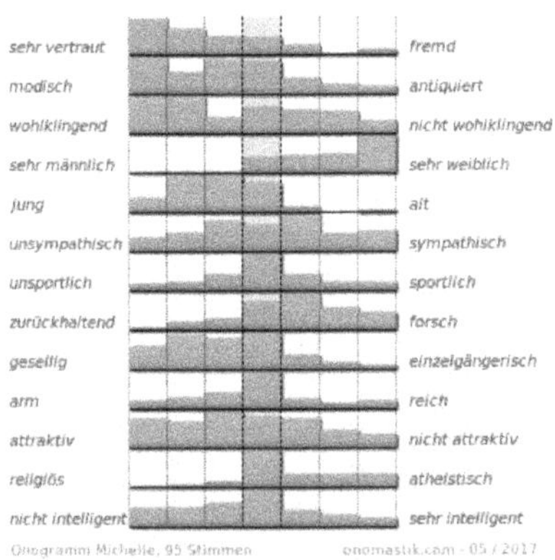

Monika

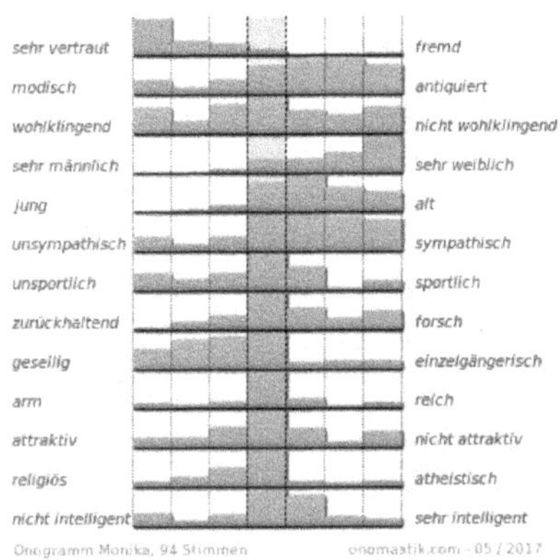

Nadine

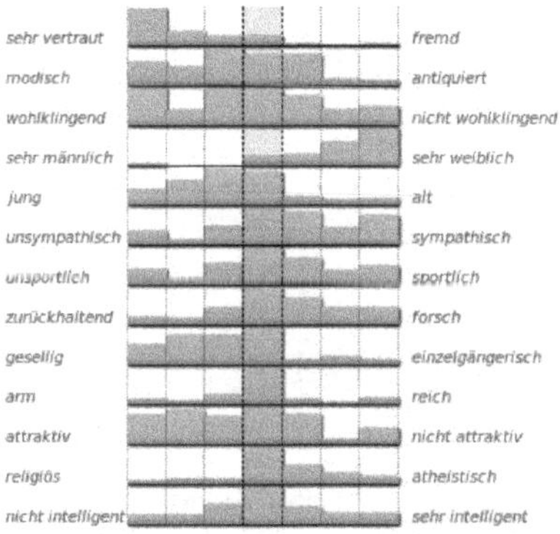

Onogramm Nadine, 97 Stimmen onomastik.com · 05 / 2017

Nicole

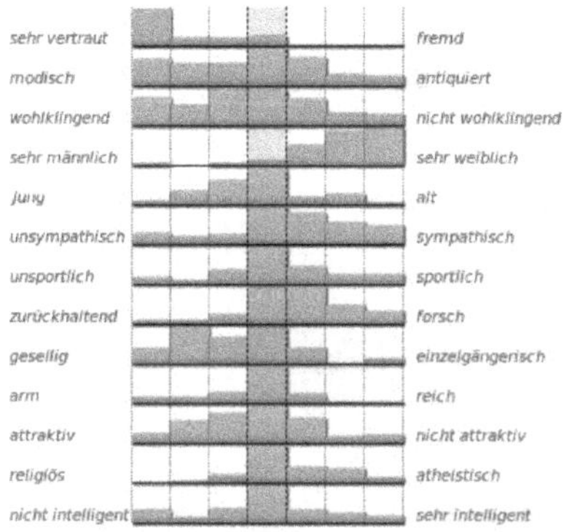

Onogramm Nicole, 91 Stimmen onomastik.com · 05 / 2017

Sabine

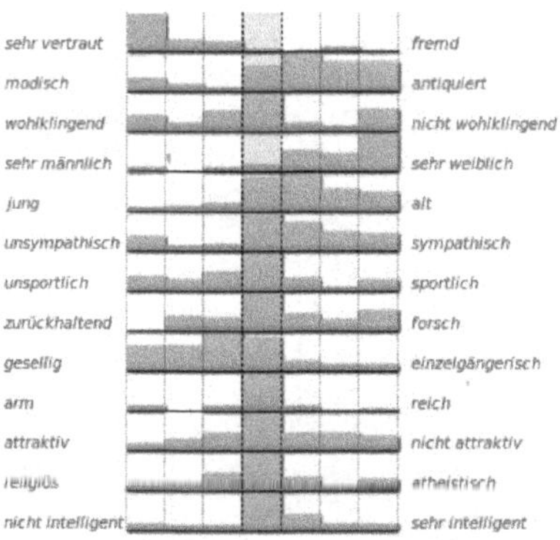

Onogramm Sabine, 91 Stimmen onomastik.com · 05 / 2017

Sandra

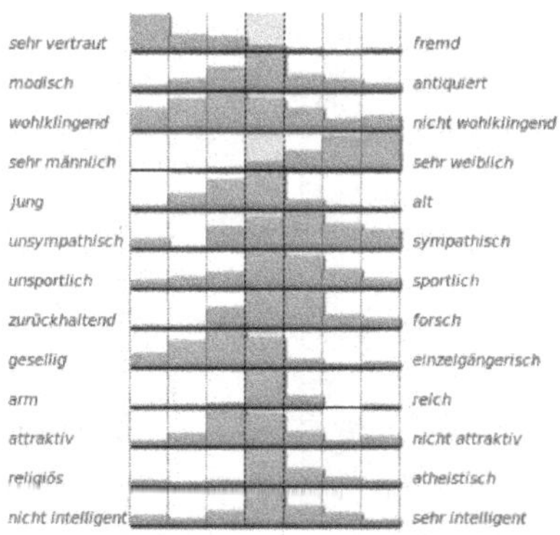

Onogramm Sandra, 92 Stimmen onomastik.com · 05 / 2017

Sara

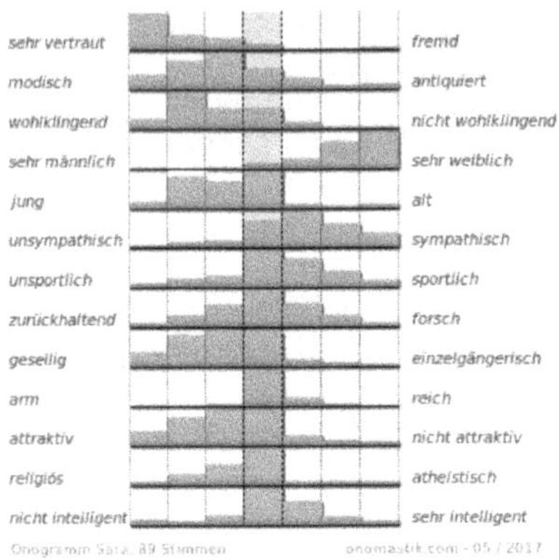

Sophie

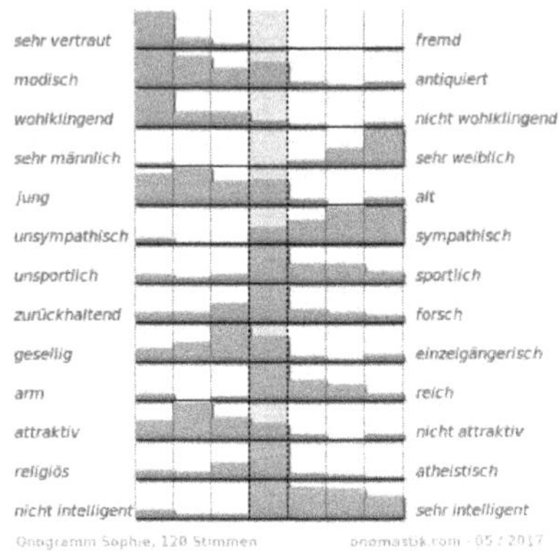

Stefanie

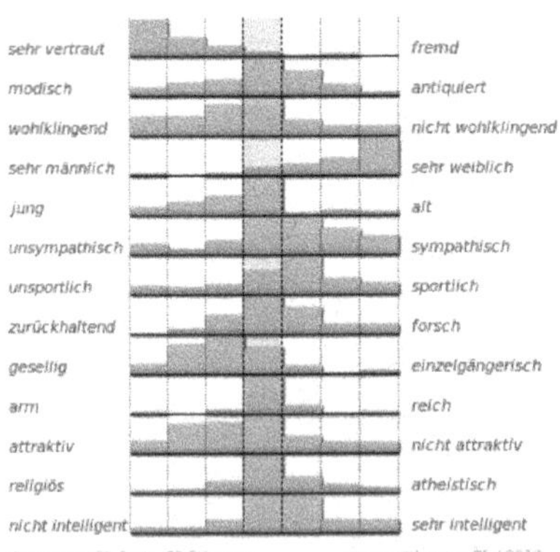

Susanne

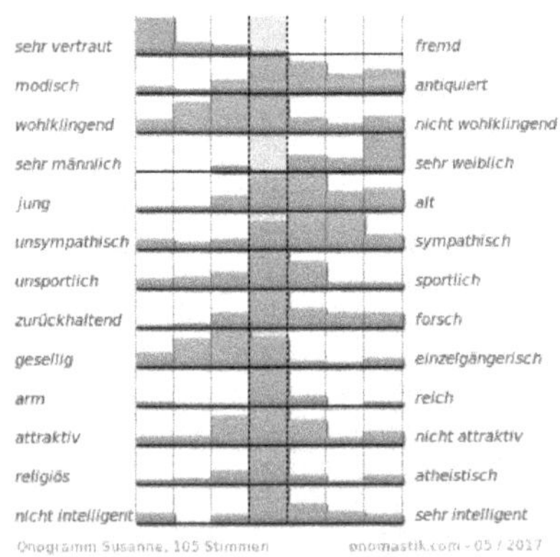

Ursula

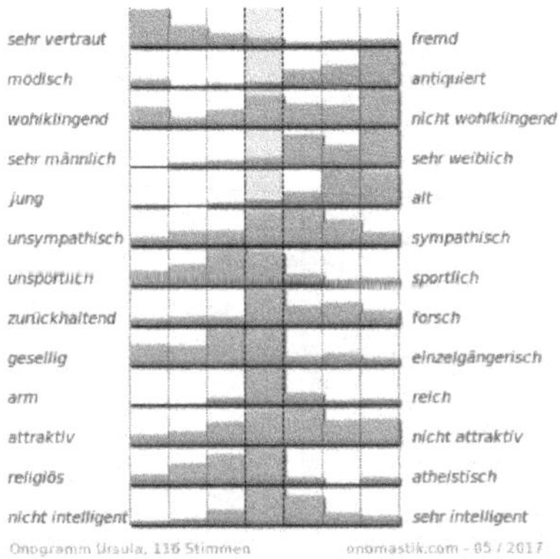

Ute

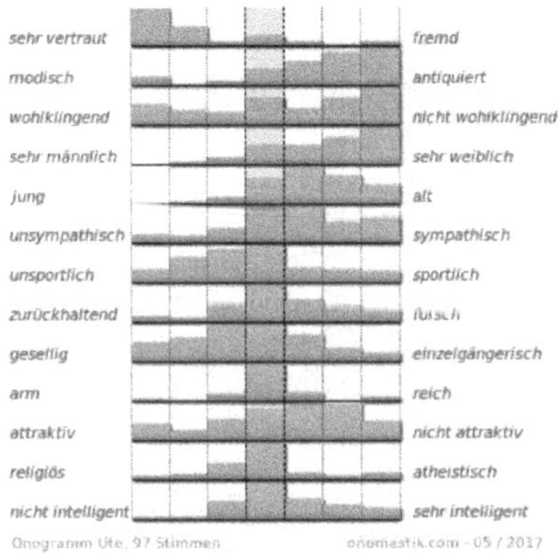

Verena

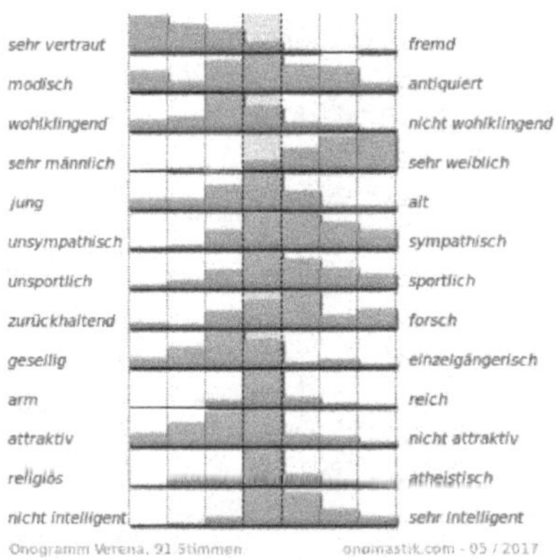

Yvonne

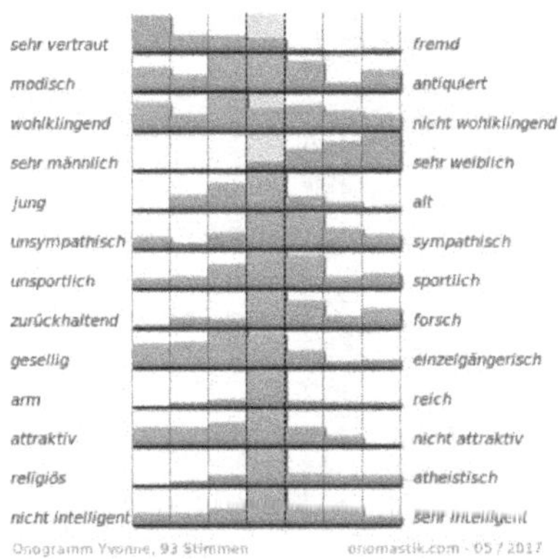

Jungen

Alexander

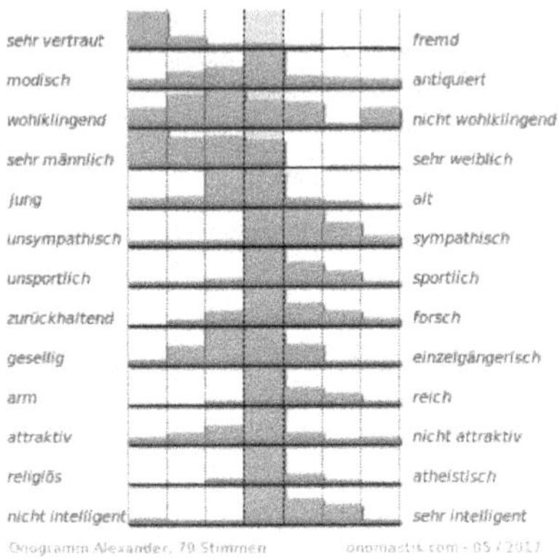

Ben

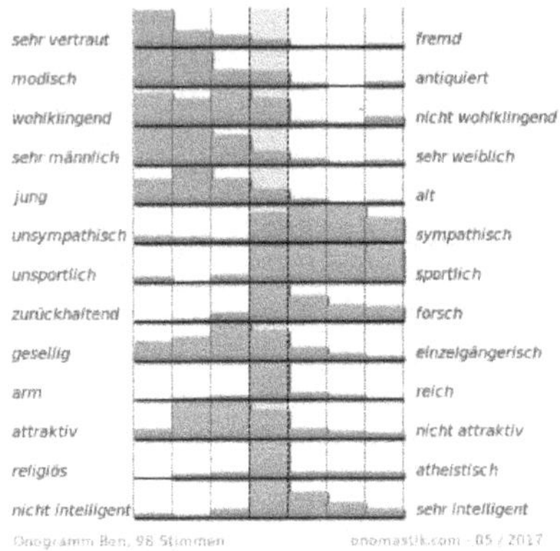

Christian

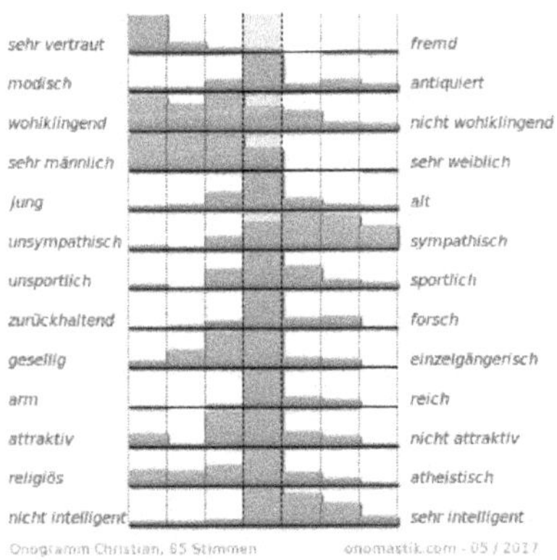

Constantin

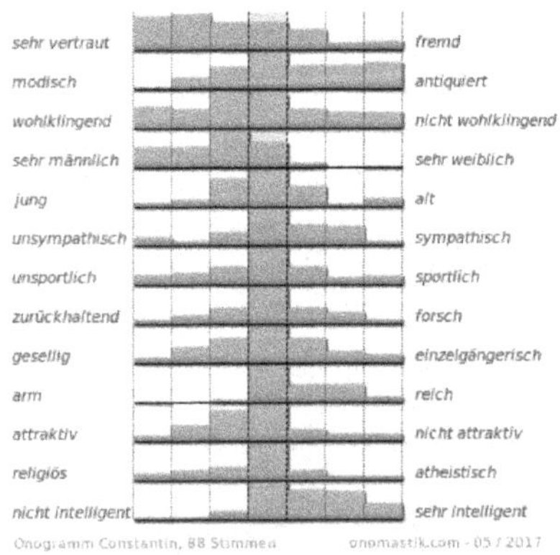

Daniel

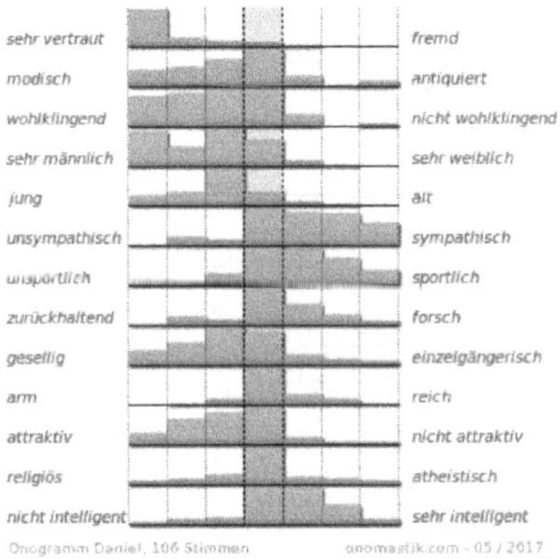

David

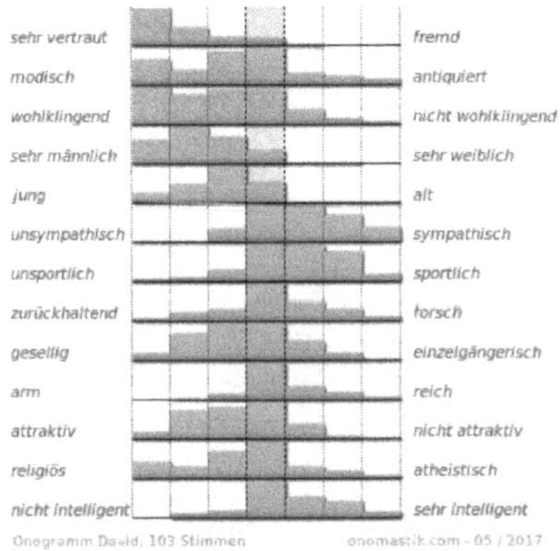

Felix

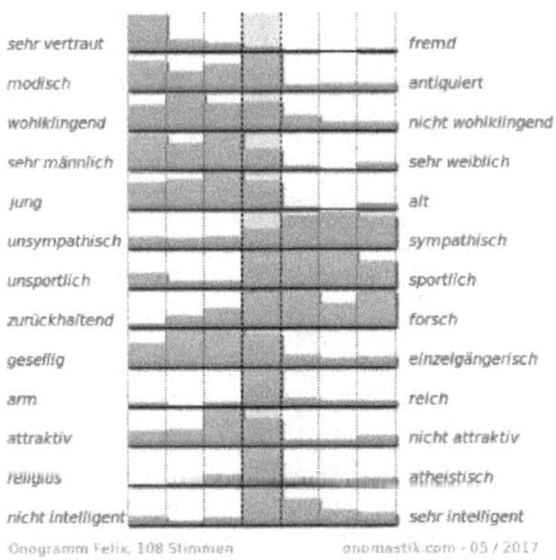

Florian

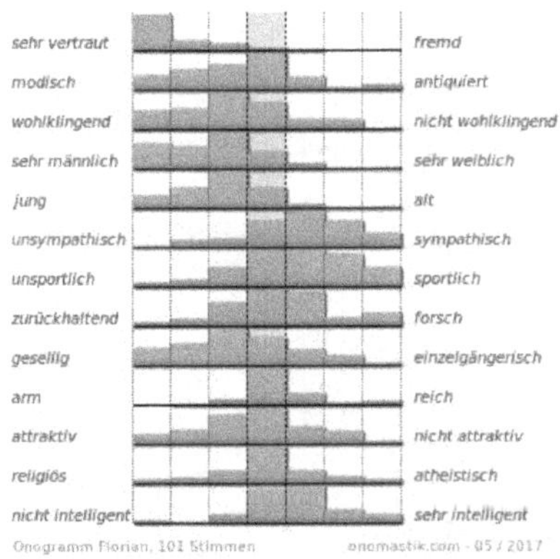

Friedrich

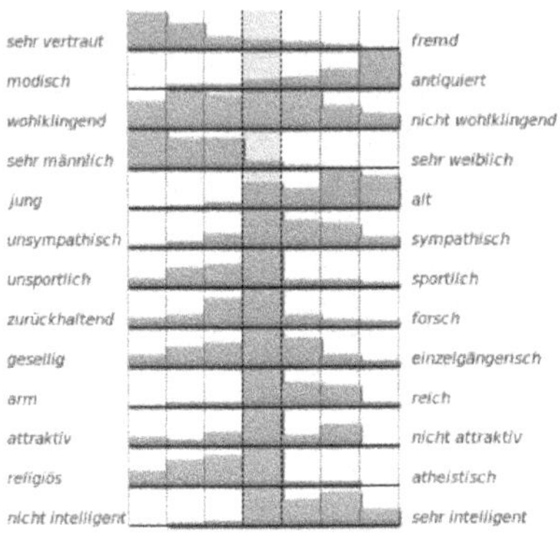

Onogramm Friedrich, 93 Stimmen onomastik.com · 05 / 2017

Jonas

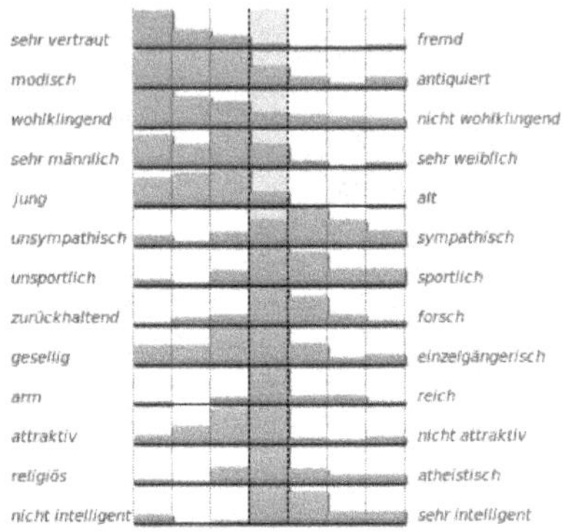

Onogramm Jonas, 78 Stimmen onomastik.com · 05 / 2017

Leon

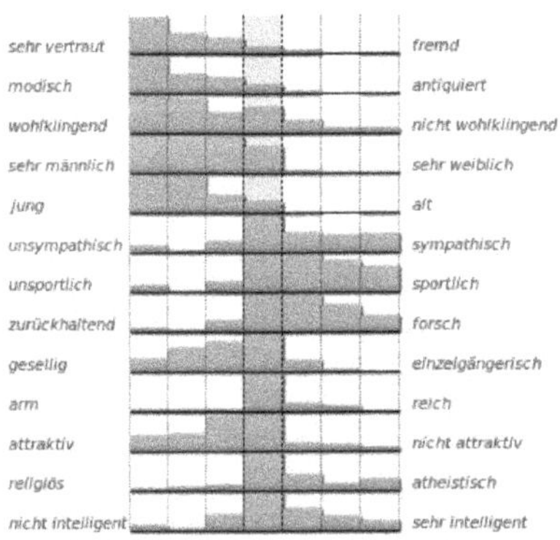

Onogramm Leon, 101 Stimmen onomastik.com · 05 / 2017

Luca

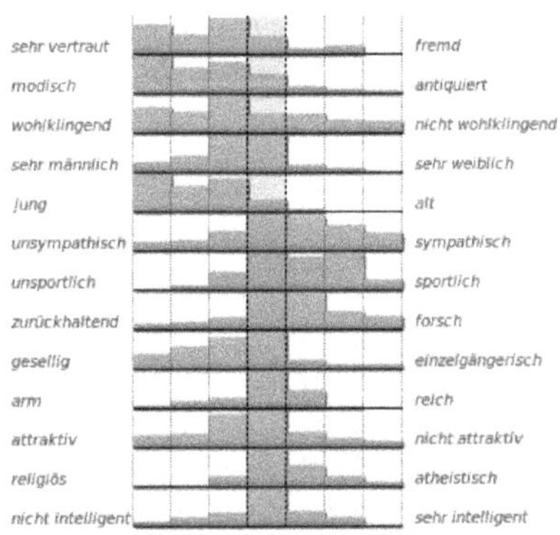

Onogramm Luca, 86 Stimmen onomastik.com · 05 / 2017

Luis

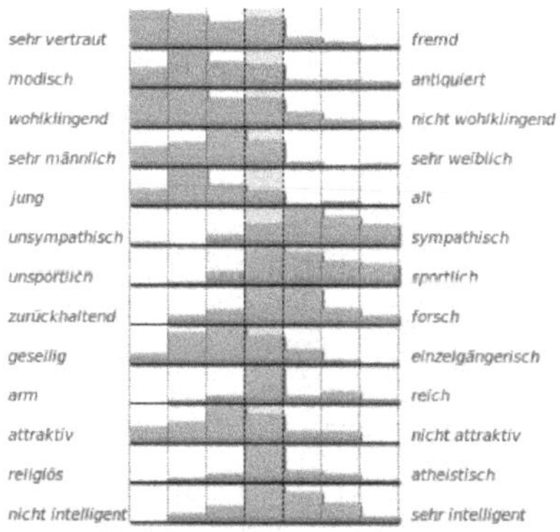

Onogramm Luis, 89 Stimmen onomastik.com - 05 / 2017

Lukas

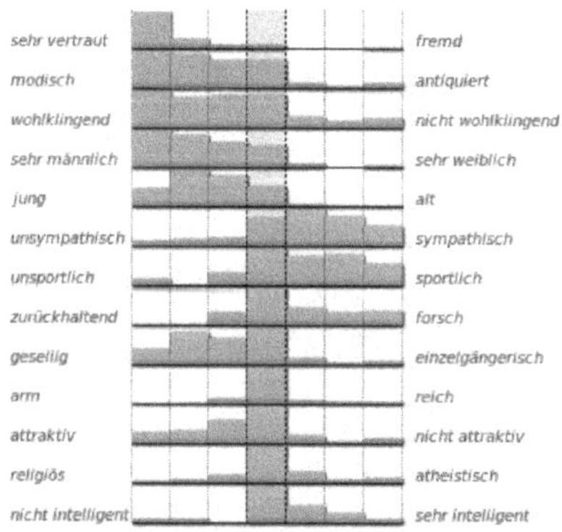

Onogramm Lukas, 100 Stimmen onomastik.com - 05 / 2017

Marco

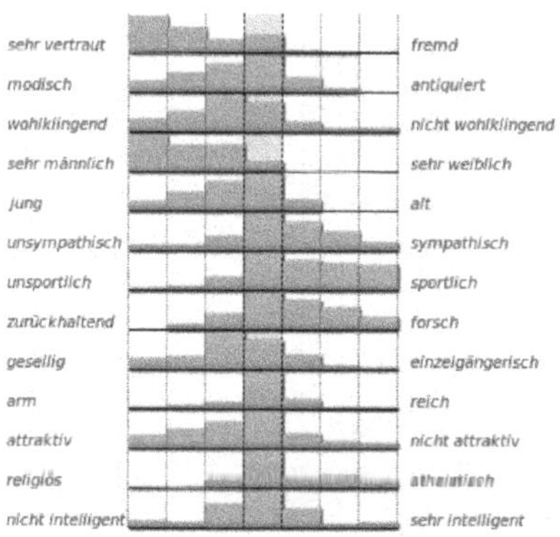

Onogramm Marco, 84 Stimmen onomastik.com - 05 / 2017

Markus

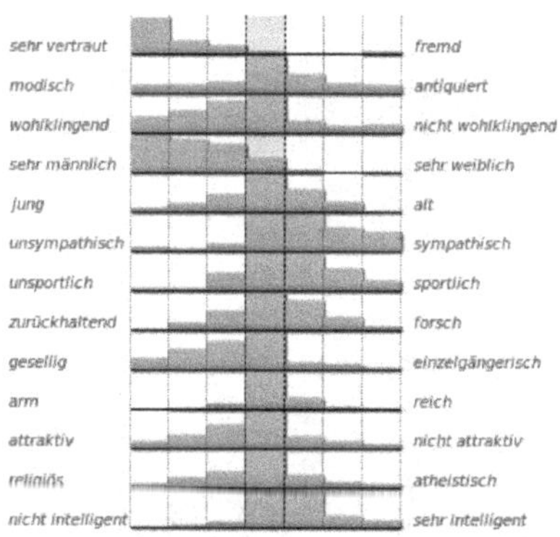

Onogramm Markus, 112 Stimmen onomastik.com - 05 / 2017

Matthias

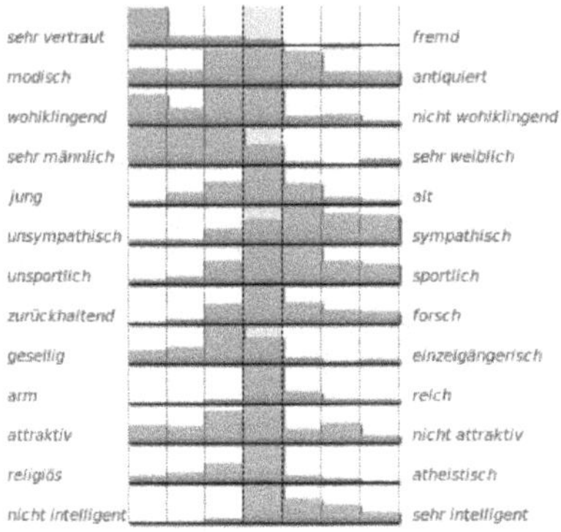

Onogramm Matthias, 96 Stimmen onomastik.com - 05 / 2017

Maximilian

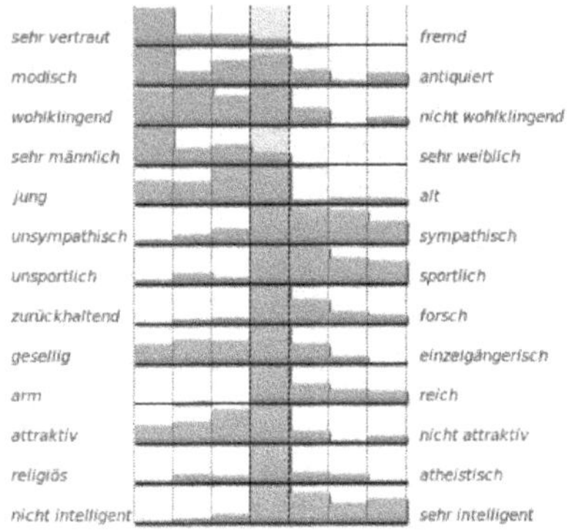

Onogramm Maximilian, 91 Stimmen onomastik.com - 05 / 2017

Patrick

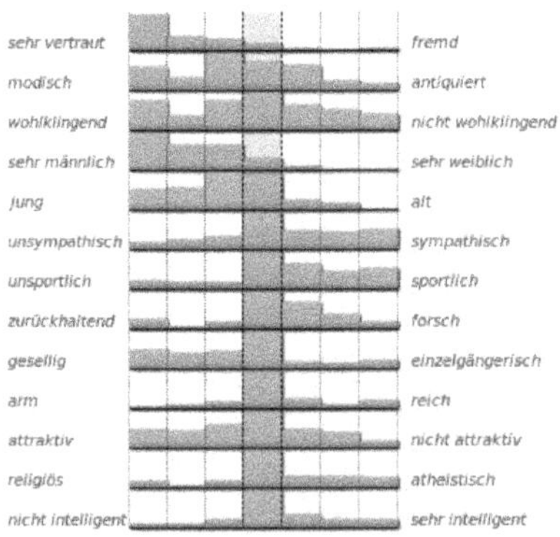

Onogramm Patrick, 98 Stimmen onomastik.com - 05 / 2017

Paul

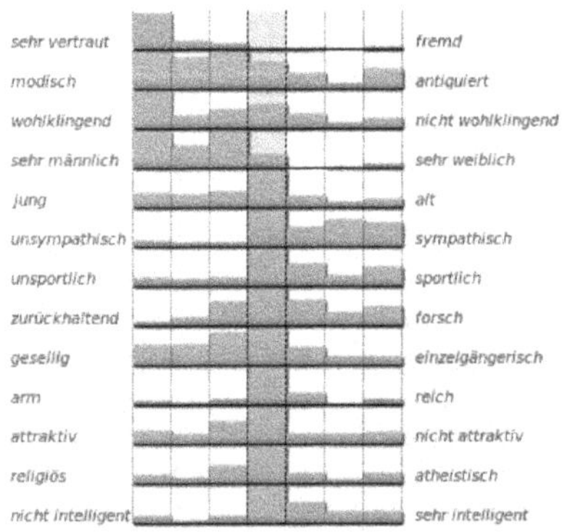

Onogramm Paul, 99 Stimmen onomastik.com - 05 / 2017

Philipp

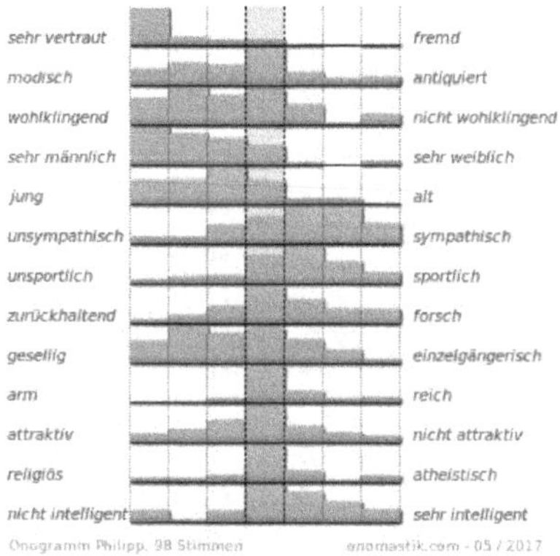

Ralf

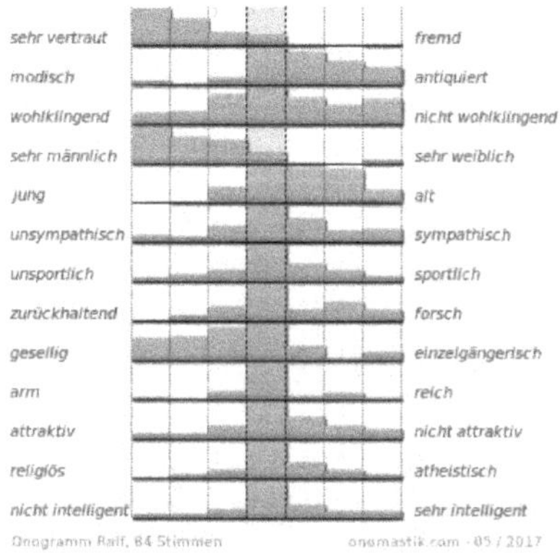

Robert

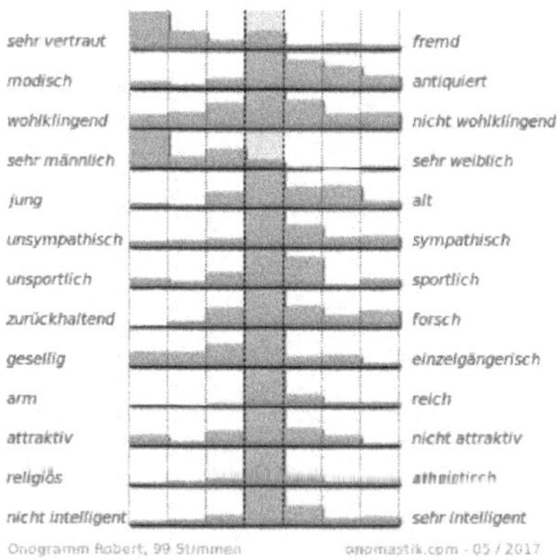

Sebastian

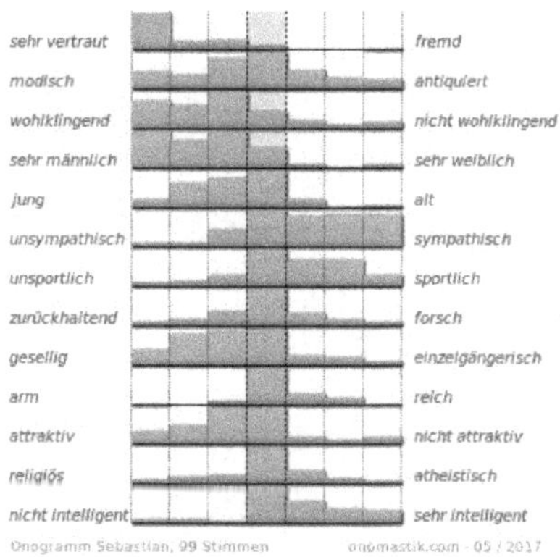

Stefan

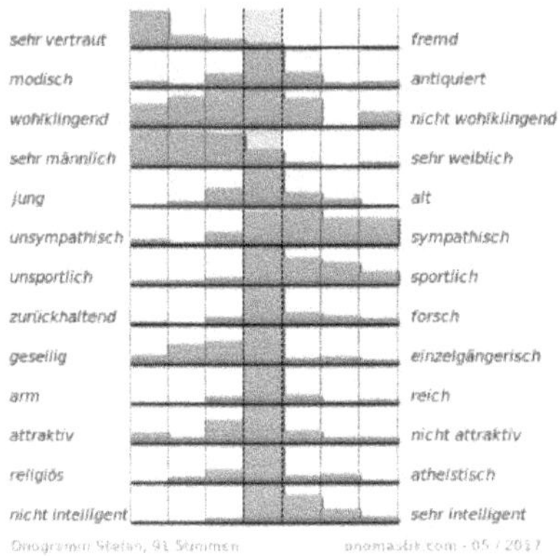

Sven

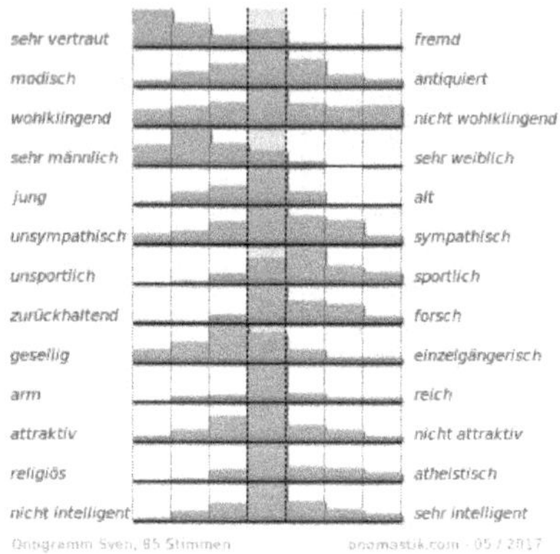

Thorsten

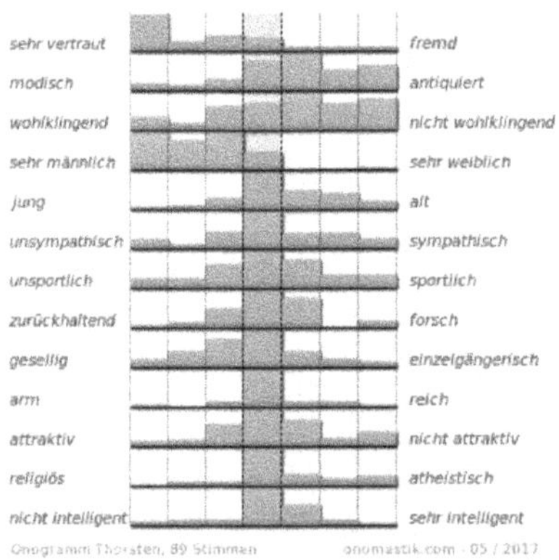

Tim

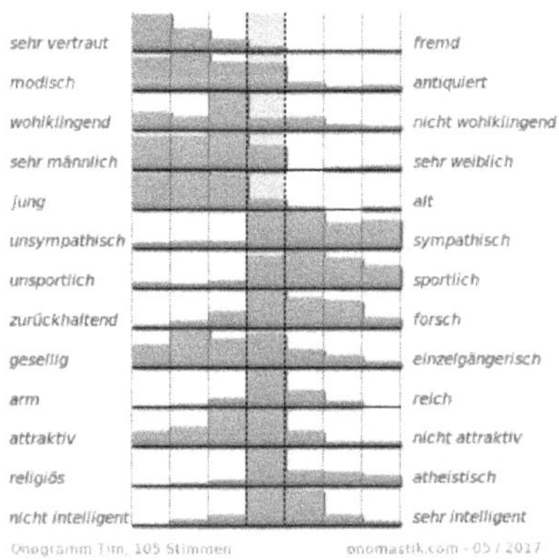

ÜBER DIE AUTORIN

Gabriele Rodríguez ist die einzige Namenforscherin Deutschlands, die sich auf Vornamen spezialisiert hat, und gehört zum Team der Namenberatungsstelle der Universität Leipzig. Eltern und Standesämter können bei ihr die Zulässigkeit, Schreibweise oder Geschichte von Vornamen prüfen und sich beraten lassen. Rodríguez studierte Philologie in Kasan (Russland) und Romanistik in Leipzig, wo sie seit 1994 Namen erforscht und die Namenberatungsstelle unterstützt.

LITERATURVERZEICHNIS

Förstemann, E.: Altdeutsches Vornamenbuch. Erster Band: Personennamen. Bonn 1900.

Seibicke, W.: Historisches Deutsches Vornamenbuch. Bd. 1-5. Berlin. New York 1996–2007.

Schwegel, J.: The Baby Name Countdown. New York 1988–2008.

Kunze, K.: dtv-Atlas Namenkunde. Vor- und Familiennamen im deutschen Sprachgebiet. 5. Auflage. München 2004.

Namenforschung. Ein internationales Handbuch zur Onomastik. Hrsg. von E. Eichler, G. Hilty, H. Löffler, H. Steger. L. Zgusta (= Handbücher zur Sprach- und Kommunikationswissenschaft, Band II.1 und II.2) Berlin. New York 1995–1996

Internationales Handbuch der Vornamen, bearbeitet von O. Nüssler. Hrsg. von der Gesellschaft für deutsche Sprache e. V. und dem Bundesverband der Deutschen Standesbeamten e. V. Verlag für Standesamtswesen Frankfurt am Main. Berlin

StAZ Das Standesamt. Hrsg. vom Bundesverband der Deutschen Standesbeamten e. V. (Der Standesbeamte, 1877 ff., dann Das Standesamt, 1904 ff, Zeitschrift für Standesamtswesen, 1923 ff., seit 1947/48 wieder Das Standesamt). Verlag für Standesamtswesen, Namenkundliche Informationen. Leipzig 1964 ff.

Datenbank und Materialien der Namenberatung am Namenkundlichen Zentrum der Universität Leipzig

Kube, J.: Ungleiche Bildungschancen schon durch Vornamen? Studie zu Vorurteilen und Vorannahmen von Lehrern Vornamensforschung: Fragebogenuntersuchung bei Lehrerinnen und Lehrern, ob Vorurteile bezüglich spezifischer Vornamen von Grundschülern und davon abgeleitete erwartete spezifische Persönlichkeitsmerkmale vorliegen. Masterarbeit am Institut für Pädagogik der Universität Oldenburg

www.namenberatung.eu

www.onomastik.com

https://en.wikipedia.org/wiki/List_of_most_popular_given_names

www.bfs.admin.ch

www.statistik.at

www.voornamelijk.nl

www.ssa.gov